U0813433

主　编：

吴根友　武汉大学

学术顾问：

杜维明　哈佛大学（Harvard University）、北京大学

安乐哲（Roger T. Ames）　夏威夷大学（University of Hawaii）、北京大学

冯天瑜　武汉大学

卜松山（Karl-Heinz Pohl）　特里尔大学（Universität Trier）

郭齐勇　武汉大学

编　委：

姚新中　中国人民大学

李雪涛　北京外国语大学

黄　勇　香港中文大学

何燕生　日本郡山女子大学（Koriyama Women's University）

王庆节　澳门大学

李晨阳　南洋理工大学（Nanyang Technological University in Singapore）

倪培民　格兰谷州立大学（Grand Valley State University）

于　亭　武汉大学

杨　华　武汉大学

单　波　武汉大学

涂险峰　武汉大学

余西云　武汉大学

文明对话论丛

Dialogue of Civilizations Series

01

武汉大学文明对话高等研究院 主办

我们的文明观

Our View of Civilization

吴根友 主编

東方出版中心

图书在版编目（CIP）数据

我们的文明观 / 吴根友主编. 一上海：东方出版中心, 2021.4
(文明对话论丛)
ISBN 978-7-5473-1799-0

Ⅰ. ①我… Ⅱ. ①吴… Ⅲ. ①文化-研究 Ⅳ. ①G0

中国版本图书馆 CIP 数据核字（2021）第 056936 号

我们的文明观

主　　编　吴根友
丛书策划　刘佩英
特约编辑　刘　旭
责任编辑　冯　媛
封面设计　周伟伟

出版发行　东方出版中心
地　　址　上海市仙霞路 345 号
邮政编码　200336
电　　话　021-62417400
印 刷 者　山东韵杰文化科技有限公司

开　　本　890mm×1240mm　1/32
印　　张　10.25
插　　页　1
字　　数　210 千字
版　　次　2021 年 5 月第 1 版
印　　次　2021 年 5 月第 1 次印刷
定　　价　68.00 元

版权所有　侵权必究
如图书有印装质量问题，请寄回本社出版部调换或拨打021-62597596联系。

总　序

在全球化的语境里，谈论“文明对话”，是非常复杂而又十分困难的。因为这既涉及“文明”一词在不同民族、国家的文化传统中的语义差异，对话的过程中发生的语义偏差；更重要的是文明承载者的复杂，作为文明承载者的民族、国家，与作为小团体、个人的承载者，他们的言说方式有很大的区别，因而其对话的效果与结果也大不相同。每个个人都不能代表一个文明，然而有资格作为文明代表的国家、民族，又总是通过一些具体的个人来表达他们的“文明”。因此，作为建构人类命运共同体的方式、方法之一的“文明对话”活动，其理想与目标是美好的，然而一旦付之于人类社会的实践活动，则将会遇到各种意想不到的困难与阻碍。

人类文化的历史很长，然而人类从野蛮状态进入到文明状态，实际的历史过程却很短。而即使在迈入了所谓的“文明”门槛之后，人类的很多行为并不合乎“文明”一词的内在要求。远古氏族社会之间的厮杀，将战败的异族首领的头颅制成酒杯，是经常性的事情。世界范围内的游牧与农耕文明之间的反复争战，大规模的抢劫与杀戮，一次次地推翻不同的王朝，那种残酷与血腥，在不同民族的历史与传说中都有记载。近四百年来资本主义文明的兴起，在世界范围内的殖民、掠夺、杀戮，并假借“文明”的名义对被征服者冠以落后、野蛮的称谓，不仅在肉身方面侮辱、杀戮他们，而且在精神与文化上侮辱、践踏他们。“文明”与“文明”之间，战争、冲突、征服是常态，而对话、交流、互鉴则往往是短暂的、临时的。而正是这些短暂的文明间歇期，为人类文明的进步与发展带来了无法估量的积极作用。

20 世纪 50 年代以后，伴随着大国的竞争，核武器的出现，人类大国之间的文明竞争出现了新的均衡态势。20 世纪 90 年代，伴随着苏联的解体，国际上大国之间的竞争出现了“一超多强”的新局面，而作为“一超”的美国社会反而担心世界格局会朝向不利于美国的方向发展，代表美国国家利益的亨廷顿提出了“文明冲突”说，预言未来国际社会之间的战争将会在文明的断层线之间发生，民族国家的冲突会让位于“文明冲突”。自 20 世纪 90 年代以来，美国发动的几场海外战争，实际上并非什么“文明的冲突”，而只是美国的国家利益在不同地区与当地的民族、国家的利益主体发生的冲突而已。文明之间并没有什么冲突，一些国家只是假借“文明”的名义发动战争，实际上是在争夺国家的利益而已。而作为现代社会典型的自由资本主义国家，其所谓的国家利益也只是极少数资本集团的利益而已。

回顾秦汉以后传统中国与周边民族交流与交往的历史，文明之间的和平交往不仅是可能的，而且是有效的。由传统中国与世界各国共同开辟的“丝绸之路”（或曰瓷器之路），各民族之间的茶马之路，其主流就是一条“文明对话”的和平之路。郑和下西洋，带到世界各地的也是和平的福音与商业贸易互利的福祉。16世纪末、17世纪初，欧洲耶稣会传教士来华传教，中国文化则借助传教士带回欧洲，这个一百三十多年的中欧文明交流史，其主流也是和平的文明对话、交流、互鉴的历史。只是由于当时罗马教廷坚持保守的传教政策，干涉当时中国的内政，改变了利玛窦当初提出的正确的传教路径，才导致了中国与欧洲文明交流的中断。当然，也由于当时中国清政府的乾隆皇帝昧于对世界发展大势的认知，几次拒绝英国政府提出的商贸往来请求，才导致了中国社会与现代工商业文明发展大势的脱节，最后被资本主义的列强用炮火打开国门、丧权侮国，让文明古国遭受了列强一百多年的蹂躏。直到1949年10月，在中国共产党领导下建立起了社会主义新中国，才在政治上初步站立起来，逐步摆脱被资本主义列强以及其他强国欺侮的命运。

改革开放的中国，经过四十余年的努力，让古老的中国重回世界政治、经济、文化的中心，以一个现代性的文明型国家屹立于现代世界各民族国家之林。当代中华民族总结自己民族的发展历史，借鉴人类文明的发展史，特别是吸取20世纪以来两次世界大战的经验与教训，寻找一条既适合于中国自身，也将会给世界带来福音与福祉的和平发展之路，倡导文明之间的对话、交流与互鉴，努力探索并积极构建人类命运共同体。

人类从来都没有像今天这样迫切需要对话、交流与理解。“地球村”的实际自然处境将人类命运紧紧地联系在一起。除非人类不想以集体的方式继续生活下去，仍然肆意地破坏地球的环境，甚至发动核战争。否则，各大文明之间就只能采取和平的对话、交流与互鉴，以增进人类的福祉。虽然目前人类的文明之间有“种差”与“代差”（如工业文明与农业文明之间），但只要本着“人类共命运、同呼吸”的基本共识，坚持自己的文化传统、宗教信仰或其他信仰的同时，放弃古老的“异教徒”观念，坚持以“对话”的方式展开各种形式的交流，则人类的前途将会逐渐走向光明的境界。

战争可以发泄不满，但丝毫不能给战争的双方带来自己想要的东西，只会给对方送去流血、死亡与痛苦，只会增加相互之间的怨恨与敌视。以民族、国家为承载者的文明之间展开对话，其道路漫长、曲折，绝非一帆风顺，甚至还会出现误解。但只要行驶在“对话”的正确道路上，民族、国家之间的一些误解就会伴随着交流的深入而逐步地化解。人类的文明能够发展到今天的地步，其主要功绩还是得力于文明之间的和平交流与互鉴。

三十多年前，当杜维明先生在美国哈佛大学用英语向世界提倡“文明对话”的主张时，应者寥寥，而正当其时的享廷顿提出“文明冲突”说，甚为热闹。三十多年过去了，对于人类社会的进步事业与福祉而言，享廷顿的“文明冲突”论越来越遭到学人与政治家的批评，而“文明对话”的主张越来越受到学人与政治家的青睐。这种带有戏剧性的历史转换，不是因为“文明对话”的理论有多么高深，而只是因为这一理论主张合乎人类一体化的共同命运，能给一体化的人类世界带来和平的福音与生活的福祉。今天，我们在中华的大地上，接过杜先生当年提出的主张，将“文明对话”作为一项学术事业加以推进，希望能够得到更多关怀人类前途的学人与其他有识之士的支持与帮助。

愿我们的《文明对话论丛》辑刊，能为增进人类福祉尽自己的一份绵薄之力。

是为序。

吴根友

2021 年 1 月

《我们的文明观》（《文明对话论丛》第一辑）序言

泛观汉语学术界，谈论“文明对话”的文章与论著，数目不少，但直接以“文明对话”为主题的期刊或辑刊，到目前为止，我们似乎还没有发现。作为一个新生儿，本辑《论丛》并不漂亮，可能还有点丑陋，但我相信，随着时间的推移，特别是日后不断得到学界同仁的大力支持，本辑刊会慢慢变得越来越可爱，终会成长为美少年。

本辑《论丛》包含以下三个主题，其一是“文明对话”的理论问题，主要收录了赵鼎新教授的长文与本人的一篇论纲式的文章。赵老师以“镶嵌性”为核心概念，较为仔细地讨论了“文明对话”的主体、环境与背景的具体性以及对话的文本、弱势文明的声音等一系列非常重要的问题。本人的两篇小文涉及两个主题，一是以提纲的方式考察了“文明”叙事的类型学问题；二是较为集中地考察了杜维明先生的“文明对话”理论，并尝试提出了从“文明对话”到“对话文明”的理论构想。其二是比较哲学视野下的宗教、哲学与中西美学等问题。收录了几场“文明对话”实录。这里涉及了比较哲学与文明对话的关系问题，中国宗教与欧洲宗教、特别是基督教的异同问题，不同民族的“轴心时代”文明对于后来的影响，中西美学的特点与共性问题，儒释道三教对于亚洲文明的贡献和中华礼制对亚洲文明的贡献，何谓“观念上的亚洲”以及从“亚洲文明”如何发展出“文明的亚洲”诸问题。其三是“大河与文明”的问题，这是人类文明史上的大问题。因为人类的几大文明的发源都与大河有关，后面希望推出“大河与文明”的专栏。特别感谢冯天瑜先生为《论丛》赐稿，开此问题研讨之先河。

最后，本书收录了吴根友教授 2020 年刊发的一篇文章，专门讨论了王夫之的“文明”史观。收录此文的目的是想表明，具有近代意义的“文明”问题在中华民族 17 世纪的哲人思想中就已经萌发了。福泽谕吉的《文明论概略》可以看作是近代亚洲人文学术界第一本有关文明问题的专著，但对于具有近现代意义的“文明”问题的思考，其实是在亚洲的中国最先萌发。而此时的欧洲因为耶稣会传教士带回了大量中国文献，又正值欧洲的资本主义处于蓬勃发展之时，对于“文明”以及中华文明问题展开了极其热烈的讨论，莱布尼兹、沃尔夫、伏尔泰、魁奈等人对中华文明均持有较高的评价（虽然片面）。孟德斯鸠对中华文明是批评与肯定并存。而王夫之在几乎不了解欧洲文明的情况下，对中华文明的前途表现出了深层次的忧虑，可谓孤明先发，表现出哲人的深邃与前瞻眼光。

“文明对话”是一种理念，也是一种理想。如何在社会实践中以学术的方式来展开这一宏伟事业，可以说目前还没有现成的案例可学，只能按照民间谚语所说的那样：“草鞋无样，边打边像”。此句中的“像”字乃一动词，即通过想象，或者说根据实践不断调整当初心中的想法，以之成为一个真实的“草鞋”。我们希望通过“文明对话”的实践，也通过不断地总结人类文明对话的历史经验，让“文明对话”这一人类的伟业从自在的实践状态，逐步变成一种全面自觉的精神现象。这件伟业肯定不是一个人能完成的，而是需要一大群具有家国情怀、人类命运共同体情怀的学人，踵事增华，不断努力，才能逐步展开这一伟业。本《论丛》算是这一全面精神自觉的开端。

种子既然已经破土发芽，剩下的事情就是呵护、培育，让它成长。我们期盼学界同仁共同助推“文明对话”这项生生不息，造福众生， 利乐有情的文化事业。我们在此也特别感谢促成此辑面世的众多学界大德的支持与众善缘助力。文明对话，将是人类文明健康发展的一条康庄大道，它将引导人类走向对话文明的光辉未来。

目 录

Part 1

现代文明理论的反思与重建

文明对话的社会学

现代文明理论类型学分析及其反思

从“文明对话”到“对话文明

——以杜维明为例

文明对话的社会学

我报告的题目叫"'文明对话'的社会学"。发言主题是从哪儿想到的呢？马克思（Karl Heinrich Marx，1818—1883）有一句名言，他说人类是自己创造自己的历史，但不是随心所欲地创造历史。也就是说我们进行任何创造都要受到客观条件的制约。比如我经常会到贫困地区走访，做些调研，其间我深感中国不同地区"最后一公里"扶贫的难度、扶贫的效果，以及对社会所造成的后果都很不一样。为什么呢？扶贫政策是镶嵌在各地农村的具体社会、文化和地理/气候结构之中的，就是波兰尼（Karl Polanyi，1886—1964）所说的"镶嵌性"。更广义地说，任何政策，包括党建工作、扶贫工作，以及文明对话都是镶嵌在具体的场景中。加深对这个场景的理解将会增进我们对文明的理解，以及文明对话的性质和方式都会有很大的变化。换一种说法，文明对话不是在真空中发生的，而是在特定的国际政治背景下、各国特定的国内政治背景下，由各种带着不同价值观、利益和目的的国内和国际行动者所推动的，或者说文明对话是镶嵌在以上这些结构背景下的一个实践。我们必须要知道这一点才能避免

“文明对话”为权力背书的倾向；避免对自己的和其他的“文明”形成各种本质化的理解；避免参与对话各方形成鸡同鸭讲的局面；避免在“文明对话”的实践中对各种弱势声音的忽视。

以下我就文明对话的镶嵌性这个议题在六个方面做一定的展开：一是对话的行动者是谁？二是对话出于什么目的？三是对话是围绕着各自的传统文明之间进行，还是围绕着在传统文明地区所建立的当代国家的文化之间进行？四是文明对话的内容和对话的关系是什么？五是什么文本能代表一个文明？六是在文明对话的语境下，我们应该避免哪些最为重要的被忽略的问题？

一、文明对话的行动者

首先我想对文明对话的行动者问题做一些探讨。文明（本身）不能对话，或者说对话的双方都必须是某个社会行动者。在现实层面，有两个行动者会在文明对话中起到重要作用：一是知识分子；二是国家。但是我们必须明白这两个行动者都有自己的局限性。首先，作为知识分子我们都是有价值观的，你今天虽然是以学者身份在进行学术讨论，但是你必须清醒地知道你是中国人，你肯定要站在中国的视角来解读中华文明及其他文明，并且离不开近代中国所形成的各种思维方式。如果你意识不到这一点，或者说意识不到你对文明对话这一议题之所以感兴趣背后的潜意识，不但对话很难深入，你还会对自己的以及其他的文明产生大规模的误解或者本质化的理解。

从今天回溯，中国有三次重大的文明建构和再建构历程。第一次大约在西周时期，我们今天看到的《尚书》的一部分，《诗经》的一部分，以及《礼记》中的有些内容都属于第一次文明建构时期的产物。如果说中世纪天主教受到罗马帝国文化很大的影响，那么后来的儒学就是延续了西周的文化。第二次是汉朝，第三次是宋朝。我想讲得具体点，每一次文明建构时代都产生了多种版本，但是哪一种会在后世成为中国文明的代表却有个“教规化”的过程，其中国家力量起到了最为主要的作用。建构过程中有些声音逐渐占据主导，而其他声音则会静默甚至被遗忘。同时某些人物也在教规化过程中被定义为大学者，而其他大多数则被忘记。这基本上也是权力的结果，中国是这样，西方也是这样。和古代知识分子一样，我们当代知识分子也面临着一个重大的悖论：你不管说什么差不多都等于是白说，除非你的思想和某种权力进行结合。但是你的思想和某种权力结合得越紧，其后果就越不可能是你当时的意图。对于这一点我们知识分子在进行文明对话时必须要保持清醒。

当然，文明对话也可以直接由国家来主导，并且在国家层面进行。当今中国，文明对话在很大程度上就是一个国家的主导性行为。2019 年习主席不就在亚洲文明对话开幕式上做了主旨发言？但是，由国家主导的文明对话首先是个外交战略问题，其次才是文明之间相互了解的问题。对于知识分子来说，如果想真诚地加入文明对话，对话的目的就成了一个需要认真思考的问题，这关系到个人的舒适度，同时更关系到国家战略是否能达到预想的效果。这就进入了我的第二个话题：对话的目的，或者说文明对话和为权力辩护之间的区别是什么？

二、文明对话的目的

因为有国家行动者的介入甚至是主导，任何文明对话都有一定的为权力辩护的意味，但其程度却可以是完全不同的。想清楚这个问题对于介入者来说非常重要。我在这儿介绍以下几个可能：文明对话的目的是为了建立新的国际统一战线，或者确立新的国际关系秩序，这应该是我们国家的一个战略目标。这样一来，我们学者可以跟进，但却不能简单的跟进。因为要达到这个目标，你必须要了解西方目前的国际关系和外交文化的支柱，包括现实主义和建构主义理论，以及像主权（sovereignty）、国际法（international law）、人权干涉等概念的文明基础是什么，问题在什么地方。同时你也得了解中国的国际关系和外交文化的文明基础是什么，以及有什么优势和弱点。如果对西方和我国的国际关系和外交文化的文明基础没有一个深刻的理解，你讲出来的话外界往往会觉得很难理解。

文明对话的目的还可以是为了对美国和西方世界的许多政策，特别是对其中国政策进行批判，并且为中国当前的政策和立场正名。这一对话的目的，说老实话，就更急功近利。但是要让急功近利的目的达到预想的效果难度是非常大的。因为参与对话者不但要对目前西方的国际关系和外交文化的文明基础有清醒的认识，还必须提出一套能作为我国当前的政策和立场基石的新的、属于中国的文明观。目前我们其实很难拿出这样的东西来。比如，24 字的核心价值观在当前中国占据着重要地位，但是他与目前中国的外交关系并不紧密，同时也不简单的是中华文明的体现，因为其中的自由、民主、文明、法治、平等、富强等，要么属于近代西方的舶来品，要么属于现代社会的一些共同价值观。

文明对话的目的旨在加强国家间的互信和了解。我们可以从两个方面来考虑这个问题。首先是低层次的意义，交流总是比不交流好，因此对话总是有意义的。但是如果想通过对话获得深层次的信任和了解的话，你可能会失望。亨廷顿（Samuel Phillips Huntington，1927—2008）可不是傻瓜，他的文明冲突理论指的不是中国文明和西方文明之间的冲突，而是基督教文明和伊斯兰教文明之间的冲突，因为这两个文明在传统上都以零和扩张宗教为基础。所谓零和扩张，其特点可以概括如下：只有我对，你们都错；不但你们都错了，你们还必须要听我的。如果你是这两类文明中的真诚信仰者的话，深层次的信任和了解是较难的，并且即使是你所坚持的中国传统的非零和非扩张文明，他们也会用零和扩张的思维模式对你的动机加以理解，更何况中国20世纪的几次革命对传统的破坏非常大。今天我们到底还有多少东西能与传统文化联系起来？这是一个需要回答的问题。

加强民族自信也可以是文明对话的目的，虽然文明对话一般来说往往也是一个民族日益自信的表现。五四以后很长一段时间，我们恨不得在科学和民主这两个概念下把中国文化全部淡化掉，国人在那时候肯定不会对文明对话感兴趣。20世纪80年代，有的知识分子推崇全盘西化，有的则叫嚷着中国会被“开除球籍”，那时候的国人肯定也不会对文明对话感兴趣。所以，倡导文明对话是在一个国家民族主义情绪萌发和自信心变强的时刻。在这样的时刻，知识分子如何在文明对话过程中避免盲目自信和自大就会变得十分重要。

当然，文明对话的目的还可以是为了消解当前在世界范围内兴盛的保守主义和原教旨主义的浪潮。差不多在17世纪以后，世界上出现了一类新的意识形态，我们可以把他们称之为世俗意识形态（secular ideology）。也就是说，此前人类基本上不认为自己有能力管好自己的事，因此需要诉诸一种超自然的力量，比如神、上帝、天使、菩萨、萨满，等等。但是17世纪后人类开始变得自信了（你如果觉得人类可笑，你也可以把这儿的“自信”理解为“自大”或者“混账”），以为自己拍拍脑袋，就可以像康德一样，制定出一套美好社会的基础和法则。但是到了今天，除了民族主义以外，包括自由主义（Liberalism）、马克思主义（Marxism）、法西斯主义（Fascism）、无政府主义（Anarchism）等世俗意识形态都在走下坡路，而各种保守主义和原教旨主义宗教则成了民族主义的新的同盟军。从这个角度讲，文明对话还可以是一场抵制保守主义和原教旨主义，捍卫理性的战争。当然这个时候我们对话的目标和态度都会不一样。总之，加入文明对话的知识分子必须要知道自己在干什么，想干什么，自己和权力之间的关系是什么，以及自己所采取的立场背后有什么阴暗面。

三、文明对话的主体

对话是围绕着各自的传统文明进行，还是围绕着在传统文明地区所建立的当代国家的各自文化特色进行？一般来说，我们所说的文明基本上指的是前现代形成的主要文明圈。不同的人算法不一样，汤因比（Arnold Joseph Toynbee，1889—1975）算得多一点，有人算得少一点，反正多多少少是十几、二十到三十个之间。但是，文明对话难道就是前现代形成的各主要文明圈之间就各自传统文明的意义进行对话吗？如果是这样的话，对于包括中国在内的大量的在现代化进程中传统文化遭到极大破坏的后发展国家来说，这个对话到底有多大的当代意义？这一点对于中国来说问题特别大，因为在伊斯兰世界甚至印度，虽然他们的现代化转型道路从许多方面来说走的并不比我们顺畅，但是伊斯兰教和印度教却在这些国家和地区的现代化进程中保留了下来。对于中国来说，如果儒学是中华文明最为重要的支柱的话，支撑儒学的两大制度基础，我指的是科举制和以村落为中心的宗法制度都已经不复存在。这就给中国造成了很大的不利。简单讲就是，无论文明对话是围绕着各自的传统文明进行，还是围绕着在传统文明地区所建立的当代国家的文化特色进行，我们国家都面临着如下劣势：传统文化破坏过大，当代文化不但特色驳杂并且“西化”在有些方面要比西方社会走得更远。

四、文明对话的内容和关系

比如，对话应当在什么层面进行？在宗教层面、思想层面，还是在制度层面？前现代文明都是以某种宗教为基石，作为古代中国的文化基石的儒学则是一个带有一定宗教性的哲学体系。从这个意义上来说，在宗教层面展开文明对话很自然。但是17世纪之后产生的世俗意识形态在文明对话中占据什么位置就会成为一个大问题。如果你认为世俗意识形态在文明对话中应当占有重要位置的话，你就会发现所谓的文明对话其实就会成为西方文明内部的对话，因为包括自由主义、马克思主义、社会主义、无政府主义、法西斯主义、民族主义等世俗意识形态都在西方产生，都已经成为当代西方文化的组成部分，并且也都深深打上基督教思想的烙印，同时，这些世俗意识形态也已经深深地嵌入到了像中国这样的非西方国家的社会、政治、经济和文化生活的方方面面。如果文明对话中不包括近代世俗意识形态，那么又回到了原来的问题：这个对话到底有多大的现实意义？如果文明对话在制度层面进行的话，麻烦就会更大，因为包括美国、中国等许多国家的知识分子都有把文明和当前政治制度进行捆绑的倾向：想要积极地论证自己制度的优越性，他们会说这来源于我们优秀的传统文化；想要防守性地论证自己制度的合理性，他们也同样会说这源于我们优秀的传统文化。这种对话到头来只会成为对于现状和权力的合理性论证。

五、文明的文本

比如，在对话时我们会对自己的文明采取什么样的解读？是某种传统解读、原教旨解读，还是多元解读？这里的关键是，如果你对自己的文明采取某种传统解读，你就会对自己文明中的文化多样性认识不清，会把我们今天所看到的教规化了的历史文本和相应叙事当作历史上发生的真实，并且会忽视某种主流叙事的形成和变化背后的历史情景。比如，董仲舒和朱熹两个人在他们各自所处的时代远没有像后世所塑造的那么重要。《史记》是差不多与董仲舒同时代的著作，但是董仲舒的名字在《史记》中才出现过两次。可在东汉成书的《汉书》中则就有了专门的《董仲舒传》。这是因为董仲舒在后世的儒学教规化过程中被大大拔高了。如果我们在对话时采取某种原教旨式的解读，另外一些问题就会变得严重。原教旨主义的关键在于求变，具体说就是为某种目的对某个经典文本进行量身定制的解读，并且声称自己的解读恢复了该经典文本的原意，有拨乱反正的意义。今天的各种原教旨主义都比较保守，但是原教旨主义并不等于保守。比如，伊斯兰原教旨主义在今天表现的确比较保守，这只是因为各种世俗力量，以及旨在适应现代化的伊斯兰宗教改革力量并没有成功地把伊斯兰世界从传统到现代转型过程中产生的各种困境中带出。原教旨解读会产生大量的问题，其中之一就是对话很难深入。这是因为对文本进行原教旨解读的人士不管出于什么目的都必须声称自己对某一文本的解读是唯一正确和必须坚持的。

六、多元解读

对自己的文明进行多元解读会产生大量的好处，比如它能增加一个民族的思辨和反思能力，以及对自己历史的不断深入的理解，但是在多元解读的框架下，任何一种对某一文本的解读都能被他人贬为一种对该文本进行本质化理解后产生的偏见，到头来可能连自己文明内部的对话都很难深入进行下去，更不要说是要与其他文明展开深入对话。

文明对话也好，组建文明对话高等研究院也好，我们在文明对话这一话语体系下一定要注意缓解几个容易被忽略的紧张。其一是对某个文明的代表性总结和该“文明”作为一个实际历史过程的时空变化之间的紧张。为了对话，我们可能不得不对一个文明的特色做一定的总结，但是如果我们一旦抛开了历史，误解马上也就从这儿开始了。其二是要注意文明对话过程中大传统和小传统之间的紧张。每一个国家，特别是像中国这样一个历史悠久的大国都有大量的小传统存在，而文明对话思维非常容易导致对话者对各自和对方的小传统的忽视。其三是在国际层面我们必须要注意“文明对话思维”和大国沙文主义倾向之间的紧张。能“代表”一个文明的国家一般都是大国，或者至少是一个历史悠久的中等规模国家。在这种情况下，大量的“二战”后独立的国家和一些夹在文明之间的国家很容易成为文明对话的弃儿，因而遭到忽视。最后一个很难解决的紧张就是文明思维和制度思维之间的紧张。文明对话是在特定的政治制度、特定的时空下进行的。在这种时候，如果参与对话者与本国权力和经济利益不能保持一定距离，对学问不能保持起码的尊重，做人不能保持一定的底线，这种对话到头来只会成为后世的笑柄。

总之，要使文明对话这一实践发挥正面作用，知识分子必须在以下几个方面端正态度：对非文明传统、小文明传统以及文明间隙国家的态度；对一个文明体内部多样性的态度；对自己手上掌握的权力，特别是本国的权力行动者的态度；对价值观相近的国家，以及对价值观相去甚远的国家和文明的态度。只有在这些问题上保持清醒，文明对话这一实践才能成为各国之间信任和友谊的桥梁，并且为国家战略提供建设性的意见。

赵鼎新

（芝加哥大学社会学系教授、浙江大学人文高等研究院教授）

整理：

刘思源　刘　旭

校对：

刘　旭

现代文明理论类型学分析及其反思

在现代西方学术史中，文明理论是其中的一个重要分支。哲学、历史学、现代心理学、社会学等领域，均出现了有代表性的关于“文明理论”的著作，这些文明理论著作在中国汉语学术界中都有不同程度的译介。伴随着四十多年的改革开放，特别是近十几年来经济的高速发展，中国人文学术界正在逐渐兴起一种思想：汉语学术与理论。一百多年来依傍西方学术理论的状况，正在被部分学人有意识地反省，并努力地加以突破。

就“文明理论”而言，除了政府与国家领导人代表官方的话语体系之外，学术界就如何发展出中国的文明理论，似乎还缺乏应有的自觉。哲学界已有明确的理论创新要求，而且出现了一些新的哲学理论，特别是形而上学重建的理论探索。那么我们应如何在汉语的语境里思考“文明”问题？在西方文明学理论的基础上，我们如何接着讲？

从目前汉语学术界译介的西方文明理论来看（少量日本著作），现代西方文明理论大体上有如下几种类型：

其一，以时间为主轴的线性文明史观。如伏尔泰在《风俗论》中将人类文明分成三个大的时期：自然的时代、神的时代、文明的时代——包括人类的童年时代（野蛮时代）和理性时代（当时的英国、古代的中国）。当时法国的另一位思想家孔多塞则更加细致地将人类文明分为十个时期：第一时期是狩猎和捕鱼；第二时期是畜牧和农业……第十时期是民族不平等消灭，财富不平等将合理化的时期。黑格尔在其庞大的唯心主义历史哲学体系里，在世界历史的宏阔视野里，描述了人类文明的运动发展史。

简而言之，19 世纪之前的文明理论，主要是以线性的文明史理论为主轴，而且多带有欧洲文明中心论的思想倾向。

其二，以空间分布为主轴的区域文明史观。第一位建立文明类型学的学者是 19 世纪德国历史学家 H. 吕凯尔特。他认为，不存在“唯一的、统一的文化类型”。人类文明发展过程是多线的、间断的，欧洲文明不具有普遍性。但是，吕凯尔特同时又区分出“文化少的民族”“劣等民族”等类型。这又是他的文明类型论中的不足之处。

其三，以生物生命的周期率为主轴的生命形态的文明观（在生命形态的文明观里又有心理学一支，偏重精神分析）。社会达尔文主义者斯宾塞，提出了比较完整的文明发展周期论，即文明的发展阶段（分化），稳定阶段（适应）和衰退阶段。斯宾塞还较早地尝试应用符号理论来解释人类文明的产生与发展的动因，揭示了人类文明发展的主观性因素。后来德国历史学家斯宾格勒关于文明的发生、发展、衰落的过程描述，在一定的程度上也吸收了斯宾塞的某些思想观念。

其四，以物理学“力”的概念为主轴的社会力学（如社会静力学，社会动力学）文明史观。孔德从社会静力学的角度，将文明分为宗教、哲学、科学三种形态。从社会动力学的角度，将人类社会的文明发展分为神学阶段、形而上学阶段和实证阶段。这显然不是具体的历史阶段划分，而是从抽象的实证哲学的角度来讨论文明的三种阶段或三种形态。这种文明形态论的划分有理论与思想上的启发意义，但与具体的、实在的文明发展进程并不吻合。社会学家涂尔干也有类似的文明分类思想。

其五，综合形态的文明史观。20世纪最伟大的历史学家之一——汤因比，在其煌煌巨著《历史研究》一书中比较鲜明地展示了综合形态的文明史观。一方面他主要运用文明形态学的眼光，将人类文明分成21种类型；另一方面，他又从人类文明的整体形态出发，考察人类文明的自我发展与相互关系。他还从政治、经济、文化三个方面的结构来考察每一种文明的具体内容，体现了某些结构主义的思想特征。要而言之，汤因比在其历史学著作中所展示出的文明理论，是一种综合形态的文明理论，体现了20世纪文明学理论继承前人、超越前人的精神发展的一般规律。

上述分类并非是一种逻辑的构架，而是基于文明理论学术史的成果而采取的经验归纳，并不是唯一的分类法，其他学者可以有不同的分类。在上述五类文明理论中，笔者更倾向于综合的马克思主义的文明形态理论。在笔者的论述中，不采用当前德国学术界采用的文化/文明对峙的分析框架，而是将文化看作是文明的自然状态，文明是文化的合理、整形状态。人的一切劳作成果及其物化形态（包括非固态化的物质文明状态，如乐音，手工艺等，广义的非遗），都可以称之为文化，而文化之中带有合乎人性，可普遍化，具有传承价值的内容，方可称为“文明”。中国古代有裹脚的现象，可以视为文化，但不是文明；中国古代文化的敬老、孝道等伦理道德思想，经过适当的转化，可以继承并发扬光大，因此这些内容可以称之为道德文明，等等，不一而足。

不过，“文明”的进步并不是绝对的，而是具有两面性，现代工业文明就是典型的例子，而且，我们每个人都真切感受到现代文明的两面性：一方面，它给我们带来的丰裕的物质产品，让人性得到非常充分的展现；但另一方面，现代文明也在严重地破坏我们赖以生存的环境，并且对于人性也有腐蚀与伤害的一面。因此，有关“文明”的辩证法，绝对不是思维的诡辩、思维的变戏法。它既是对的，也是错的；既是好的，也是坏的。应该从人类的前景，人性的整体性与理想性的角度来思考文明化过程中人类的得与失。

一、长时段、广角镜视野下的文明史及其叙事方式

（一）文明阶段论

（1）近现代历史学与考古学的发展，为人类认识文明史的发展阶段提供了非常可靠的资料。

（2）马克思关于人类文明发展历史的客观进程——历史唯物主义的理论，大体上为我们提供了比较可靠的思想出发点。人类的历史进程带有自然发展的客观性。

（3）不同的历史理论，对于具体阶段的划分在细节上可能是不同的。但对于历史的演化，在整体上由野蛮到文明的过程描述方向大体上是一致的。

（二）不同民族的文化与不同文明形成的历史贡献

（1）深度的全球化运动，将世界各民族逐步带入全球史之中。民族文化与不同文明所作的历史贡献，可以从一个全球的视野加以观照与考察。欧洲

中心主义与民族文化沙文主义的观念逐渐遭到抛弃。

(2) 后发民族国家的现代化成就与人类文明类型的异中之同，同中之异的比较，可以更加合理地评价不同类型文明的历史贡献。仅就采集、狩猎、农耕、现代工商业文明的不同阶段，不同类型而言，世界很多大河流域地区的民族均经过这些阶段，但每个民族在每个阶段的时间长短是不一样的。草原地区、海洋周边地区的文明类型又有自己的特点。

二、兽性与人性，文明与野蛮，进步与落后，宗教与科学，理性与非理性诸范畴下的文明叙事与评价模式

对于人类文明的认知，在哲学上可以有不同的视角与不同的立场，一些实质性的评价，需要慎重，而且需要基于比较坚实的历史文献与人类学的实际状态做出判断，但这种哲学性的认知与评判对于人类文明的认知是必不可少的。就文明理论的建构而言，笔者目前想到的，至少有五对范畴可以应用于人类文明研究的理论之中。

(一) 人性与兽性：文明是人类基于自然，并逐步从自然中站起来，成为具有主动性的过程。在这一过程中，人性的自然性不断地被文明化，因而也是一个人性战胜兽性的过程。兽性与人性的范畴可以应用于文明研究的评价之中。即使有些兽性的天然性，如蚂蚁的组织性、蜜蜂的组织性与建筑能力需要我们去学习，但人绝对不是基于自然本能的简单学习，而是基于人的目的加以改造性的学习，并在学习中得到尽可能地提升。

(二) 文明与野蛮：这是基于人性的哲学抽象基础上，主要施加于对人类整体的活动行为，特别是对于人类自身的行为的评价范畴。向着文明，摆脱

野蛮，可以说是人类文明的整体发展方向。至于我们如何具体界定“文明”，论定哪些行为是文明的，又需要深入到具体的历史情境之中考察。

（三）进步与落后：这主要是在现代工商业文明中发展起来的一种评价性的概念，在具体的评价过程中留下了很多问题。但从文明史的角度看，它仍然是一对有实际价值的范畴。抛弃这一对范畴，对于人类文明的很多内容评价将进退失据。否定了此对范畴，文明与野蛮的范畴也将难以成立。

（四）宗教与科学：这是文明史研究与文明理论研究绕不开的重大话题。在形式上表现为两个范畴，实际上是人类精神现象的两大领域。宗教是古老而长新的精神领域与文化现象。科学一开始孕育于宗教之中，近现代逐渐独立出来，现在力量特别强大。当代人类文明如何比较妥当地处理宗教与科学的问题，是人类社会需要认真面对的一个大问题、真问题，也是极其重要的问题。对于人类整体与每个个体都是至关重要的。

（五）理性与非理性：理性曾经是一个至高无上的词汇。经过后现代的批判，理性的光环稍微消失了一些。但从主要的方向上看，“理性”仍然是正面的，只要不导致理性专制。非理性虽然不那么可怕，但过度的情绪化仍然是有问题的。文明的，应该是合乎理性的。非理性也不一定不文明。但过度的非理性肯定是不文明的。人类的道德、伦理、社会秩序，都是理性的代名词或制度化的表现形式。非理性的艺术作品与表演，虽然是情感性的，但也是有规则的。

与非理性含义比较接近的是反理性。非理性的不一定是反理性的，但反理性的一定是非理性的。我们可以肯定一些非理性的行为，但在文明学的角度上看，我们不能接受甚至肯定反理性。

要而言之，从哲学的角度看，文明理论的建构，总是需要一些基本的思想原则、价值观念与哲学范畴。这里不可能提供较为详尽的范畴体系，甚至也还不能提出一个基本的概念结构。本文仅仅提出一个思考的路径，详细论述有待他日。

三、马克思主义哲学与社会科学理论框架下的文明理论

（一）文明是人类文化发展的一个过程

从现代历史学的一般认知角度来说，我们大体上认同人类文明发展是一个过程。开始是一个自发的过程，慢慢地就成了一种自觉的进程。但个人的自觉意识与社会历史整体上的合力作用，又不完全是一致与同步的，进而显示出其复杂性。马克思的历史唯物主义思想原则，为我们思考人类文明发展的历史提供了基本的思想原则与方法，但并不能替代任何具体的研究。就人类早期文明的发生与发展的历史而言，宗教对于社会的凝聚力与影响力究竟是占主流的位置，还是如何？这是一个值得讨论的问题。

（二）宗教、政治与科学技术等对文明进程的影响

如何恰当地评价宗教、政治、科学技术对人类文明进程的影响，在不同的历史进程中，不同民族的历史发展过程中的表现是不完全一样的。马克思主义的历史唯物主义原则不能教条地、不加区别地应用于具体时空中的文明现象的研究对象之上与过程之中。

（三）文明与人类的未来——比“大全”多一点

借助当代珞珈诗派一位诗人的诗句——比永远多一秒。我在思考“文明”之于人类的价值问题，依照着提出一个命题：“文明比大全多一点”。“文明”

是自然衍生出的人类在自然之中种植出的花朵。无限的宇宙在思维中可以用“大全”的观念加以描述。在这个无限的宇宙之中，一切皆有可能，只是有那么一些可能，人类总是无法去把握。宇宙的无限性让人们对于整个存在无法思索。我们只能思考目前的宇宙。至于人类在宇宙中能生存多久？既是一个科学问题，也是一个玄学问题。人类的文明是否能够让人类在大自然之中永远地生存下去？这是文明给自己提出最严峻、最长久的问题，也是一个永恒的问题。恒星有死亡生灭，黄金也会分解，而人类通过理性，通过文明的成果，走向人类的永生及其可能性，超越自然万物的生灭规律。这可能是“比大全多一点”的那个“一点”，而这“一点”就是文明。

吴根友

（武汉大学哲学学院教授、文明对话高等研究院院长）

从“文明对话”到“对话文明”

——以杜维明为例

一、有关“文明”研究的方法与“文明对话”的方式

将“文明”作为人文社会科学的研究对象，是一件比较晚近的事情，大体上说起源于19世纪中后期，到今天大约有160年的历史。① 概览汉语学术界（包含汉译著作）有关“文明”研究的类型，大体上可称作文明形态的类型学，考古学界、历史学界多采用这种分类方式，如青铜文明、玛雅文明等说法。文明形态学又可以分为纵向的与横向的，纵向的主要表现为经验时间的分类法，古代文明与现代文明；横向的则以民族、国别、地域文化为特征，可分多种的文明；另外，还可以从文明的性质，如科技文明与精神文明的角度分类、连续性的文明与破裂性的文明、资本主义文明与社会主义文明、农业文明与工业文明等。因此，“文明”的分类问题，也

① 参见费尔南·布罗代尔著，肖昶、冯棠、张文英、王明毅译《文明史纲》，第一章，第23-28页，广西师范大学出版社，2003年版。

影响着我们将采取什么样的方法去研究“文明”。①

黑格尔在他的《哲学史讲演录》一书里，虽然没有直接用“文明”的概念来讨论人类文明的发展，但在讨论哲学发展的字里行间，流露出的正是“文明”的发展。他从时间的维度讲哲学的发展始于东方，而终于现代西方，这是纵向的文明发展论。而当他讨论古希腊文明、日耳曼哲学与东方的、中国的哲学精神时，又是在横向的视角讨论文明的特质及发展。因此，黑格尔在《哲学史讲演录》中讨论“文明”时，实际上是把纵向与横向结合在一起来考察的。

在当代国际关系领域里，以享廷顿为代表的“文明冲突论”影响甚大。而作为具有世界影响力的当代新儒家群体，在考虑人类文明的问题时，以杜维明为代表，则提倡“文明对话”。相对于“文明冲突论”所引起的巨大学术反响而言，“文明对话论”的学术反响不够强烈，但并不因此就降低“文明对话论”的思想价值以及其深远的历史意义。就人类文明的发展方向而言，“文明对话论”更具代表性。“文明对话”中的“对话”一词，最好不要用英文单词 dialogue，而要用 conversation。因为按照安乐哲（Roger T Ames）的说法，dialogue 是一种通过某种预设的逻辑而导向一个预设的结论，而 conversation 是对谈，没有固定的预设逻辑，也无须导向一个预设的结论。因此，真正的“文明对话”应该是一种文明之间的商谈，如果在商谈的过程中能够自然地形成某些低度的共识，很好。但如果没有达成某些低度的共识，也没有关系，

① 费尔南·布罗代尔将文明的研究分为四个面向：作为地理区域的文明，作为社会的文明，作为经济的文明，作为集体心态的文明。见费尔南·布罗代尔著《文明史纲》第二章第 29—43 页。

可以继续保持沟通。因为，和平、友好、平等的商谈，其一个自然的、积极的结果，增加了彼此的了解。因此，“文明对话”的积极意义总是要超过“文明冲突”带来的直接伤害与长久的后遗症。

当然，“文明冲突”其实也是一种对话形式，是一种使用暴力与血腥的方式的对话。我们不选择这种形式的对话，在不得已的情况下，宁愿选择文明之间的暂时冷淡，也不愿意选择这种暴力形式的文明对话。我们将“文明对话”一词限制在和平的交流、互鉴，相互学习，取长补短，宽容他者的多元文化交流的意义域之内，不采用过于宽泛的“文明对话”的说法。

二、杜维明的文明理论

仅就目前出版的《杜维明文集》来看，我们还无法确切判断杜先生是从什么时间开始以“文明”问题为“思想单位”（李贤中语）展开思考的。但从他对马克斯·韦伯，卡尔·雅斯贝尔斯的著作研究与关注的时间点来看，他至少在20世纪80年代就已经开始了对“文明”问题的关注。在《探讨“轴心时代”》一文（1983年）里，他提到了“人类精神文明的发展”问题。[①] 在“儒学访谈”《工业东亚与儒家精神》的访谈录里，他提到“三种类型的工业文明”的问题。[②] 从这些实际使用的短语角度来看，杜先生对于“文明”问题的思考始于20世纪80年代，是一个相当保守的说法。实际上，从他求学、阅读的过程来看，他可能至少在前十年就已经触及“文明”的问

① 《杜维明文集》第一卷，武汉出版社，2002年版，第495页。（注：下引该文集的文字，仅注文集名与页码。）

② 《杜维明文集》第一卷，第533页。

题了。从《杜维明文集》的序文来看，杜先生以“文明”为思想单位来思考全人类的问题，始于他 1999 年 12 月中旬写的《新轴心时代的文明对话——兼论 21 世纪新儒家的新使命》。该文借用雅斯贝尔斯“轴心时代”的概念，提出了“新轴心时代”的说法。该文立足于现代新儒家的人文精神立场，对于全球化时代的人类将何去何从的重大问题，提出了一个思想的解决方案，即文明对话。

该文正面批评了亨廷顿、福山的观点，对哈贝马斯的工作给予了有限的肯定，对现代启蒙运动分两个层次给出了评价，一是肯定启蒙精神，二是批评并超越“启蒙心态”。① 对于当前欧美学术界、文化界非常典型的四种理论形态——生态意识、女性主义、多元宗教和全球伦理给予了充分的尊重与关注，并声称，这“四大思潮为我们提供了继承启蒙精神和超越启蒙心态的新思维和契机。”②

杜先生认为：“亨廷顿的‘文明冲突’和福山的‘历史终结’都没有脱离西方与非西方的排斥二分。后者以为西方全胜，前者则提出警告，如果西方价值（譬如‘民主’）要普及全球，还需要注意因文化差异而造成的阻力。”③ 杜先生非常富有远见地指出：“如果我们希望在思想层面为人类的长治久安寻找出路，福山和亨廷顿的西方至上不济事，后现代主义的彻底解构欧美霸权不现实。继承启蒙并超越启蒙是否具体可行值得深思，我以为这似

① 启蒙精神：自由、理性、法治、人权和尊严的基本价值。启蒙心态：人类中心主义、工具理性泛滥，把进化论的抗衡冲突粗暴地强加于人，自我的无限膨胀。《杜维明文集》第一卷，第 11 页。

② 《杜维明文集》第一卷，第 9 页。

③ 《杜维明文集》第一卷，第 5 页。

乎是较为现实的道路。”①

通过对现代西方主流学术界有关人类文明的代表性论述的评价与批评，杜先生提出了自己的“新轴心时代文明”的初步构想：其一，接受柯森思的说法，将地球看作是人类的极限，重视地球上原居民的声音并以他们为老师。其二，“新轴心文明时代不再是由少数精英或全体男性所塑造的时代，而是每一个人的时代。也许一种符合生态原则，能满足女性主义的基本需求，充分肯定宗教多元性而且还能建构全球伦理的人文精神，才是新轴心时代的特质。”② 其三，在杜先生的“新轴心时代的文明”内容之中，不一定完全是儒家的人文精神，但一定包含儒家的人文精神，他认为，作为第三期儒学的“新儒家”，其基本精神包含四个方面的内容：①个人自我之中身体、心知、灵觉与神明四层次的有机整合；②个人与社群（家国天下）乃至社群与社群之间的健康互动；③与自然的持久和谐；④人心与天道的相辅相成。③ 他非常肯定地说：“我相信新轴心文明时代的人文精神必须涵盖个人、群体、自然与天道四个不可分割的方面。只开辟我、他、你们、他们等论域是不够的。‘我们’不仅指身心神灵和家国天下，而且还包括自然与天。儒家‘以天下万物为一体’的仁道可以为新轴心时代的文明对话提供宇宙论和人生观的精神资源。”④

初步考察杜先生有关“文明”与“文化”一词的使用方式，我们大体上

① 《杜维明文集》第一卷，第 7 页。
② 《杜维明文集》第一卷，第 11 页。
③ 《杜维明文集》第一卷，第 11 页。
④ 《杜维明文集》第一卷，第 13 页。

可以这样说，“文明”是“文化”的整体表现，它既可以用来描述与刻画一个较长的历史时期的文化整体样态，如轴心时期文明，也可以用来描述刻画一个民族在一定历史时期内的文化整体样态，如印度文明、古希腊文明、犹太文明，还可以用来描述刻画一种较长时间段里的生产—生活方式，如农业文明、工业文明等。从杜先生下面的话可以看出其对文明与文化关系的认识：“人类文明有各种不同的文化表现，不同的文化有不同的价值，有不同的生命力，各有其长处和短处。”①

因此，不同的“文化”构成了不同类型文明的具体内容，而且正因为文化的不同，决定了文明之间需要交流、对话，进而让人类的文化更加丰富和发展。杜先生说：“从现代文明来看，我们可以得到一些启示。第一个启示是，人类文明发展的多元倾向不是20世纪以后的现象，而是有着相当长的历史。”② 以中华文明为例，现代考古学的成果告诉我们，中国文明是多元发展的，在新石器时代就有几个不同的源头，如仰韶文化、龙山文化；不仅在渭河下游或北方，而且在长江流域也有自己的文化形式。因此，杜先生得出了这样的结论：“从这个角度看，多元文化是世界文明发展的脉络，以后才有彼此的交流：中国文化和印度文化的交流，印度文化和西方文化的交流，中国文化和其他文化的交流，等等。”③ 这种不同文明之间的交流，发生的时间很早，只是到了“20世纪的后期，才成为一般人日常可以接触到，亲身体验到

① 《杜维明文集》第二卷，第282页。
② 《杜维明文集》第二卷，第282页。
③ 《杜维明文集》第二卷，第283页。

的现象”① 而已。

由上述简要的考察可知，杜维明先生的“文明对话论”，是基于他广阔的历史文化哲学类型的“文明学”角度出发的，与亨廷顿基于美国国家利益而阐发“文明冲突论”，有着非常不同的“文明学”的理论基础与文化史的基础。特别是他提出的“新轴心时代文明”的说法（后来汤一介先生也对此问题做出了自己的论述），在今天世界范围内的“文明学”理论领域，具有非常大的理论诠释空间，值得高度关注。

三、杜维明的“文明对话论”

可以这样讲，杜先生所坚持的“文明对话”原则，是基于他在文明学基础上对于当前国际政治的一种回应，因此，他批评亨廷顿的“文明冲突论”就不是一般意义上的学术观点之争，而是在深刻而广阔的人类文明史基础上对于亨廷顿思想观点的批评。在杜先生看来，亨氏的文明冲突论，是“以西方为中心的论说方式，乃构建在两极分化的思考模式上，充分暴露出维护西方霸权的心态。”其论说的最大失误在于“把文化当作静态结构从地缘政治的角度综览全球，把全球分成西方、日本、儒家、回教、印度教、拉丁美洲等几个体系。”而实际上，“文明是一个动态的发展过程，像长江、大河一样，各大文明之间交互影响。”② 就具体的人文知识而言，杜先生认为，“亨廷顿对儒家的理解已经过时，而且有很大的疑问。他受了白鲁恂（Lucian Pye）很

① 《杜维明文集》第二卷，第 283 页。

② 《杜维明文集》第五卷，第 474 页。

大的影响，认为儒家是权威主义，和西方民主思潮有很大的冲突。又看到新加坡李光耀对西方人权、自由、民主的批评，更加深了他认为儒家传统不能和现代民主相容的观点。其实儒家传统是具有涵盖性的人文精神，可以有和西方民主思潮进行健康互动的可能。"①

由对亨廷顿的文明观批评出发，杜先生进而批评西方自启蒙思潮以来所发展出来的人文精神，他认为，这种启蒙思潮所发展出来的人文精神是“有排斥性的，它对自然有侵略性，是以人类为中心的人文主义”。而儒家的人文精神则是一种具有涵盖性的人文精神，因而“和基督教文明是可以有健康互动的可能的”。他认为，将“日本剔出儒家文化圈是违反历史常识的”。“日本也许不完全受儒家文化的影响，但是，不应该排除在外，而且这也和日本朝野目前考虑回归亚洲的构想不符。”②

杜先生不否认文明冲突在许多地方的不可避免性，但他认为世界文明的“大方向仍然是对话”。杜先生说道：“我想，世界在重组过程中，一定有各种不同的矛盾冲突。但是，通过协调、通过区域化的合作以及全球性不同的合作协调来达至和平共处，大概是不可抗拒的趋势。”③

杜先生坚持“文明对话”观点的现实根据是：“全球社群的出现。”“由于科学技术的发展，世界各地都已成为由信息、交通、贸易、电信和财经各种关系网络所编织而成的生命共同体。从生态环境及能量资源等超越国界的宏观视野来检视当今人类的存在条件，不同种族、地域、语言、文化、阶级

① 《杜维明文集》第五卷，第 474 页。
② 《杜维明文集》第五卷，第 475 页。
③ 《杜维明文集》第五卷，第 479 页。

和宗教的社会群必须谋求共生之道，已成为知识界不言而喻的真理。如果我们把核战争、生态系统遭到破坏、环境被污染、能源枯竭或因人口膨胀而造成的社会脱序等种种问题也列入考虑，那么人类必须同舟共济，一起来创建和平共存的生命形态，更是显而易见的道理。”①

针对如何展开“文明对话”的实践哲学问题，杜先生提出了一个纲领性的建议：发展责任伦理，反思并批评西方社会自启蒙思潮以来发展出的排斥性人文精神的方法。其具体的做法就是发扬儒家文化中具有涵盖性的人文精神。杜先生认为“儒家仁义精神的恕道”“是创建和平共存的生命形态所不可或缺的中心价值。这一中心价值一方面是对他人的尊敬：‘己所不欲，勿施于人’；一方面是对自己的期许：‘己欲立而立人，己欲达而达人’。相互尊敬可以促进人与人的相处；期许可以培养自我的社会责任感。这条思路比反特殊（个人、社群、宗教、国家或文化）的‘真理’强加于人，更能增进人类相互之间的谅解，比利他主义更能发展责任伦理。”②

作为在国际学界有巨大影响力的华人学者，杜先生的“文明对话论”从中国传统文化里发掘出新的国际和平的思想资源，并力求将儒家的人际伦理发展成为国际关系伦理，具有极强的思想启迪意义。但是，笔者认为，经过杜先生发展后的现代新儒家的“涵盖性人文精神”，是否能在既批评西方近代以来的启蒙运动所发展出的“排斥性人文精神”，又能继承现代启蒙精神，这是件令人颇为怀疑的事情。而以儒家“涵盖性的人文精神”来回应现代西方

① 《杜维明文集》第五卷，第484页。

② 《杜维明文集》第五卷，第485页。

文明精神、制度与物质层面的三重挑战，将是一件任重而道远的事情，可能需要更多的，来自不同精神传统的后继者来接着杜先生的“文明对话”理论向前推进。

四、从文明学的角度重新考察亨廷顿的“文明冲突论”

在当今的国际政治理论中，塞缪尔·亨廷顿的“文明冲突论”与杜维明“文明对话论”，代表了当代文明理论中两种极其相反的理论思考原则。

亨廷顿虽然表面上讨论文明的冲突问题，但其讨论背后所深藏着的本质诉求乃是美国的国家利益。因此，他的“文明冲突论”的意旨不在于如何消除经济全球化过程中的文明冲突，而在于如何利用这种文明之间的冲突重组美国的国家利益圈，在致思的方向上与当今世界各国人民追求和平的愿望是十分背离的。作为一种国际关系理论，亨氏的“文明冲突论”更侧重于差异的文明之间的矛盾冲突这一面。在他看来，冷战结束后新世界的冲突根源，“将不再侧重于意识形态或经济，文化将是截然分隔人类和引起冲突的主要根源。在世界事务中，民族国家仍会举足轻重，但全球政治的主要冲突将发生在不同文化的族群之间。文明的冲突将左右全球政治，文明之间的断层将成为未来的战斗线。”① 这就是说，政治的直接冲突让位于不同文明形态之间的冲突。作为一种文明冲突的理论，亨氏所谓的“文明”概念其理论内涵又是什么呢？

---

① 塞缪尔·亨廷顿（Samuel Huntington）：《文明的冲突》，余国良译，《二十一世纪》第5页，香港中文大学中国文化研究所，1993年10月号总第十九期。

亨氏认为：“文明是一个文化单位。”“文明是人类文化最高层次的组合，也是人类文化认同的最广领域：再要推广就是人类与禽兽的区别了。它一方面由语言、历史、宗教、风俗、制度等共同的客观因素决定；另一方面也有个人主观认同的因素。”从范围而言，“文明可能包含几个民族国家，例如西方文明、拉丁美洲文明与阿拉伯文明；或者某一个国家的文明，例如日本文明。文明显然会混合和相叠，亦可能包含许多子文明。”不管怎么说，“文明”的这些差异性，不“妨碍文明之为有意义的实体”，因而是“真实的”。[①] 由亨氏对文明内涵与外延的界定来看，他的“文明观”基本上是一种静态的文明观。这种“文明观”忽视了文明的时代性、发展性、可变性与可交融性等基本特征。就学术的严谨性而言，亨氏的“文明”概念不够严谨，如“日本文明”的说法究竟在多大程度上能够成立，是不确定的。而且最为致命的是，他在理论上混淆了文明的差异性与矛盾性，又将矛盾性与冲突性紧密地联系起来，这在理论上极不严谨。文明之间有差异，差异会导致矛盾但不必然导致矛盾；矛盾可能导致冲突但不必然导致冲突。因此，从理论的严谨性来看，亨氏的“文明冲突论”在理据上是极其薄弱的。

亨氏当时预言：“未来最重要的冲突将发生在文明间的断层线上。”其理由有如下六点：

第一，“文明的相异不但真实而且基本。”“不同文明对上帝与人、个体与群体、公民与国家、父母与子女、丈夫与妻子的种种关系有不同的观点，而

① 塞缪尔·亨廷顿：《文明的冲突》，余国良译，《二十一世纪》第6页，香港中文大学中国文化研究所，1993年10月号总第十九期。

对权利与责任、自由与权威、平等与阶级的相对重要性亦有迥异的看法。”由文明的不同而“引起的冲突往往是最持久、最暴虐”。

第二，“世界的距离拉得愈来愈近。民族间的互动日趋频繁，一方面加强了文明意识；另一方面亦加强彼此的差异性与内部的共通性。”“民族间的互动，强化他们的文明意识，亦由此激发彼此的差异和仇恨，而这些差异与仇恨往往源自历史的深处。”

第三，“全球经济现代化与社会转型历程，一方面使人超越长期以来的本土认同，而另一方面民族国家不再是认同的唯一来源。”亨氏的意思是说，经济的全球化与文化上的原教旨主义是导致冲突的原因之一。

第四，“西方的双重角色加强文明意识的增长。一方面，西方正处于权力高峰，但与此同时（又或许是前者的结果），又可以看到非西方文化正在出现回归根源的现象。”“西方虽处于权力高峰，却正面对非西方世界以更强烈的欲望、更坚强的意志及更充沛的资源来决定世界的未来。”①

第五，“文化的特质与差异较在政治及经济上的更难改变，也更不容易妥协与解决。”“宗教上的歧视与种族问题更为尖刻与排他。一个人可以拥有法国与阿拉伯的血统，或同时是两国公民，但他却不能既是天主教徒又是回教徒。”

第六，“经济区域主义日益抬头。”“成功的经济区域主义一方面增强了文明意识。”“另一方面，只有当经济区域主义植根于共同的文明中才能成功。”对于这一点，亨氏特别担心的是中国的崛起。他认为，“共同文化显然促进了

① 塞缪尔·亨廷顿：《文明的冲突》，余国良译，《二十一世纪》第 7 页，香港中文大学中国文化研究所，1993 年 10 月号总第十九期。

中华人民共和国、新加坡及其他亚洲国家的华人社会在经济关系上的急速扩张。”“如果文化的共同性是经济整合的先决条件，那么未来最主要的东亚经济集团很可能会以中国为中心。”①

亨氏从宏观与微观两个层次上来分析文明的冲突问题。他说：“在微观层次来说，不同文明间断层线上的邻接集团，常常为领土及控制权而斗争（这些斗争通常以暴虐方式出现）。在宏观层次上，文明相异的国家为了相关的军事与经济力量而竞逐，为了争夺国际组织及第三势力的控制而斗争，亦为了倡议个别的政治及宗教价值而互相角力。”② 纵观亨氏的“文明冲突论”，我们可以看到，他特别强调了西方与非西方对抗的可能性，尤其是将中国所代表的儒家文明与伊斯兰文明的结合，共同形成对抗西方的阵线看作是对西方世界最具有威胁的力量。因此，亨氏的“文明冲突论”，最终的落脚点是在政治冲突与经济势力的划分上面。其现实的考虑远大于理论的思考。特别是他认为，“文明冲突”往往发生在文明的断层线上的观点，是一个经不起历史检验和理论分析的观点。从历史的观点看，以往的两次世界大战都发生在欧洲，而不是在所谓的“文明断层线”上。从理论上说，文明之间的差异并不意味着文明之间的矛盾冲突。在当今与未来国际社会之间可能出现的战争，从根本上说将继续是国家间的经济利益冲突的白热化，而不会仅是所谓的“文明冲突”，并由“文明冲突”而能够引起战争。而且，亨氏的“文明冲突论”

① 塞缪尔·亨廷顿：《文明的冲突》，余国良译，《二十一世纪》第 8 页，香港中文大学中国文化研究所，1993 年 10 月号总第十九期。

② 塞缪尔·亨廷顿：《文明的冲突》，余国良译，《二十一世纪》第 9 页，香港中文大学中国文化研究所，1993 年 10 月号总第十九期。

观点严重地忽视了现代民族国家的作用，尤其是忽视现代民族国家在经济全球化过程中追逐国家利益而改变文化形态的可能性。例如现在，我们很难像亨廷顿所说的那样再将中国看作是儒教国家了，尽管儒家文化可能还在日常生活的某些方面起作用。整个20世纪的中国在文化上都是以西方近现代文明为效法的榜样，学习得唯恐不像，更遑论用儒家文明来对抗西方文明。从目前的情况看，中国与西方还有意识形态的差异，但是，西方社会与中国之间未来的冲突绝不是什么西方文明与儒教中国文明的冲突，而只可能是发展起来的中国国家利益与欧美等民族国家利益之间的冲突。而即使有这种利益冲突，也不一定就导致国家间的战争。国家间的利益冲突也可能通过理性的谈判和合理的经济贸易消除。某些日本学者与西方学者非常害怕一个富强而又拥有悠久历史的中华民族的再度崛起，和他们分享世界市场，并且利用他们的经济与文化优势，所以他们以各种形式制造中国威胁论。对此我们应该保持清醒的头脑。

五、结语

自从美国前总统特朗普主政以来，美国政府打出了美国国家利益优先（America first）的旗号，给20世纪以来逐步形成的世界各项规则带来了巨大的破坏。现实世界的矛盾冲突绝不是什么文明之间的冲突，而是美国鹰派势力所主持的美国国家利益与世界各国利益之间的矛盾冲突。可以这样说，亨氏的“文明冲突论”是披着文明问题外衣的国家利益冲突的说辞，是冷战思维的政治与意识形态冲突的模式，借助于“文明冲突”学术话语表现出来的。而杜先生的“文明对话论”则着眼于现代国际社会经济全球化以及因之而带来的其他问题的全球化的事实，倡导一种责任伦理，以维护这一新世界的共生局面，在理论思考的长远性上，远远超出“文明冲突论”的思考范围。不过，世界不同地区的宗教、文化在未来的世界化过程中会遭遇不同程度的矛盾冲突，也将是一个真实的现象，但并不一定因为文明之间的矛盾、冲突而导致战争，更不能将国家之间的利益冲突上升到文明之间的冲突，以转移人们的视线，将不同的文明形态当成国家利益冲突的替罪羊。当前，中国政府正在提倡世界文明，亚洲区域文明之间的对话、交流、互鉴与包容，在一定程度上正好印证了杜先生“文明对话论”的学术前瞻性。就这一点而言，我们需要认真地研究并阐扬杜先生的文明对话理论。

就现实的国际关系来看，“文明对话”的倡议并不具有现实政治的约束力，但文明对话的理论诉求代表了人类“文明”发展的大方向。如果各国政要，国家的政治精英们都能秉持一种文明对话的态度，并将“文明对话”的理论主张逐步落实在具体的社会政治、经济的具体政策之中，则“文明对话”的理论与主张，将会给当今与未来的人类带来更多的福音，而各大文明也将会因为文明对话的持续展开不断得到丰富与发展。当然，各国政要也可以不采取“文明对话”的方式，而采取文明冲突、甚至对抗的方式，其结果必然是造成各种具体的社会政治、经济、学术文化交流的全面的矛盾与摩擦，但这种冲突与摩擦的状态是不可持续的，最终不得不回到“对话”的轨道上来。依照中国传统政治学的术语，我们可以称文明对话是当今国际政治国家之间正常交往的“王道”原则。

吴根友

（武汉大学哲学学院教授、文明对话高等研究院院长）

Part 2

比较文明视野下的哲学、宗教、美学问题

比较哲学与文明对话

宗教之于文明的意义

中西宗教观念之比较

中西美学艺术的特性对话

——中德哲学美学家高端对话会

比较哲学与文明对话

储昭华(主持人)：各位同学、各位老师，下午好！欢迎大家参加“比较哲学与文明对话”三人谈。在对谈正式开始之前，我先来介绍一下今天参加对谈的三位学者。第一位是王庆节教授，他是澳门大学特聘教授、美国杜兰大学哲学博士。王教授的主要研究领域包括当代欧陆哲学，东西方比较哲学和道德哲学等。近期主要著作有《道德感动与儒家示范伦理学》《海德格尔与哲学的开端》等；曾参与翻译《存在与时间》和参与主编《海德格尔文集》（30卷）。王教授在海德格尔哲学、德国哲学、欧陆哲学等领域都有非常精深的造诣，这几天他已经给大家做了多场讲座，相信大家都有很深刻的印象。

第二位来参加我们对谈的著名学者是姚新中教授，（他是）教育部长江学者讲座教授，外国专家局高级文教专家，原中国人民大学哲学学院院长。从1991年起，历任英国威尔士大学研究员，1998年担任剑桥大学Clare Hall学院终身成员(Life Member)，2004年担任英国牛津大学高级研究员，2008年任伦敦大学国王学院教授。

第三位参加今天对谈的专家是吴根友教授，他是武汉大学哲学学院院长，文明对话高等研究院院长，比较哲学与文化战略研究中心主任，吴教授是比较哲学和比较文化的倡导者之一，二十多年来在该领域做了大量的工作，而且这方面的知识非常丰富，工作非常卓越。吴院长在比较哲学与文明对话方面还有很多新的体会跟大家分享。

我们还荣幸地邀请到了南开大学周德丰教授，武汉大学国学院院长郭齐勇教授，大家欢迎。此次活动是由武汉大学哲学学院、武汉大学文明对话高等研究院与武汉大学比较哲学与文化战略研究中心联合主办的。为什么举办这样一个活动，我们当然是有自己的考虑。大家知道，今天是全球化的时代，全球化一开始当然是在经济和技术的层面进行交流，但随着全球化不断地深化和拓展，必然面临一种文化和价值观念的相互碰撞，乃至冲突。

这样一来，以什么样的态度，并通过比较深化我们的认识，然后在新的认识基础上开展一个很好的文明对话，就变得非常的重要，而且这应该是摆在我们哲学工作者、广大理论工作者，以及整个人类面前的一个非常重要的任务。另一方面，这样一个趋势其实也是比较哲学发展的必然结果。为什么要强调比较哲学？我们刚刚说是为了更好地深化和拓展认识。为什么要深化和拓展认识呢？实际上也是要回答我们中国文化如何更好地走向世界，为整个人类文明的健全发展提供一个方法论和方向的引导。

从这个意义上来讲，文明对话也是比较这些发展的一种内在动力和目标所在。因此要为未来人类的一种价值体系的重构，奠定一个深层的哲学基础。但是文明在传播的过程中，必然面临着一系列的理论和实践的难题。比方说怎么样才能够经过比较和对话，我们怎么样为人类的发展提供真正比较合理的指导。另外，在比较的过程中，特别是不同文化相互交流的过程中，这些价值之间的碰撞怎样才能由消极变为积极？怎样化解其中的不可通约性和内在的矛盾冲突，这都是需要认真思考与研究的。今天我们有幸邀请到这三位著名学者，他们在这方面学问渊博、造诣精深，而且有非常认真深入的思考和研究。今天他们也会把最新的思考结果奉献给大家，下面我们掌声有请三位对谈者。

一、如何做中国哲学与比较哲学

吴根友：好，服从主持人的安排，我先讲，抛砖引玉吧。选这么一个宏大的题目——比较哲学与文明对话，看起来很空泛，其实是有具体所指的。我们上午开了一个小型的比较哲学理论与方法的工作坊，在座的姚老师和王庆节老师，他们都是比较哲学研究的实践者，而且在这个领域里都有非常多的成果！

比较哲学，可以说是文明对话的一个有机组成部分。我们讲文明对话，可以从艺术的、历史的，甚至是军事冲突的角度展开，因为战争也是文明对话的一种方式，只不过它采取的是一种暴力的手段。所以，哲学，特别是比较哲学，恰恰是构成我们文明对话的一条途径。从文明对话的角度来看，这并不是我们故意要搞对话，不是吃饱了撑的。今天的人类社会，正处在全球一体化的过程当中。但是，这一体化也不是你想一体化就能够一体化的。它是从近代以来，自哥伦布发现新大陆以后，慢慢地经过几百年资本主义社会生产、生活的发展，把人类既自然地，也人为地连接到一起，构成了一个全球化的过程。

大家如果看过马克思的《共产党宣言》，其中有一个部分论述到资本主义社会对整个人类的贡献，就是讲资本主义把整个人类联系在一起，我们不仅每天消费其他民族的物质产品，我们也消费其他民族的精神产品。我们都看过从美国好莱坞引进的各种各样的大片，这就是精神产品，我们如果读过像《哈姆雷特》这样的名著，莎士比亚的一些作品，还有其他的作品等，这都是在消费其他民族的精神产品。所以我们讲，全球化时代让人类不同的文明，即那些本来是各自独立的，或者至少是一个区域性的文明，通过人为的、经济的方式拉到一起，这样一来就为我们比较哲学的研究，带来了这样一个现实的、历史的条件。

其实，比较哲学不是从现在才开始的。明清时期耶稣会传教士来到中国，像利玛窦（Matteo Ricci，1552—1610）这样一个耶稣会传教士，他非常认真地学习汉语，而且学习的是古汉语，用古汉语来写哲学，介绍西方的上帝观念，而且从中国的“五经”，如《尚书》等里面寻找天和帝这样一些概念来证明中国也有基督教的文化传统，因为中国“五经”里面也有和他们信仰的上帝一样的东西。他要求整个传教士采取“文化适应”的策略来进行文化传播。而实际上，他所做的就是比较哲学与比较文化的工作。所以我们讲，比较哲学与比较文化，其实从利玛窦这样一批早期的传教士就开始了，在东西文化之间寻找这样一些可以理解的观念，只不过那时候的人们没有使用“比较哲学”这个概念而已。

当“哲学”作为中华文化知识谱系中的一种知识、作为一门学科的时候，中国人才有哲学的观念。当我们在从事哲学研究的时候，有人会说，中国古代只有经学、史学、子学，没有什么哲学。没关系，这只是学科知识分类上的差异，就哲学的精神和思想的方式而言，中国当然有哲学思想。我个人觉得，全球化的过程，由于世界文明本身在实际的经济和文化的交往过程中处在一个对话的背景之中，为了更加深入地理解各自的文明与他者的文明，比较哲学就应运而生了。大家都知道，哲学是所有文明中最为精深的一个部分，也是最难懂的。通过比较哲学这样一个途径来达到对不同文明之间的相互理解，促进文明之间更深的了解和沟通，避免矛盾和误解，然后避免亨廷顿所讲的“文明冲突”这样一种结果。所以，我们希望通过比较哲学之路来更好地促进世界上不同类型文明之间的对话，通过文明之间的对话来让世界各个文明之间出现费孝通先生所讲的：“各美其美，美人之美、美美与共”，虽然最后能不能达到天下大同，我们现在不做这样的预言，但至少能够加强文明之间的沟通，促进文明之间的和平。我开始就做这样一个抛砖引玉的破题解释，现在把话筒交给姚老师。

姚新中：今天非常高兴，上午我讲了，武大我经常来，每一次来都有回家的感觉，而且不仅仅是把校园当成自己的家，更重要的是这里有很多好朋友，就像是自己的亲人一样，像郭齐勇老师等等，都是我非常尊敬的学者，亦师亦友，所以到这来能够见到这些师长朋友，觉得特别高兴。上一次（来）就是参加吴老师主持文明对话高等研究院的开幕。揭牌仪式我也参加了，我认为可能在全球叫作“文明对话高等研究院”的，这里应该是第一个。可能有一些其他类似的机构，但明确以“文明对话”这样一个主题来形成研究院的，我觉得在全球应该是第一个。

这也证明了武大在这方面具有广阔的国际视野：立足珞珈山，放眼全世界。祝贺文明对话高等研究院！我很高兴今天来参加这个对谈活动，实际上这和我自己对于这个事情的理解也有很大的关系。对于这样的主题我们这几年谈了很多，我们这一代人大多数都是从一个非常封闭的、孤立的、孤单的存在，走到了一种具有一定世界性的存在。当年我下乡的时候是写了保证书的，发誓要扎根农村干革命、干一辈子，当时绝对想不到我能有后来的发展。我在伦敦（大学）给学生讲课的时候——我的学生世界各地的都有，美国的、欧洲的、非洲的、南美的、亚洲的，我跟他们讲，我说我根本想不到自己能够站在这个讲台上，能面对来自全世界的学生讲课，而且你们愿意来听我讲课，这本身就证明了这个世界正在走向共识或者说正在形成共同体。就我个人的这种经历，使得我对于文明之间互相交流、互相沟通，还有互相对话、互相理解，满怀深深的敬意和积极参与的意识。

现在我在中国人民大学给本科生上两门课，一门叫全球化伦理学，今年第一次开始讲，其主要切入点有二：一是想从全球化的角度来看伦理学的问题；二是想从伦理学的角度来审视全球化进程和它产生的问题。第二门课是传统与现代化，因为我认为文明对话离不开中国走向现代化这样一个进程，如果你离开从传统到现代化这样一个进程，你就很难说得清楚今天的中国在世界的位置以及未来的走向。

在这两门课里面，我反复强调一个观点，就是说全球化虽然表面上或者说它的动力主要来自经济、科技、交流、交通等等，但它本质上是一个伦理价值互通、互鉴、融合的问题。如果在基本的伦理价值方面，我们不能逐渐地由异走向不异，不能从差异、分割、冲突走向共存、共生、趋同，那么在全球化这个问题上就可能处于一种不知所措或者无法推进的状态。但是在价值方面要寻求这样一种共识并非易事，“和而不同”说着容易，但真正做到是非常难的。在过去的几十年，我参加了很多次所谓的宗教对话、文明对话、哲学对话，这些对话的参与者中包括几乎所有的宗教界领导人或学术界知名学者，既有佛教的、犹太教的、基督教的、天主教的，还有儒家的、道家的，我们在对话中的一个主要议题就是能否通过对话确定不同宗教教义、学术、践行等方面的最大公约数或最普遍适用的道德原则。在这几十次的对话里面，我感到大家都有一种迫切的愿望——都在寻求我们作为人类所共有的一种价值底线和目标。

但非常遗憾的是，我感觉这种对话实际效果并不是很大。经常是开会轰轰烈烈，谈话的时候大家也都在谈各自的不同观点，比如说这次主题是世界和平，那么每一种宗教都在说自己的宗教是非常热爱和平的，是反对暴力的；然后下一次又讲公正，马上说自己的宗教特别强调公正，并且说有很多的这种思想资源都可以深挖，但是最后，对话结束了，一切也就结束了，就是说我们看不到实际的效果，现实中该打的还是打、该乱的还是乱、该不公正的还是不公正。像这种对话在什么层次上具有意义，或者在什么意义上它具有实践的效果，这是我思考的一个问题。

今天我想通过这个对谈和大家分享一下我对这个问题的看法，就是说，我们如何通过对话的形式，使我们更加宽容地对待其他不同的（文明）体系，让我们更加真切地认识到这个世界实际上是由不同观点、不同思想、不同倾向的人所组成的。这就是我们今天在谈论文明对话的时候所要注重的一点，就是说对话本身它是一个手段，而不是目的，如果你要把对话做成一种目的的话，我们就很难取得效果。所以说，在我们讲究对话的时候，我们一定要注意如何更有效地进行交流，通过对话我们要达到一个什么目的？

其实这又回到了为什么从文明对话要进入到比较哲学这个问题上。因为文明最核心、最根本的东西，只能是哲学理念、哲学理想、哲学价值。如果在哲学层面上我们不能解决基本的理念差异问题，文明对话可能就会流于形式或者流于表面，而无法渗透到实质。当然，比较哲学，我们上午也进行了讨论，我个人认为现在还处于一种“初期阶段”，就是说，虽然有很多人在做这些研究（武汉大学对这方面的研究历史比较悠久，已经有二十或者二十多年了，像吴老师，还有郭老师，以及很多其他老师都在这方面做了很多工作），但是相比之下，它还是一个相对不成熟的状态。

那么在比较哲学领域，我们该如何去做？第一，我们在座的这些人都是有责任、有能力进行深入比较的，但是我觉得更大的希望寄托在你们身上——在座的这些年轻的学者、学生身上，因为未来是你们的。整个世界的趋同之势，也要靠你们去推进。而且我在想，我们这一代人是从一个偏僻的、一种孤立的存在到一种世界性的存在走过来的。在今天全球化的时代，将来你们会走到什么程度？我现在根本没法想象，估计现在你们也没法想象。

将来你们所面对的绝对不仅仅是一种文化、一种价值体系、一种伦理观，而是整个世界，那个时候这个世界是什么样子，在一定程度上取决于你和你们同代人如何认识，如何进行文明对话、比较哲学以及如何认识和思考不同文明体系价值差异等问题。因此我们现在做的工作是搭桥梁、建平台，做一些基本的、基础的工作，希望通过我们初步的工作，让你们能够更上一层楼，能够达到从世界文明的视角实现不同文化、不同价值体系之间的交流、交通、共存、共在这样一种境界。我也是展望性地说说这些话，希望对你们有一点启发。

王庆节：首先祝贺吴老师的著作出版！武汉大学专门成立了文明对话高等研究院，说明我们现在实际上已经走进了这样一个时代，大家开始严肃地思考比较哲学和文明对话的问题。比较哲学以前好像名声并不是那么好，我们有时候都不太好意思说自己是做比较哲学的。我自己是学西方哲学出身，有人说王老师你怎么去做比较哲学？言下之意我不值，也不该去追这个风。我说我不是追风，这的确是我的兴趣所在。比较哲学又叫东西方比较哲学。有些人会说，中国的学问你做不好，就到中哲的圈子去讲西方哲学。而西学也做不好，于是又跑到西哲的圈子讲中国哲学，结果就是不东不西，而更坏的结果则不是东西。面对如此激烈的批评，我们做比较哲学的，应当怎样回应，让自己讲的东西真正是个东西。怎么样才能是个东西？我们整个上午实际上都在讨论这个问题，我们要进到这样的境界里去，把比较哲学做成具有“合法性”的东西。刚才，吴老师和姚老师都在谈这个问题。对我来说，讲这个标题，我该从哪儿讲起？还是从最根本的问题说起吧，即什么叫比较哲学？什么叫文明对话？

我的理解是这样，首先，无论我们承认还是不承认，我们处在一个文明冲突的时代。为什么会有文明冲突呢？因为这个世界变得越来越小。我们今天还在饭桌上聊四十年前我从南京去北京上学的事。那时，我们要坐一整夜的车去北京，我记得非常难熬。后来，我坐飞机到美国也是一整夜的时间。四十年的变化，当时去北京就像今天去美国差不多。所以我说这个世界变得越来越小，而这个世界的变化速度要远超过我们文明之间的相互理解的速度，就会有冲突，就有了不同文化间对话的需要和必要。

对话或者冲突最基本的表现，或者最根本的表现就是文明冲突，而哲学观念、哲学价值是所有文明赖以维系，或者说是从发源处就构成的最核心的东西，我们讲“轴心时代”，其实讲的就是这个东西的形成。所以，文化或文明冲突背后实际上就是理念之间的冲突。昨天下午，我在这里讲“道德两难”，实际上讲的也是这个（郭老师今天在场，我昨天在“攻击”你的儒家观念，现在没有，哈哈！）。郭老师是当今第一个发起关于“亲亲相隐”讨论的，对这个问题做一个严肃的哲学思考的学者。“亲亲相隐”的问题，就像昨天下午讲的，它实际上也是一个比较哲学的问题。我们今天面对的文明冲突，通过体现儒家基本价值观的“亲亲相隐”问题显现出来。传统儒家的解释跟自由主义的以个体自由与人权为根本的价值理念发生冲突。这不是你承认不承认的问题，说它是冲突也好，对话也好，总之它是一个历史事件。所以，“比较哲学”与“文明对话”，其实是我们这个时代的任务。当然我们三个人可能都做了一些这方面的工作。但刚刚姚老师讲得很好，实际上这个工作的重任是属于在座的，是我们这些在场的年轻朋友的任务。比较哲学属于哲学或者任何思想的核心，说实话，它应该不是现在才有的。没有对话、没有比较，就没有思想。所以哲学思考在某个意义上是从“比较”开始。

我举一个例子。我们在座的很多朋友都是学中国哲学专业的。我们读中国哲学，读儒家，首先都要读《论语》。《论语》第一章叫《学而》，讲我们学习的事，《学而》开篇第一章一共有三句话，大家都知道是什么意思，但是，我比较少见到有人可以真正讲清楚这三句话之间的关系。我查了文献，有一些文章谈到这个问题，但其中的观点很少能让我信服。但如果从“对话性学习”的角度来说，我们也许可以给出一个融贯的解释。第一句从“习”来讲“学”，即孔子的“学而时习之”。首先，学是向老师学，也就是向传统学。这也就是为什么韩愈《师说》第一条就是“传道”。因为是向传统学，“习”才显得重要。“习”首先是复习，当然还有练习、演习、预习，这些都说明学习是个过程，时间过程和历史过程。恰恰是这些，就使得学习作为“对话”成为可能。“复习”是什么意思？“复习”本质上就是跟传统对话，我们儒家做学者的，做哲学的第一任务，就是要把传统传下去。传什么样的传统？这就是复习，而复习的第一要义是重复，一代一代的重复，把根基承传、承继下去，这是做学问的最根本的功夫。“复习”作为和传统对话，并不是一种无根的、表层的重复，也不是为重复而重复的盲目重复，而是在学习和不断学习的过程中，在预习、实习和演习的实践过程中展开、拓展和发展。因此，“学习”只有在这样的与传统的对话过程中，从过去，依现在，向未来，才可以出新和创新。那么第二句“有朋自远方来”讲的是什么意思？“朋”今天一般讲是“朋友”，“学习”跟朋友有什么关系？我的读解依据的是“同门曰朋”，也就是说学习要和自己人一起学习。“自己人”就是“同学”，我们学同样的经典，我们有同样的老师。“朋”的字形说的就是“排排坐”，就是你我坐在一起。大家学了同样的经典，我们的老师也相同。大家学完了，到各地去了，你有不同的观念，你有不同的想法，去理解、去体悟、去实行。等你哪天回来了，大家很高兴，互相交流，这就是跟同伴学习，跟同门学习，跟同学学习，这个学习的过程，也就是一个对话的过程。第三句怎么解释？就是跟与你不同观点、不同立场的“别人”学习。他也许和你不同门，不是出自一个立场、一个老师，甚至一个传统，他是“别人”。他不认同你，“人不知而不愠”，“君子乎”，你学做君子，就要有一种开放的心灵，就要在不同的人、不同的师门、不同的观点、不同的传统、不同的价值之间学习。你至少要宽容，不要发脾气，不认同他的观点，但要尊重他说话的权利。你要允许他人批评，要听得进去，这也是儒家传统之“学”的一个重要部分。所以我说，没有对话、比较，哪来的学习？这是我们的老传统，也是儒家学问的开端。

当然，如果就西学的传统讲，内容就更多了。“对话”的概念，可能就是从苏格拉底、从柏拉图、从亚里士多德这个西方哲学的主流传统那里来的，所以，“对话”对哲学是生命攸关的事情。哲学和思想就是要在这种不断的切磋、不断的交流，跟自己相同和不同的观点、立场展开对话，才能够成长起来。所以我觉得，研讨会这个“比较和对话”的题目起得非常好。这就引向了我想跟大家分享的第二个问题的思考。这个问题就是：什么叫对话？吴老师讲了，“对话”要避免成为一种“判教型”的对话。要“判教”，我们就得有一种立场、有一种真理性的预设。然后我们才可能用这种立场去评判其他所有的学问。这样的结果好像是最后证成我的学问最高，或者只有我的信仰正确。我欣赏吴老师下面这个说法，即不是要从“教”而是要从“道”，这也是庄子的说法。不是说你信从什么观点，然后别人就按照这个来说，不信我，就是异端，那是一种极端宗教的说法。当然，任何宗教里都有判教的传统，但在哲学上说，走向极端，最后导致的就是一种自我中心，或者文化霸权。所以需要对话、需要沟通。从“判教”到“对话”，再到“会通”，我想这是吴老师这本书的核心思想，他从历史传承讲到当代研究，总结人们做的工作，就是沿循着这条道路走过来的。既然如此，那么我在想，从理论上说，怎么样算是达到“会通”呢？首先需要弄清楚的是：什么叫会通？或者我们在哲学上怎么理解会通或者对话这个概念？可能有哪几种类型的会通和对话？我曾经在我的一篇英文论文里讨论过这个问题。我觉得我们应该区分三种不同类型的对话。第一种对话是我们最常见的对话形式，我把它叫作 conversational dialogue，即“交谈型对话”，这就是我们日常生活中最常见的对话。比如说我问“你吃过饭了没有”？你答，“我吃过饭了”；你问我“外面下雨了吗”？我说，“是的，外面下雨了”，等等。这些日常对话所进行的是一般信息的传递和沟通，我们不妨将之称为信息式的对话。这种对话强调的是什么呢？是信息内容的正确性、准确性，以及信息传播的有效性。我一个简单的问题问这是什么？回答的人给我绕圈子，绕来绕去，讲话太啰唆，讲不清楚，这会让听话的人云里雾里，不知所云。所以，清楚明白的信息传递和沟通在这种对话中是最重要的事情。这种对话是最基本的，也是所有其他类型的对话，包括哲学和思想对话的基础。例如我们无论讲孔子还是讲康德黑格尔，第一个要求是要讲清楚、讲明白，即孔子或康德关于这个问题究竟是怎么讲的？在哪里讲的？什么意思？前因后果有哪些？这就是第一种类型的对话。

第二种类型的对话，我把它叫作 argumentative dialogue，即“论辩型对话”。论辩型对话是什么意思呢？说的就是哲学要有论辩、有论断、有论证、有结论。有人说西方人讲逻辑，我们中国人比较少讲逻辑，这不是没有道理。我们中国人往往讲了很多话，但缺乏论证。比较少说明怎么就得到这个观点的？论据是什么？可能提出什么样的反证？这些反面的可能性中，有哪些是合理的？有哪些是不合理的？要有论辩性的对话过程，还有需要对话中使用的概念清晰，即一个概念，是在什么意义上使用？需要定义和分析，这些当然都是西学的长处。所以，在进行论辩型对话的时候，不能鸡对鸭讲。比如我现在讲桌子，说我的这个桌子好，那桌子好是什么意思？我说是它的制作材料好，你讲这桌子不好。你所谓做得不好，不是材料不好，是指它没有被设计好。这样讨论或辩论问题，不是纯粹吵架吗？所以要论辩，首先要弄清楚我们辩的是什么东西，依据什么原则和规则？采用什么方法？如果这个清楚了，谁对谁错，判教当然是有意义的。这个事先弄不清楚，那争论就是鸡同鸭讲，你讲你的、我讲我的。这种对话跟第一种对话不同的地方在于：第一种对话，目的在有效的传播信息，而论辩型对话的目的在于求真，在于得到真理。今天科学性的研究和思考往往采用这种对话性的方式。还有一种情况，论辩型对话的对象并不一定在狭义上指对谈中说话的对方，而是“第三者”。这个“第三者”可以是具有普遍性的一般听众，也可能是论辩对象之外的某个特殊群体。比如美国总统辩论，特朗普和克林顿在辩论，但他们都不是想要去说服对方，他们各自要说服的是那些认同或可能认同他（她）的听众，如果听众接受了他的价值取向、他的预见、他的论证，就成功了。所以这叫论辩型的对话。

还有一类对话，区别于前面讲的两种，我把它叫作启发型或者启示型的对话，英文可以称为 revelation dialogue。这时，我们进行对话往往既不是真要去了解对方的信息，也不是要和对方争辩他的论证是多么糟糕，或者为他的雄辩折服，而是另有目的。这类对话在中国传统里面有很多。例如，什么叫“一字之师”？什么叫“听君一席话，胜读十年书”？在所谓的“对话”中，别人偶然的一句话，甚至一个不起眼的动作，让我一下子豁然开朗。可能我是误解，但没关系。在这里重要的事情也许并不在于对话中的他提供的信息量，或者它的正确性和准确性，对我有没有用，等等，而是对方的一句话把我以往累积的知识，以往的所思所得贯穿起来，一下子得到融会贯通，让我得到了启示。这种类型的对话，实际上是某种深刻意义上的思想对话，对于我们的比较哲学和跨文化对话，尤为重要。就像刚才姚老师讲的，我们开个比较哲学或宗教的会，大家都来分享关于这个问题，基督教怎么讲的，伊斯兰教怎么讲的，儒家又怎么讲，我们来个信息共享和互通，这样做不是说不重要，这也非常重要，但还不够。这还不是我们讲的思想对话。当然，对话也要讲概念分析，讲论证过程，要讲逻辑，但这些还不足以成为我们讲的思想对话的目标。在比较哲学或文化间对话的层面上，我们应当更重视思想的对话。因为我做海德格尔（Martin Heidegger，1889—1976），所以讲个海德格尔的概念。海德格尔发问什么叫思想？这实际上说的是思想期待唤醒，期待打开。正是这样的一个思想对话或启发型对话的情景，才是比较哲学或者文明间对话需要发扬的。我们也正是在这个意义上来理解什么叫比较，什么叫对话。

那么具体来说，我们怎么去做比较哲学呢？这就涉及我想讲的第三点。在今天的条件下，大家都说中国哲学要有并且也应该有合法性。但这个问题的发问本身，其实是有问题的。我们先不谈那些政治正确的问题。一般说来，你要跟人对话，你首先要有料，有思想，对吧？要实实在在地提出不同的观点，实实在在地把概念弄清楚，大家讲理，对吧？当然有不同的讲理方法，这就呈现出某种对话的方式和可能。例如，在西方，人们比较爱讲“真理”——一个命题，论断的真假。而在我看来，这与我上面讲的第二种类型或者第一种类型的对话比较相近。我觉得，在中国，虽然逻辑论辩的传统不如西方深厚，但也不是不要讲理。人更多看重的一个概念叫“讲道理”。讲道理跟讲真理不太一样。中国人讲道理，说这个说法或者这个做法有几分道理，或者说蛮有道理，或者说没什么道理。这里既强调讲理的理性分寸，也加入了不少理性之外的情境考虑。但“讲真理”不会这么说，真就是真、假就是假。所以，中国人的文化不是不讲理的文化，但这里讲的理可能不是你讲的理，但你要真把这个理给他讲出来了，讲清楚了，我想西方人也能接受。中国文化传统也教人讲理，但不仅仅讲论理，还强调讲情理、讲事理，这些都是理，但有不同的讲法而已。也许可以说，道理要比真理的概念和含义要宽，讲真理是讲道理的某种特殊，甚至极端的情形。

除了上面所说的，通过厘清不同文化思想传统中所用的概念来达成比较哲学对话之外，还有一种比较实际的方法就是更多关注问题本身，而非不同哲学流派学说之间的比较。在对话的过程中，有时候我们会关注一些特别的问题，通过问题本身的辨析，来进行比较。比如之前讲座中谈的“亲亲相隐”问题。关于这个问题的回答，在我看来，是一个典型的道德“两难”或者“吊诡”。道德“两难”是什么意思？指的就是有两种最根本的价值立场在此发生冲突、发生对立，不可调和。这种情况不是说我们有可能通过对话或者概念辨析找到共同的立场。而是说在这里要求一种基本立场的认定，要么认同我，要么不认同我，这是论辩型对话的典型特征。但论辩如果可能，前提是什么？前提是要认同你我共同立基于上的某个最终的东西。两难的情况说的是，这个共同认定的东西没有了，又找不到新的共识，所以对话争辩就成了立场之争。这在科学上比较清楚，例如欧式几何与非欧几何，基本公设发生了变化，无需要也不可能争辩。但伦理学上则不然。例如著名的“电车难题”，其背后实质上是功利主义和康德伦理学的基本原理之间的两难之争。所以，“道德两难”往往是在最根本的问题上发生冲突。类似的道德两难不是说只在西方思想里面有，中国思想中也很早就有。“亲亲相隐”揭示的就是传统儒家的基本价值与现代西方文化的自由主义价值之间的两难冲突。我们的传统中不仅在道德形而上学中有“两难”，逻辑学里面也有两难，例如“惠施十辩”，公孙龙子的“白马非马”之说，等等。“两难”这个东西实际上揭示的是我们思想的界限。这种界限彰显出我们思想的先设前提或者基础，也可以叫作“先见”或“偏见”。思想对话的其中一个目标来显我们的“先见”。“先见”就是那些我们在一般情况下意识不到的思想前提。如果意识不到，就会出现“两难”的情况。唯有在这种矛盾，甚至发生这种冲突的情况下，我们才能够真正意识到我们所处其中的文化和价值的界限在什么地方，这是思想对话或者文化对话的一个非常重要的哲学意义。再一个，我觉得需要哲学对话或者文明对话的一个重要原因就是我们当今生活在同一个世界。因此，如今面临共同的问题，例如现在面临的环境问题、动物权利的问题、持续发展的问题、公平正义的问题，这些都是全世界共同的问题，不是说只有美国有，中国没有，很多问题是大家共同面对的。如果是共同的问题，你的文明、你的文化、你的价值源头能够提供和现有方案不同的方案，这样的话，你才可以把自己的文化与文明中最核心的那些好东西彰显出来。你的好东西彰显出来了，人家自然而然就来承认你的合法性。你讲不出来，仅仅在政治正确的层面指责别人，这不是一种理直气壮的做法，也会让人瞧不起的。

最后一点我想讲的，也是我之前讲过的，就是不要假设所有东西都可以有一个完满的结局。我们以往的知识论太过分地强调理解，比较少地注意“谅解”在认知和沟通中的作用。“谅解”就是要承认差别、承认不同、承认不理解。承认并容忍不理解并不丢脸。相反，不承认不理解，不解却要去强解，这才是违背孔子的为学原则，也是违背我们老祖宗的讲法。我们现在很多比较哲学的“比附”就是出于这个原因。他不懂、不理解，但他不愿承认他不懂，然后说在我们中国早就有，这就是无知。如果知道没有，还强行去讲去套，那就是无耻。这种态度本身是对学术的一种亵渎，这不是严肃地对待“比较哲学”和“文明对话”。

储昭华：谢谢三位教授！在活动开始之前，吴院长给我写了一个清单，列了一些今天该谈的问题，我发现三位学者谈下来以后，这些问题都回答了。

吴教授从学理上对整个比较哲学的缘起、发展做了很好的追溯，并且阐明了自己的比较哲学思想，以及对它应当达到什么样的目标的理解。姚教授从伦理学的方面和他个人的研究经历出发，就如何进行对话阐明了自己的观点。刚刚王教授条分缕析，给大家做了精细的分析，把“对话”分成了日常、论辩、启示三种形式，从各个角度对这些问题做了非常明确的回答。

在吴院长交给我的这个清单里，关于第三条似乎阐发得还不够，刚刚姚老师已经谈到了，在比较哲学与文明对话中，我们在一般意义上比较空泛地接受“己所不欲，勿施于人”这样的金规则。大家要平等、要和谐，要求同存异，这一点也都没有问题。但深入到一些核心的问题，特别是关系到实质的利益，包括文化传统本身有问题的时候，分歧或冲突可能就难以避免。这样一来，一方面当然是现实或者利益的冲突，另一方面涉及文化或者是哲学本身的不可通约性，或者叫不可翻译的问题。这是吴院长清单里面列的第三条，刚才姚老师也提出了这个问题，确实可以帮助我们理解比较哲学与文明对话更深层的问题，特别是关系到怎么样才能达到我们所预期效果的问题。请三位教授对这个问题奉献你们的智慧。

二、谅解、误解与文明对话

吴根友：好！姚老师先讲，因为刚才你提出了这个问题，解铃还须系铃人。

姚新中：我比较善于提问题，哈哈！我上课的时候对学生说，我说你（们）不要指望在我的课堂可以睡觉或者可以做别的什么事情。我是永远在提问题，所以我永远期望着你们能够回答这些问题。刚才说的不可通约性，确实是一个问题，而且这个问题在我们考虑文明对话和比较哲学的时候，既是一个实践问题，也是一个理论问题。不可通约性在很多方面都可以表现出来，最近我看特朗普在联大（联合国大会）的讲话，我不知道你们注意到了没有，他讲话的意思就是说，一方面，自从美国主导建立联合国以后，为世界做了很多的贡献，让整个世界越来越和谐、越来越美好，这是自己在表功！但另一方面他又说，坚决反对Globalist，就是全球主义者，他认为真正的热爱世界的人都是爱国者，他号召所有的国家元首都爱自己的国家，爱自己的人民，他说他就是这样做的，他就是要美国最强大，然后德国人的首要目标是把德国变得最强大，等等。这样的话表面上十分合理，但细究就会发现问题很大，如果每个国家都这样的话，这个世界还有和平吗？那就肯定没有和平了。这是实践方面。另一方面，我们个人层面其实也有这样一个问题，比如我们刚才都在讲这方面所存在的问题，如何在人与人的对话、交流的过程之中保持“共在”。比如一开始在进行宗教对话的时候（宗教是文明的一个重要组成部分），我也赞同很多人提出来宽容（tolerance）这样一个词。但是仔细想一想，越想越对这个tolerance感到不舒服，为什么不舒服？因为宽容（意思）实际上是有一个（宗教、文明）站在高位上对你说：我知道你，尽管你和我不一样，尽管我认为你可能不对或者怎么样，但是我宽容你、我容忍你。因此就像这样一些情况，在我们的日常对话、文明对话、比较哲学里，其实都有这方面的问题。涉及比较哲学，我认为重要的是怎样来进行这种哲学层面的思考。刚才王老师讲得特别仔细，我就不再进一步说了。

我只是提出这样一个问题，就是说当我们今天在谈论比较哲学的时候，比较哲学是什么？这个问题其实之前我已经提出来，就是说现在比较尴尬，比较哲学它是个“东西”，但是常常又被认为不是个“东西”。就比较哲学而言，之前我看到了有这样几种说法，吴老师说比较哲学是中国哲学的宿命，是吧？这是吴老师的一个提法。王老师提出来哲学的本质就是比较，还有谁提了比较是哲学的本性或本质。我在想，我们能不能这样说？如果说比较是哲学的一种本性，这句话在什么意义上才能成立或者我们可以在什么层面上去说？

所以我个人的观点还是认为，比较哲学是哲学研究推进的手段和方法。如果把它说成是（哲学的）本质的话，我觉得可能还是有一点欠缺，因此在今天的对话里面，这个问题需要提出来，因为这有进一步探讨的必要。但是如果说比较是中国哲学的宿命，我就会非常赞同，为什么？因为中国哲学作为一个特殊的学科或体系产生的（时间）晚。这里所说的中国哲学就是现在我们所理解的中国哲学，但这并不意味着古代没有哲学。中国古代在什么意义上具有“哲学”这个问题刚才已经讨论过了。赵汀阳最近发表了一篇文章，叫《纯粹哲学有多纯粹》，在这篇文章里面他提出来，如果你要把哲学当作一个专有名词，也就是说由希腊欧陆哲人们所形成的一种话语体系的话，那么你可以说中国传统思想不叫哲学或者不属于哲学。但是如果你要把哲学作为一种系统的理性反思，作为对这个世界最本质的、最基本的问题的反思方式，那么中国的反思方式和西方的反思方式一样都是一种哲学，他这个观点我还是非常赞同的。现在谈论比较哲学的时候，我们切记一定要能够从这个方法方面入手，能够理解比较哲学这样一种含义，因为只有从这样一种含义出发，我们才能够比较正确地推动比较哲学，也才能够使得比较哲学成为文明对话有力的而且是有利的工具和手段。

最后，其实“文明对话”本身也是个手段，并不是目的。对话的目的实际上（当然是我个人认为）还是要求同而不是求异。因为现在差异、碰撞和冲突是人类所面临的一大问题。我们可以有不同，但是如何能够让这种“不同”局限在可以相互接受的范围内和世界能够承受的程度上，这是我们应该思考的问题。这不仅仅包括政治家，甚至包括我们做理论的、做思想研究的学者，都应该认真考虑这个问题。如果我们不考虑，那么谁去考虑呢？我们在考虑“文明对话”和“比较哲学”之间关系的时候，也有很多人说，比较哲学它没什么用处，除了带来更多的争吵、辩解外并不能达到我们预期的目的。在英国参加哲学对话时也有很多人提出这个问题，大多数西方哲学家还是比较倾向于要探讨如何以“同化”的手段来达到一些基本的哲学共识。

问题是，有不少西方哲学家认为，中国哲学、印度哲学、日本哲学等等是可以讲的，但这些不同的哲学形态必须要向西方哲学靠拢，要使用同样的分析手段来进行。我个人认为这与我们所理解的比较哲学和文明对话所要达到的趋同还有很大的距离。这种距离该怎样去缩小？这就是我们今天正在思考的问题。我们如果不认真地去思考这些问题，“对话”可能永远停留在表面，如果不是追求趋同、求同存异、求大同存小异，比较与对话就可能很难达到理想中的目标，但如果把趋同仅仅理解为统一到某种哲学形态，这又会有“对话霸权主义”的弊端。

吴根友：我觉得王老师刚才讲的确实都非常具有启发性。最后讲的“谅解”这个词，我觉得非常有意思，我在做比较哲学的时候，当然可能还是带有点乐观主义，追求“会通”。其实“谅解”跟“会通”还是不一样的，包括跟“理解”也不一样。按照我们的日常经验来讲，“谅解”这个词就有一种无奈。我们举个在日常生活中的例子，比如说，出现了一起非常严重的交通事故，把某个人家里一个孩子或者什么人撞死了，那么要涉及赔偿，即使赔偿，遭受不幸的一方心里还不满意，所以双方之间要达成一个谅解，这事不能无限制地吵闹下去，在法律上不断纠缠下去。因为我们的生活还要继续，还要活下去，所以“谅解”一词就有不得已的意思。这事只能到此为止，尽管心里不满意，对方也做出了赔偿，也道歉了，但是当赔偿和道歉并不能够弥补你的损失的时候，只能“谅解”。这是“谅解”一词在日常生活中的意思。

那么在哲学层面上，我们怎么样把“谅解”变成是人类（不同）文明之间的“谅解”？（2019 年）9 月 25 号那天我参加了一整天的文明对话，跟牛津大学三一神学院的一个教授（他有神学背景），我们就讲宗教在文明过程中的意义。我们从比较宗教学的观点来看，一神教有“创世”这样一种思想，无论是基督教、犹太教、还是伊斯兰教，他们都是一神教。“创世说”的意思是：这个世界本来不是这样，有上帝的创造才这样的。上帝创造世界是在这个世界之外创造，还是在这个世界之内创造？这个问题在一神教当中毫无疑问是不需要讨论的，这是共识或者是他认识的背景，该文化背景中的所有的人都是受造物。但在遇到其他文明时，可能就不是这个样子了。

在中华文明这么大的一个传统里头，我们能够接受“创世说”吗？几乎不能。我们传统的主流思想认为，大自然从来就存在着，而且变化着，人类就在大自然之中，人是自然的一个部分。正因为人是自然的一部分，我们很多的行为、想法跟天道都是相通的，所以我们最终要跟自然达到合一，简称叫“天人合一”。这两种传统现在走到了一起，作为比较哲学或者比较宗教，当这两个文明相遇了，我们该怎么办？我要让你改宗，不接受一神教；你要我改宗，非要相信或接受一神教不可。我们两个碰到一起了，怎么办？这个地方就不是文明对话通不通约的问题，如果双方都有军事实力，我们可能要打仗。作为一神教的一方来讲，我要消灭异教徒。作为另一方来讲，我们要捍卫自身的文明观念，并且笃定地认为，从来不存在创世的说法，大自然就是这样，本来、本始就有，我们只是自然的一部分。像这两种很强势的文明走到一起之后，我们就遭遇了一个全球化时代的真正的“文明冲突”。开始人类没有进入全球化的过程，我们没有遭遇，大家都在自己的领域生活，很好，现在不是的，我们有商品交往，怎么办？所以到了我们这个时代，我觉得“谅解”这个词所提示出的一种文化或文明的态度就非常重要了。尽管我不接受，而且是坚决地不接受你的观念，但是我“谅解”你，你信你的一神教，我信我的“自然”。而且，谅解与上面提到的“宽容”不一样，宽容有一种居高临下的意思。谅解则不是这样的。通过今天的对话，我觉得“会通”恐怕还是太理想化了，可能首先是要“谅解”。在一些根本价值上，我们无法接受对方的时候，我们不能用传统的哲学或者宗教的观点，即消灭异教徒的观念，来面对持有根本不同观念的争议者。所以需要讲我对你的谅解。最近，在政治哲学领域里，也有讲“承认的政治”。“承认的政治”其实就是承认持不同意见的对方，也许可以看作是一种富有更多积极态度的“谅解”。

我觉得，承认与谅解，这两种态度之间一个是积极的，一个是消极的，“谅解”可能是消极的承认，“承认”可能是积极的谅解，我没办法，我只能默许了，这可能就是“谅解”。所以“谅解”与“承认”，也许可以构成今天比较哲学和文明对话——在终极价值上，双方互相都认为自己有道理的时候——我们要采取的两种态度或方法——一个是谅解，一个是承认。积极性的是“承认”，消极性的可能就是“谅解”，就像古代儒家提出的金规则：一个是积极的：“己欲立而立人、己欲达而达人”；另一个是消极的：“己所不欲，勿施于人”。这样，可能就构成了相辅相成的比较与对话的原则。

所以我觉得这就回到了我们讲的比较哲学主题上面，以往的古希腊就有古希腊哲学，中国在名词或者在学科建构的意义上可能没有这些，但是也有类似于哲学的思想，你按照希腊罗马一套系统去生活，OK！没问题，中华包括东亚文化圈，按照这套（儒家价值去）去生活也没问题。但是我们相遇了，所以这两种不同的哲学之间，你不想去认识对方，你不通过从自己的立场出发来认识对方，也不可能。从这个角度讲比较哲学，它是我们在全球化时代不得不采取的一种态度和方法。如果不采用这种方法（比较哲学与文明对话），你就无法很好地认识对方，反过来也很难理解自己。有时候一些观念是通过相互的比较，才可以认清自己，所以我从这个角度来讲比较哲学，它也是一面镜子，把他者的哲学思想作为一面镜子，来反省自己民族自身的传统。

所以，我觉得比较哲学对我们认识世界、认识自身，就是在认识论的意义上，会提供一个非常好的方法。至于我们的现实生活，由于哲学这样的学科，或者这样一个学科形成的一个文化传统，它来自强势的西方，西方的英语世界或者法语、德语，就是拉丁语系的这些系统，可能不承认比较哲学，我觉得没关系，在这点上我是积极主义的。我相信随着整个中国文化和经济的发展，再发展五十年，都会是和平的，不出现战争，不出现通胀。很多欧洲人、美国人要到中国来求职，在大学里谋职，在这里教书，面对我们的学生，而且他能够用双语，或用汉语来讲（课），这些人能够讲中国话的时候，我觉得那时候他们对哲学的认识会发生变化，所以我对“比较”持一个比较乐观的态度。目前，“比较”用中国话说当然是“妾身未明”，大家觉得很尴尬，但是随着时间的推移，它的作用和价值会越来越凸显，这是我对“比较哲学”的未来持有的一个乐观看法。

至于不可通约性这一问题，我觉得可能要换一个思路去解释，这当然来自讲不可通约这个问题，包括库恩（Thomas Kuhn，1922—1996），主要是讲范畴和根本的概念上的、翻译上的不可通约。有些词、有些概念在翻译上的确是不可通约，比如说中华文化在向世界的传播过程中间，有些东西你很难翻译成英语，比如说诗歌里面的杏花、春雨、江南，这几个词，你是可以直译过去的，但这几个词所构成的意境，你翻译过去让欧洲人、阿拉伯人怎么理解？他们或生活在草原上，或生活在沙漠中间，永远不会理解杏花、春雨、江南这个意境。这种意境的确很难通约，让他们到江南生活一段时间，这就不需要翻译了，用生命的体验来展示、来回答。

所以我在《判教与比较》这本比较哲学的小书里讲了，对于概念和文化上的一些不可通约的观念，它不只是一个语言上的问题，而是一个生存论上的问题。当我们有那种生存经验的时候，便不需要在语言上去苦苦翻译，所以跨越语言的不可通约性是用生活去化解，你一直在这样一个文化环境里生长，你就自然理解了这些东西。语言仅仅是我们理解文化的一种途径，生存可能是一个更根本的方式，所以我觉得，怎么样来化解比较哲学中不可通约性问题，它是一个生存论的问题，而不仅仅是一个语言哲学问题，这是我对比较哲学遇到的不可通约性问题，尝试给出的一个解决答案。

那么刚才王老师讲比较哲学中的偏见问题，偏见和真知灼见，包括这里说在比较哲学里面，我们会感觉到中国人爱讲道理，如果你不讲道理，这是很难理解的，但是你要跟西方人讲，你要给我讲道理，西方人也觉得很难，我跟你讲什么道理，你对就对，错就错的，是不是？所以，他比较理想，彰显出道理和真理之间的差异。我觉得比较文化有时候能够彰显不同文化的魅力，我们习以为常地认为是真理的东西，在比较文化陌生化以后，可以彰显出它的意义，道理和真理这两个词相遇的时候，我们才突然意识到，道理跟真理还是不一样。比方中国人喜欢讲合情合理，西方人讲合理就行了，合什么情。你看中国人，只讲合理还不行，“合情”这个词也很麻烦。我将合情合理，道理与西方的理性化、合理化和真理，这两种语言和思想系统放在一起对照的时候，文化的差异性就显现出来了，在差异中显现不同文化的魅力，我认为恰恰是通过比较来彰显的，如果仅仅停留于一种文化传统中，这种在两种文化之间、之际，我们讲天人之际的“际”，包括西方是讲主体间性的“间性”，恰恰是通过“比较”而显现出来的。上午我们还谈到这个问题，比较中间一定有一个“间性”或者“际”在那里，这恰恰是比较哲学的魅力所在。我们讲比较哲学，就是在“际”的不断认知、突破与消解的过程中彰显他者文化的魅力。

文明对话也是这样。我们刚才讲比较哲学与文明对话，因为文明是一个大的概念，所有人类的文化行为都可以整合成文明，那么文明理念中包含的最精致的、最难以改变的内容就是哲学。我们讲，要真正地让“文明”之间能够达到互相对话、理解或者是谅解，他一定要在哲学层面有所突破，我们可以吃对方各种各样的物质产品，包括精神食品。但是你不一定接受他者文明的核心观念，而最后所有的文明冲突，主要还是来自观念的冲突，然后导致对制度理解的差异，由于不可妥协，最后，一群掌握着生死予夺大权的人，因为观念的根本冲突，就可能发动战争。所以，我个人认为，比较哲学与文明对话的关系，他们之间是表和里的关系，文明对话可能是首先从最基本的物质层面交往，商品买卖开始的。你买我的东西，我买你的东西，人性总表现出对新奇东西的爱好，大家总要搞一点新鲜的东西，但是文明对话最终会触及深层次的思想，而思想的一个具有客观性的产物就是制度。我认为，当今社会所谓的文明冲突，事实上来自人们深层次的哲学观念的（差异），有不同的哲学观点，从而建构出运作方式不同的制度，然后导致文明冲突。在这里，我们再回到亨廷顿非常有名的“文明冲突”的分析上面来，我认为，他当然提出了很好的问题，但是他关于文明冲突的分析本身在逻辑上是有问题的。这个问题就在于，文明创造是建立在互不相通的基础上，文明的差异是人类文明的基本特征。但差异不一定构成矛盾，牛和马是差异，不一定是矛盾；生和死是矛盾，盾牌和剑是矛盾，这个矛盾一定要放在一个统一体中间，我们就在这个空间，在这样的时候，你是要矛还是要盾，这才是构成矛盾。差异可能导致矛盾，但不必然导致矛盾；矛盾并不必然导致冲突，只有两个矛盾的主体在围绕一个共同利益时，即是在强调矛的厉害还是强调盾的厉害时候，这时候才会导致冲突。现代社会的“文明冲突”，亨廷顿认为是在文明的断裂带之间，这也未必。一方是强者，一方是弱者，它很难导致文明冲突。中国古代是一个多民族的国家，大体上并没有因为宗教的差异导致那么多的宗教战争。到这里，我觉得可以用哲学对话的方式，比较哲学的方式来加强文明之间的理解。通过理解来增进文明之间的对话，通过文明对话来消除文明之间的冲突。因此，我觉得比较哲学研究，它虽然是一种学理性的研究，但这种学理性的研究可能是从一个更高层的，从一个民族最深层的地方来促进世界文明之间的理解，用王老师的讲法就是“谅解”，因此，比较哲学研究应该是有价值的。我就做这样一些补充。

姚新中：我插一句，你刚才讲的是如何解决概念之间的互相的理解与不可翻译性的问题。你提到生存，生活在这个环境里面才能够（更好地理解），但是我想可能有另外一个情况，并不是说需要我们每个人都要到对方的文化中去生活才能够理解一个概念的含义。我们可以通过充分的交流，在更多交流、更多了解的基础上也能够达到这样一个目的。我举个例子，我刚到英国的时候，那时候中国经典的英文翻译，有几个概念，如阴阳的概念，最早是用affirmative/positive，negative，这是理雅各（James Legge，1815—1897）等早期汉学家的翻译，还有其他一些文本翻译都是这样用的，后来改成直接用汉语拼音作为“阴阳”概念的翻译，现在西方的学者或者是一般人对这样的直接音译都了解了。还有，“道”，过去翻译成 the way，然后很多人指出用 the way 翻译“道”实际上很不全面、很不准确，后来基本上都直接用 Dao 了。还有其他的一些概念没有被多少人接受，比如“儒家”翻译为 Confucianism，但是最近也有人开始直接用 Ru 或 Ruism，现在还没有被广泛接受，但是已经开始被用。还有“君子”这个概念，翻译的方法很多，包括一开始的 gentleman，后来是 superior man、nobleman、superior person，然后还有 noble person，所有这些翻译都表现了君子的某些特征或特性，但很多人觉得还是直接用君子的拼音好，因为所有的翻译都没办法把整个“君子”的概念所包含的复杂的、多方面的含义表达出来。因此，我觉得文明对话和比较哲学，或者是不同体系之间的理解：第一，可能还是要扩展、加强不同文明之间的沟通交流，如果你把这扇门堵上了——无论这扇门是被堵上了还是自己堵上了，都不可能达成理解。第二，可能需要时间来促进理解，如果着急的话，拔苗助长可能会产生相反的结果。

储昭华：刚刚吴老师、姚老师对这个问题做了一个很好的解析或者阐发，大大推进了我们对这个问题的认识。就像吴老师说的，关于不可通约的问题，首先涉及的可能是一个语言或者一个认识论的问题，如中国传统诗歌的意境，可能在西方的语言中并不能完全把它表达出来。实际上，吴老师讲的其实还不仅仅是一个语言的问题，如果单是语言的问题的话，当然是这个问题就真的仅仅出现在认识层面上，其实更多的还是一个生存论的问题。所以，在这个方面我觉得，从语言的角度来讲，在西方哲学中，如维特根斯坦（Ludwig Josef Johann Wittgenstein，1889—1951）与海德格尔，即欧陆哲学与英美哲学之间，既有相同之处，也有微妙的差异。还有分析哲学，也能提供很好的问题，很好地认识方式。如果放在生存论层面的话，我有一个猜测，哈贝马斯（Jürgen Habermas，1929—　）提出的商谈概念，恐怕也需要从这个层面上来破解这样的难题。在这方面，我觉得王老师肯定有特别精深的研究，能够给我们提供很多不一样的看法。

王庆节：好吧，既然储老师要点将，我本来想建议让我们在座的其他老师和大家一起来分享，或者给我们年轻的同学们一些加入讨论的机会。这个问题我的确有一些考虑和想法。首先我还是回到今天的主题，我们生活的时代实际上是一个文明冲突的时代，当然我们有文明对话的理想，这个很好。但是我刚刚讲的，可能有一个层面还没有进一步地展开。我们从不可通约性谈起。因为不可通约性的问题是从相对主义来的，它在根本上跟西方哲学的知识论取向有关系。当我们讲不可通约的时候，或者当我们讲相对主义的时候，我们是在一种贬义上讲的。反过来，这就意味着我们预设它一定是可通约的，他在价值论上赞赏可通约性。不可通约是不好的，是我们要克服的。谈比较哲学，一般会问，怎么求同？这个同如何能够达到？对于这个问题，我常常在想，为什么会是这样？为什么会把“通约性”当作一个目标？也许是因为跟生存的状况有关系。从常识的角度来讲，我们生存的世界和我们认识的世界分属两个不同的层面。在我们生存的世界，一定是主要求同，而不能求异。因为求异就会打起来了，民主也是一样，求同存异，主要是求同。你看历史上的“民主制”是怎么回事？国王与贵族，两边势均力敌，打累了，坐下来谈，就有了制约，有了民主。如果一方无比强大，另一方根本就没什么可谈的资格和资本。你还要什么文明对话，你跟我对什么话，我一下子就把你灭了。根本没有对话的需要和可能。政治哲学是一个大家要怎么共存的问题。想要共存，就得求同，那么，就一定要能够沟通、能够相通。所以，哈贝马斯讲商谈伦理和这些有关系。我们生活在一个世界上，共在共生，我们要有一个文明的底线，要文明对话。文明不可以说要互相残杀，大家都要存活下去，就要相互承认。能理解当然好，理解不了，也得接受。这个又涉及刚刚姚老师讲的，“比较”和“对话”究竟是哲学的和思想的手段，还是思想和哲学的本性？我以为是这样的，第一，我们需要区别思想的世界和生存的世界。生存的世界，我们当然要求同，但思想的本质是求异，所以文化与文明对话的核心，是要在哲学的意义上承认他者。任何人要承认在你之外有一个他者，而且这个他者是灭不掉的。

为什么比较是哲学和思想的本性呢？我们讲哲学起源于什么？古典的讲法，哲学起源于好奇，有的翻译成起源于惊讶。好奇就是突破了我原先的界限；惊讶就是看到了我预料不到的，有一个他者在我之外存在。所以，才有对话，才有沟通的需要，才有动力突破自己，这就是思想的本性，也是哲学的本性。哲学一定要突破自身的界限。什么是突破自身的界限？就是在你的范围内，你已经穷尽了你的可能性，你这个范围内提供不了新的资源了，现在出现一个他者，而且对于人这种存在者而言，只要生存，就永远会出现新的他者，这就是哲学思考产生和发展的基本土壤。例如我们读希腊哲学，知道其基本箴言是“认识你自己”，什么是认识你自己？苏格拉底的解答是“自知无知”。自知无知并不是谦虚的说法，好像我真的很笨，没有什么知识。哪里是这么回事！苏格拉底无疑是当时雅典最聪明的人之一，他不是谦虚，他是在讲我们人的本性就是无知。这句话是什么意思呢？这个意思跟我们承认人的有限性有关。换句话说，无论我们知道的有多少，成就有多大，（现代人知道的越来越多，很了不起，以至于现代人这么自大，认为人可以代替上帝了，我在晚上的讲座中会谈到这个问题），但是跟知识本身相比，我们所知道的永远近乎零。虽然我的数学是体育老师教的，我也知道，一个分式，当其分母无穷大的时候，其分子再大，此分数值也可以看作是0。在这个意义上，我们人就是无知。所以，当人有思想的时候，人有一个冲动，要突破自身的界限。那么这个时候就会遇到他者。同样，一个文明在发展的时候，也一定会面对他者，否则，它就没有生命。所以，我说对话、交往这个东西，的确就是我们人的本质。人是会思维的芦苇。我们人很弱小，但是我们有思想，人的力量就在这个地方。思想跟思想的碰撞，就会出现一种张力，而这种张力就是思想永恒的动力。所以，我非常欣赏吴老师的说法——“判教”是不可取的。但是，判教的同时就会出现基本观念的冲突，这一冲突意味着我之外的他者的出现和在场。尤其是一个比你更强大的外者、他者的出现，就给你提供了新的思想空间和发展的可能性。偏见和偏见发生冲突，但这一冲突，对于一个相对弱小，但保持开放心态的劣势文化来说，就是一个获得洞见，获得认清自身局限，从而赢得进一步发展的机会。

比如我们中国的古老文明在面对西方近代强势文明的时候，出现的就是这么回事。虽然挨打了，但打了几次，我们就慢慢知道自身的局限了。所以李鸿章说，这是三千年之未有之大变局。这一变局打开一个窗口，或者说，被硬撕开一个口子。这不仅是中国思想，全部人类思想、人类文明，人类的生存世界都是这样的。但是我们不能说因为这样，就永远要突破、要克服，要不断革命。那样也就把自己克服没了，所以还有一个生存论的问题。究竟是知识论第一，还是政治哲学第一？在哲学里面，纯粹哲学讨论究竟什么是第一哲学？实际上这是不同层面的问题。所以我说在政治哲学上，我们要求同，大家要求妥协。但在思想上，我们要存异，当然这是说要在互相承认对方的同时，在互相竞争的同时互相吸取，要真正地承认对方的不同和长处。前面提过，我们在传统上讲到知识问题时总是会强调理解。强调去研究我们怎么理解，关注我们的理解怎么达到一种真理性知识的程度，以及真理性的知识怎样通过论证来表现出来。但是我觉得，如果我们把文明对话和文化间的对话放进来考虑，不仅如何理解，而且如何谅解是我们的认知理论的一个很重要的方面，不容忽视。另外，还有一个很重要的方面，就是要承认“误解”的积极意义。在文明对话的过程中，误解有时是有积极作用的。不能认为每一次理解都是正确的，哪有这么回事！经常是这样，我们叫“将错就错”，就是这么回事。包括怎么理解孔子，理解我们自己的传统。我们很多时候对孔子就是错解，但错了又怎么样呢？也许发展出一套新的东西来，所以历史往往出现“将错就错”的情况，这就是说，错解也是理解的一种方式，有时更积极，而且更真实。对于理解和对话，我们不要太理想化。有很多东西，好像我们自以为能够百分之百的理解，不是这样的。我们经常在误解中间，但文明就是在误解的过程中增长，发展起来的。可能一个很小的误解，就产出新的东西来。我们的基因变异，本质就是误解，你误解他，他误解你，允许误解，文明才有生命力。所以，文明间的对话也是一样，我们要容忍、要承认，要容忍误解、错解的可能性，不要整天去想规训，去一统天下。一统天下，最后就什么也都统没了，就一代不如一代了。生物学上讲杂交优势，我们拿到比较身上，也是同样的道理。要承认他者，承认他者的合法性，而且不是以一种居高临下的宽容姿态，绝对不能这样。这就是比较哲学、跨文化对话、文明间理解的最本质的东西。我们要承认这个谅解和误解具有一种哲学上的合法性。

三、互动提问

提问 1：三位老师下午好！我也承认现在我们所谈的比较哲学处于一个初

步的、不成熟的发展阶段。刚才姚老师首先提到，对于我们现在所谈的比较哲学，它是什么？也是没有定型的。我想谈谈我对三位老师就这个问题的看法：首先，吴老师说比较哲学是中国哲学的宿命，姚老师说比较哲学是哲学研究的一种手段和方法。我认为两位老师的观点实际上是同一种性质的不同方面。我觉得，吴老师为什么说比较哲学是中国哲学的宿命，是因为我们中国哲学的发展，从古至今，特别是近现代以来，是受到西方的文化和思想重大影响的结果，包括我们现在的语言研究、说话，实际上受到了太多的西方文化的影响，我们的语言，我们现在的用词用语，实际上都已经潜移默化地受到了西方哲学的影响。对于我们中国哲学自身的出路和新的发展来说，比较哲学实际上应该就是我们现在所谋求的一种出路，所以吴老师说的观点，我是这样理解的。特别是我发现，我们国家的一些教授和学者，他们可能跟王老师一样，以前做西哲，研究了很多外国哲学的内容，但是当他们研究了几十年之后，他们的研究内容和方法好像也渐渐开始从我们中国传统文化、中国哲学里面去探求、探索，进行新的发展，对问题展开新的扩展。

我想说的问题就是，姚老师说比较哲学是哲学研究的方法和手段，可不可以这样理解：我们现在将所有的哲学的发展都视为一个整体，比如说，我将它视为一种世界哲学，只不过现在可能是西方哲学占据了主流。

姚新中：比较哲学现在确实处于非常尴尬的地位。在西方，比较哲学就我所知地位不高。或者说，比较倾向于在情感上，在理智上做比较哲学的，基本上都来源于我所谓的弱势哲学的地区，比如说中国人特别热衷比较哲学，印度人也特别热衷，日本人稍微差一点，但是我觉得也比西方人热衷，真正的西方人很少做比较哲学，有那么几个，要不就是因为他娶了一个中国的妻子或者是日本的妻子，要不是他沉浸于中国这个圈子里面，已经被潜移默化，对中国产生了一种好感。我所见到的唯一一个真正的西方哲学家，对中国哲学感兴趣，又想从比较哲学角度做的，就是斯洛特（Michael Slote），这是我见到的唯一一个真正严肃地把中国哲学不仅作为是他者，而且是一个能够帮助自己的他者，这样的哲学家在哲学世界中确实比较少。

是什么原因呢？也就是说，中国哲学对于你所说的“世界哲学”，其实主要还是对西方哲学的贡献，现在还不明显。现在中国哲学家也参加一些世界性的会议，但是基本上还是你讲你的、我讲我的，就是说比较的还是表面上的一些东西，真正能够从中国哲学内在的机理，内在的特殊方式，对于西方哲学产生促进与启发，这方面还是不多，这可能是一个原因。因此，做比较哲学的时候，我们更多的是像王老师这样用西方哲学的方法、观点和理解来重新解释中国哲学，刚才王老师也讲了，说是很大程度上包含着误解，但是这种误解没准也是误打误撞，可能也会撞出来一些新的东西。

中国方面想方设法能够自己讲自己，也就是现在国内有很多人想摆脱西方的语境和话语体系、解释体系，但是到现在为止就我所知还没有成效，或成效不是很大。因此下面该怎么走，其实也是未知。

吴根友：我在姚老师的基础上回忆一下。我讲比较哲学为什么是中国做哲学的宿命，主要在于学科上是按照西方的方式建的，就狭义地做中国哲学而言，没有人不学习西方哲学史，没人不看马克思主义哲学，你必须要看。但是做西哲的并没有必要看中国哲学、中国思想。西方人讲亚里士多德（Aristotle）、柏拉图（Plato），绝对不会来看中国的《论语》，也不要看朱子。我们今天讲朱子、讲宋明理学、讲理气、心性等等，在讲出一套道理之后，要参照一下西方类似的讲法是什么，包括中国古代哲学非常丰富的一个概念——形神。但亚里士多德的潜在与现实，像这个词我们现在一讲就懂，但是你要现在在宋明理学里面，你讲心性，不是一个有着很好的中国哲学修养的人讲这个道理，就会感到你这话离我好远。所以在这里我觉得比较哲学，作为中国人现在做哲学学科的一个宿命，就在于我们整个现代中国文化的一套话语体系，说难听点基本上被殖民化了，就现代化所依照的整个思想方式，你想退也退不回去了，包括我们现在用得最多的科学、民主这个词在古代都没有，我们只有格致之学、格物之学。所以，从学科建构的意义上讲，狭义的做中国哲学的，不可能摆脱比较这个途径，想不用西方的话语都不行，包括他们想要自己讲，你讲来讲去还是用西方哲学这个背景在支撑着来讲，所以在这点上我讲比较是摆脱不了，不是讲我们就只能比较，我们还是通过这条道路，在这点上我跟姚老师是比较一致的，你通过这条道路，然后慢慢地围绕着我们新的生活共同体，刚才王老师也讲到，就哲学还有两个层面是思想层面的，思想层面有各自的传统观念，那是可以用很长时间慢慢消化，但是我们还是跟生活世界结合在一起，世界一体化就给我们带来了一体化世界的共同的问题。

我们今天讲恐怖主义，这不是只对美国，对中国也有；环境问题也是一样，所以环境问题、恐怖主义、人的交往的问题，我们都面对不同文化民族的传统，而且人是在自己的传统里吃喝拉撒住等等。这是必须要面对的他者的全球化，那么在这样一系列的问题下，我们仅有自己传统的话语方式，再来面对这样一个新世界，恐怕是难以胜任的。我们可以做这样一个设想，假如亚里士多德、柏拉图和孔子生活在我们的时代，我认为他们的理想，他们的讲话、对话讨论的问题也会跟我们生活相关。所以从这个角度讲，比较哲学作为方法，作为我们不得不面对的一个阶段性的思维方式，最终可能导向生活层面，因为我们遇到共同的问题，再加上我们思想的传统，给这些问题提供新的解决方案的时候，每个民族的传统都会参与其中，可能会得出一个世界哲学这样的结论，这样的世界哲学跟历史上所有的各个民族的古希腊哲学和中国哲学传统可能构成一个不同的问题域，这可能是一个真正的世界哲学。这是我对世界哲学概念做的一个新补充。

王庆节：关于世界哲学的问题，我也借此机会来讲一些我自己的看法。因为我最近在做一个工作，想提一个概念，和你这个世界哲学概念有一点相近。因为我们现在讲中国哲学，Chinese Philosophy，一般是在什么意义上讲呢？让我们首先从这个问题开始。我们先看看现实：在全世界，除了中国或者大中华地区，中国哲学的课程和研究都不在哲学系。一般的情况下，这个学科放在历史系，作为思想史的一部分，或者在宗教系，作为世界宗教思想史的一部分。另外一个情况，中国哲学是在地域研究系（Area Study），比如亚洲研究、中国研究等，总之很少在哲学系。贺念（武汉大学哲学学院青年学者）刚从德国留学回来不久。你知道德国有多少哲学系有中国哲学课程呢？没有一个。再者，我们在中国讲中国哲学专业，比如说大家都知道这是吴老师的专长。假如第一次见面，我问吴老师你是做什么的？吴老师说我是做中国哲学的，这是什么意思呢？实际上我也是做中国哲学的。但我用的“中国哲学”概念就和吴老师可能不一样，也和当今人们用的这个概念意涵不一样。人们今天讲“中国哲学”讲的（事实上是）中国哲学史，我们一般的理解就是这样，我不讲这对还是不对，我们就讲这是一个今天在日常用语中使用术语的情况。实际上，倘若回到民国时候就不这样讲。民国时期，中国哲学研究有一个非常重要的机构叫中国哲学会，那个时候人们讲中国哲学的时候，和今天的意义不同。中国哲学会的那些大佬，像冯友兰、汤用彤，都是做中国哲学的；还有金岳霖、洪谦，贺麟，这些都是当时做西方哲学的大家，但都在“中国哲学”的旗帜下。当然，老一辈学者们会注意区分，例如将“中国哲学”区分为“在中国的哲学”或者“哲学在中国”，也就是 Philosophy in China 和“中国的哲学”，英文叫“philosophy of China”，还有一个说法，叫“中国底哲学”。真是非常有意思，反映了前辈学者对“中国哲学”的看法和思考。

让我们再来考虑一下，当我们讲德国哲学或者法国哲学或者希腊哲学时，我们是在什么意义上用这些概念的呢？或者在哲学系见到康德哲学、亚里士多德哲学、笛卡尔哲学这些核心或高阶课程，我们是在什么意义上理解的呢？那都是些正宗的哲学系的课程。我想当我们讲法国哲学，德国哲学，希腊哲学或者美国哲学的时候，我们不是在 Philosophy in ... 的意义上，而是 Philosophy from ... 的意义上使用这些术语的。我们是把哲学视为一个永远正在形成的概念，而不是一个已然过去的，现成不变的概念，或者共同体。这个共同体是由参与组成的核心成员构成的。在这个意义上，我们说希腊哲学、德国哲学、法国哲学，换句话说，当我们说一个“地域的哲学”，我们说的是“从这个地方来的哲学”，是说你这个地域“来的”的哲学对我们今天的哲学概念或共同体本身有一个不可或缺的独特贡献，那才叫哲学。例如用上午讲过的例子，今天全世界讲乒乓球运动，人们就马上想到“中国乒乓球”。讲中国乒乓球不会有任何违和感，这和讲中国哲学不一样。为什么呢？我们知道乒乓球运动并不起源于中国，就和哲学并不起源于希腊以外一样。但今天中国人乒乓球玩的比其他任何国家人都好，我们知道连续多少年乒乓球比赛的世界冠军都是中国的，我们只会讨论这一届比赛我们可能失掉一个还是两个冠军。全世界都认为乒乓球这个概念离不开中国，那是什么意思？说明乒乓球这个概念本质性地跟中国连上了，没有人会怀疑，也没有人要去证明其“合法性”。所以，同样的道理，当我们今天讲哲学的时候，他就跟希腊、德国，就跟法国、美国本质性地连上了，所以就不存在合法性的问题。所以我说我要区分“在中国的哲学”与“从中国来的哲学”，这是我思考“世界哲学”的角度。当然我不是说有一个世界哲学在那，就像柏拉图主义说的有那么一个依然存在的理念。按照这个先天的理念，大家都去套，去“判教”，说它是长出来的。中国哲学当然不是从中国发源的，就像乒乓球不是从中国发源的一样，但我们不能由此得出一个结论，即“从中国来的哲学”不可能、不合法。所以我想提一个“从中国来的哲学”概念的可能性，而不是去研究“在中国的哲学”，好像我做中国哲学史就为了给你显示一下异域风光、异域风情，去给你现有哲学体系做一点装饰。我和姚老师都有这方面的经验。我不知道姚老师具体怎么样，但我在美国待了十几年，教了近十年的书。我常常是所在系唯一的教授非西方哲学的老师，尽管我原本专攻的也是西方哲学。所有的同事都教西方哲学，然后说因为你是外国人，所以什么印度哲学、日本哲学、中国哲学，你都得教。有一次让我教阿拉伯哲学，我说我实在教不了。我说我论证一下，阿拉伯哲学实际上是属于你们西方哲学传统的。这种经验就是说在西方的哲学系，所有的非西方哲学都没有完全的合法性，最好的情况也仅仅是作为一种补充和装饰而已。因此，我想提一个新的概念，叫

“从中国来的哲学”，我觉得这比较开放，相对于“在中国的哲学”“从中国来的哲学”包括的会更多，它不是一个以过去为导向的概念，而是以未来为导向的。它不是一个地域研究的概念，而是一个具有哲学本质性的概念。这个概念要求对哲学有实质性的贡献。这种实质性的贡献，就期待着我们这一代学人或未来几代的学人，你做不出来，那是你的宿命，就像乒乓球一样，倘若你打不过人家，你就打不过人家好了，但别嚷嚷什么“合法性”。你乒乓球打得好，好到哪个程度，都可以因为你改变规则，那都合法。这种“合法”不在于因为我是中国，所以就要有中国乒乓球，那叫政治正确，我觉得这是种“白左”的想法，我不太认同。就是说我们学人，我们的学生任重而道远。倘若真的要想贡献于学术，贡献于学问，我相信我们是可以做好这个工作的。你去考察一下西方的学术史，西方现在的这一套学术史也就是几百年的历史。说实话，作为一个系统来说，如果你回到十五、十六世纪，你读当时的那些文献，跟我们曾经的经学传统也差不多，也没什么完整的系统。但他们经过两三百年慢慢积累，学术化，形成了非常强的近现代传统。反观我们自己的工作，积累不够。更严重的是，我们每一个人好像都不愿了解和承认别人的工作，不愿意积累，每一个研究好像都要做原创（的哲学），每个（作品）都是我的发明，都是我从头开始。你写一本《中国哲学史》，我也写一本，你讲一个、我也讲一个，结果大家都互相不认。我觉得这样不行，要慢慢积累，我们现在没有一套共通的东西，所以要慢慢形成一种共同的说话方式、说话系统。当你实质性地做出一个哲学的不同形态，对哲学有贡献，自然而然就有了中国哲学。不是说因为我是中国，所以就一定有中国哲学。人家也会说因为我是立陶宛，所以就要有立陶宛哲学，这是一样的道理，也一样的荒谬！

姚新中：我再补充两句，刚才王老师用 of 和 from 这两个词我觉得很有启发。确实是，如果我们能够从中国的哲学对这个世界做出贡献，确实很好。但是这里面我提一点不同的看法，还是上午我举的那个例子，慕尼黑大学哲学系系主任到我们那儿做了两星期的讲座，我们经常在一块吃饭、在一块聊天，他坚决反对中国哲学这个提法，他说你就不要给我说中国哲学、日本哲学，在我这儿没有这些东西，他说哲学就是一种，你符合这样一个标准，你就是哲学，如果不符合，你可能是很好、很漂亮、很美丽、很丰富，但是你不能说是哲学。为了这事我们讨论了很久，你的话让我想起了这位老兄的一种观点。回到刚才讲的，现在我们用英语讲可能比中文讲更好，一般我们有这样几种说法，Philosophy in China，Philosophy of China，你今天又说了一个 Philosophy from China。这样几种说法，实际上细分起来是不同的含义。这个含义本身，实际上和我们对哲学的理解有明显的关联，就是我们怎么样去理解哲学？对哲学的理解，关系到我们怎么样理解中国的哲学。记得上次在这里开会，我还提到中国哲学和中国的哲学，这也是两个不同的概念，如果我们真的相信有一种哲学体系，实际上也是近百年开始的，我认为应该是从笛卡尔开始的，从笛卡尔开始建立了一套概念推理分析的体系，后来形成了西方哲学的体系，这种体系对于“中国的哲学”的建立影响巨大。在这之前，中国哲学说是思想也好、历史也好、文化也好，从来没有人把它称为是中国哲学。只有在引进西方哲学之后，我们才形成中国哲学，因此我在想，如果这样讲的话，会不会把哲学定义得有点窄了？还是刚才我讲的，如果我们把哲学理解为一种反思或者是一种理性的分析，或者是系统化的思考。其实中国以前对于世界、人生根本问题的系统性思考，所用的语言、方式与现在我们所熟悉的（西方哲学）这一套体系有所不同罢了。但是这又涉及吴老师刚才所提到的问题，因为我们今天所谈论的文明对话所涉及的不仅仅是狭义上的哲学，而且是所有的文化要素。我们今天的很多语言成分都是翻译过来的，包括很多的生活用语、用词，如果要回到100年前或者150年前，那么现在我们话都不能说了，因为所有的词汇，不仅仅像科学、民主这些词，包括我们的家庭、生活、交往的大部分词语、词汇、词组都是翻译过来的。我想这就是一个问题，对我们所有人的一个问题，就是说我们要不要回去、能不能完全回到过去，这是第一；第二，如果我们回不去了，我们今天应该怎么办？怎么样来面对今天的这样一种状况，我们是自觉地成为其中的一部分，还是在那一部分里面能够形成我们中国人自己的特点、特色，并做出自己的贡献，这种贡献在多大程度上能够改变现有的这样一种哲学思考方式和分析形式？我觉得实际上这是一个非常巨大的问题，值得我们每一个人认真地去思考。

吴根友：我再补充几句，刚才王老师的确让对话产生一个新的理解：Philosophy from China，哲学就是在这个时候提供比较哲学史的知识，帮助我们理解。我们讲17世纪和18世纪的欧洲哲学家，在讲到中国哲学的一些问题的时候，基本上是毫不迟疑地讲中国有哲学，也不是讲他直接使用中国哲学这个概念，他没有讲中国有没有哲学，像伏尔泰（Voltaire，1694—1778）直接这样讲（中国哲学），他着重从道德哲学角度讲，而且讲中国在道德哲学上可能比西方还高明一点，沃尔夫（Christian Wolff，1679—1754）就直接这样讲，连孟德斯鸠（Montesquieu，1689—1755）也这样讲，他当然主要偏重于政治哲学来讲，还有一个就是农学家魁奈（Fransois Quesnay，1694—1774），他们从来没有思考中国有没有哲学的问题，至少我们可以肯定地讲，十七十八世纪欧洲的一流思想家，在讲到中国哲学这个词的时候，他们毫不迟疑地讲中国有哲学。

之所以否认中国有哲学，应该说是近200年的事情，随着西方文化强大以后，特别在黑格尔主义成为整个哲学的主流之后，中国的思想才被否定。事实上还不到200年的时间，所以我们回到这样一个世界的（视野），从一个很开阔的世界文明史的角度看，否认中国有哲学，也就是从黑格尔开始的，因为黑格尔体系太强大了，所以这件事就变成了一个共识，但我们把历史再往前推进一点点，就发现这个问题本来是不存在的，所以我们讲无论是中国底哲学、在中国的哲学，还是来自中国的哲学，就这些说法，还有“中国哲学”（Chinese Philosophy）这四种，这些说法的后面都有一个文化背景。我们再做一个语义分析，王老师提出新的第四种说法，这里头其实都含有一个普遍的、公认的，就是我们想的一个大写的A这样一个哲学，我猜测来自中国的哲学，就是这样的才叫哲学。既然有来自中国的哲学，有来自德国的哲学，有来自其他的哲学，那么来自中国的哲学，这个哲学它一定是一个大写的A，怎么去描述它，那是另外一回事，所以在这点上我们就把哲学作为一个普遍公认的这样一个内涵的哲学，还是我们把哲学放到一个历史传统中间，每个民族有不同的文化内涵，同时有一些相同的思维方式，这背后都还有很多可以讨论的地方。

王庆节：这样讲起来就很有意思。你刚说的一位慕尼黑教授的观点是在西方很普通的观点。这位西方哲学教授，他一定会这样说，你那个叫什么没关系，但最好不要叫哲学，因为这跟西方哲学整个传统或者我们讲的先见有关系。因为这种理解是从概念开始的，这从柏拉图哲学的时候起就是这样。我们从定义开始发问。当然首先就是，什么叫定义？如果做分析哲学，大家都很熟悉，先给出一个概念的定义，例如什么叫知识？然后找反例，之后修正定义，一、二、三、四，修到后来，复杂无比，把所有可能的例外全部囊括进去。最后我们找到一个正确的定义来规定一个概念，再以这个概念为标准裁剪现实。但是，我们的历史往往不是这样，包括刚刚吴老师讲有个大写的A，这是个典型的柏拉图主义的说法，我应该不是那么认可。比如你讲到判教的心态，这就是一个判教型的思路。我有一个概念、我有一个价值，而在我看来，这就是一个偏见。当然，他不认为他有偏见，而是认为这是上帝之眼。这好像是 The view from nowhere——套用托马斯·内格尔（Thomas Nagel，1937— ）非常著名的说法。他们的心态就是这样的，因为要用科学的眼光。科学没有区分什么中国科学，德国科学，科学就是科学。但的确，我们在讲德国哲学、法国哲学，在我看来，这是不一样的。那么问题出在什么地方？我再举两个例子，大家也许就明白。一个例子是艺术的例子。比如说大家现在都很喜欢印象派，我也很喜欢印象派那些大师的作品，但如果你稍微了解一下历史，就知道印象派绘画，主流是不承认的。那些画家要参加画展，人家说你叫什么都可以，但不要叫画。但印象派画得确实好，我们今天再看一看，还有谁会说这不是画吗？印象派将画的传统概念改变掉了。就好像后现代艺术，装置艺术，杜尚在画展上放个小便池，倒过来，叫“泉”，小便池一旦放入艺展大厅，也就成了艺术品。那艺术品的概念是天生的吗？同样的问题，什么叫比较哲学？什么叫哲学？没有一个先天确定的定义、概念去套它，它是长出来的东西。所以我刚刚为什么讲“谅解”的重要性，“将错就错”的重要性。它就是将错就错，它就长成这个样子了，你承认也好、不承认也好，最后承认的人越来越多，到所有人都承认了，不承认的都就死光了，就成了新的传统。再有一个是我们中国的例子。吴老师你写诗，原来写新诗，然后萧老师（萧萐父先生）说你写什么新诗啊，古体诗多美呀！这让我想起一个故事，当年应该是章太炎，国学大师，见到胡适他们写什么“两个黄蝴蝶，双双飞上天”（胡适的《蝴蝶》）。章太炎很不喜欢，大概这样说，那是些个什么东西？你们叫什么都可以，但不要叫诗！但今天还有人说新诗不叫诗吗？概念已经变了。所以哲学也是一样的道理，你做出来了，这个世界就认了，合法性不是天生的，也不是求来的，对吧？的确画得好，你像莫奈（Monet），还有其他几位大师，他们的确画得好，大家就认了，这就是画，不会管那些定义、概念是什么。任何时代都有一些始终不认的人，但在今天看来都已经成了过去，消失了，所以我说，我们要讲的是 Philosophy from China，而不是 Philosophy in China，如果 in China，目光老是往后看，当然就没前途，人家不认，我硬要你认，一定要认我的。但你的确做得不如意，没什么货，怎么认呢？给人家当笑话。但如果拿出东西来，出两位货真价实的大师，自然就认了。我有这个信念，关键是在座的年轻人，我觉得未来一定会是这样。

提问 2：各位老师好！我有一个问题，就是说我们在做比较哲学的过程中，我们应该重视比较不同哲学形态的差异还是相同之处？因为有一个实际的例子，我当时在看，比如新儒家，他们在比较中西哲学的时候，比较重视中西哲学的一些共同的地方，牟宗三以中国儒家的一些思想跟康德的思想比较，但是我在看美国的汉学家安乐哲（Roger T. Ames，1947—　），他在《通过孔子而思》里就提出一个观点，就是说我们在做中西比较哲学的时候，应该更注重比较东西哲学之间的差异。我想问一下，差异和共同点哪一个对比较哲学意义更大一点？谢谢老师！

姚新中：上午其实我谈到了这一点，就是说比较哲学无外乎就这样三个方面：第一是求同；第二是求异；第三是求通。这是我们吴老师提出来的。那么在求同求异的时候，我们其实都有一个出发点的问题，比如安乐哲他为什么要求异？因为他对于美国的认识，他觉得美国不好，他们有缺点，因此要通过求异来反衬、纠正西方文化生活里面的错误的东西。这是他的出发点。我们俩也经常在一块讨论，比如，我们俩在复旦大学有一个对话，然后他就反复说，西方的个人主义是如何的有害，我们一定要克服，我们一定能。我说，个人主义在西方的发展确实带来了很大的弊端，也产生很多问题。但是我说，你看到了没有？个人主义也有其积极的方面。他说，哪有什么积极的方面？我说对于不同的时代，比如在十六十七世纪的时候，个人主义很积极，我说在中国当代，也有其积极的一面，比如说强调人的个性、尊严、个人权利、个人自由等，我说这是个人主义一个积极的方面，但是因为出发点不同，所以他看问题看得不同。他（安乐哲）就说他爱中国，中国的集体主义，然后大家都讲究一致，讲究国家、讲究社会，没有国就没有家，他从这个角度来看，因此他用这些来克服美国的偏差。

牟宗三，他从另外一个方面想如何能够把中国和西方对等起来，然后能够合起来，因此他要看到中国实际上并不是和西方差别很大，他是要和西方求同。因此我就想，求同和求异这两个其实我认为都有积极的贡献。关键就是看具体研究者的出发点、立场站在什么位置上，要达到什么目的，我觉得在这方面有所区别。

吴根友：我在姚老师的基础上简单做一个补充。就是对比较哲学做一个学术研究，它有两个层面，一个是理论层面的。如果从理论层面讲求，可以说比较哲学让我们增加一些新的认识和知识，中国哲学这样一个传统就那么多东西，你把中国哲学史学完之后，觉得无非就这些东西，你把西方哲学史看一看，特别是近现代的一些看法，它会让你感觉还可以去思考。所以从知识层面看比较哲学，它恰恰是对同一个问题，尤其对人性这样一个所有哲学关注的问题。面对一个具体的问题，可能有不同的思考方法，这是求异在思想层面的意义。那么求同有没有价值？比如刚才王老师讲，我们本来就分成两个世界，思想世界和生活世界。生活世界大家不一样，你吃饭都不在一个桌上，那你就很麻烦了。我们人类还是要有共同的规则，比如说今天下午的讲座，有一个共同的制度，以我们三人讲为主，你们来提问，如果我们讲，你们在底下也不断地讲话，我们整个对话就不可能了。所以在生活层面上，有时候在差异中寻求一些共同性的东西，尤其在政治层面达成共识，就会减少人类很多不必要的磨损。

人间最重要的磨损就是战争，像现在一个导弹就值几千万元，几千万元能做多少事情？这就是求同的重要性。哲学通过思想层面的分析，达到政治层面上的认可、求同，减少人类之间的冲突。

贺念：我提一个我关心的问题：我们的文明对话，它是否需要一些基础性的条件，包括一些思想上的准备，或者一些现实的条件。如果我们要进行这样一个对话的工作，可以从什么方面去维护及养护这些条件？

王庆节：当然我也想过这个问题。从我自己的经历来讲也是有这样的体会的，就是说要有一种对话心态和扎实的基础准备。我刚刚讲（比较哲学）一方面被别人认为不是个“东西”，但是自己的确还是要有自信，这的确是个

“东西”。关键是你在“东”和“西”两方面都要有基本的训练，而且不是一般的表层训练，的确如此。所以我想知识的储备和训练是一个非常重要的限制条件。那么，第二个先决条件是要有开放的心灵。因为我前面讲的不光是东西比较哲学，而是说思想本身就是开放的。你如果没有一个开放的思想，你很难去吸纳其他的东西。如果总是带有一种护教心态，带着一种我掌握了屠龙术，或者我掌握了宇宙真理，我就可以打遍天下的心态，那这个我想是判教，不是一个做比较研究的心态。所以从这两个角度来讲，相对于比较单纯地做中国哲学和单纯地做西方哲学而言，比较哲学要求可能就更高，所以说这的确是个东西，因为在这个意义上，“东”和“西”都要。当然另外一个角度就是我最后想讲的，不要期待过高，不要认为我们做一定能成功。我刚刚区分三种不同的对话形态，就是如此。有的时候可能一个层面就是纯知识层面。比如说我对康德不了解，我就需要去读《纯粹理性批判》。这不容易的，把它读通了，读顺了，这首先是一个知识信息的接收和消化。为了做到这一点，也许要考虑学点德文，如果德文不通，跟着一个错误的翻译或者错误的解释，你就绕半天，那不行。这个跟前面讲的有关系，你要有知识训练和储备，这些东西都是最基本的。同样，有的时候它是一个论辩的问题，有的时候是一个悟性的问题，我刚讲到思想的对话或者启发性的对话，就是要有一个悟性，这个东西是看不见摸不着的。读经典，看到的跟别人不一样，采取的角度也不一样，所以我们必须承认需要一些悟性，而这个悟性是需要积累的。但即使如此，也不可期待，好像凡是对话一定会有好的结果。有的时候是没有的，我在这一点上不太同意哈贝马斯。哈贝马斯还是有点太理想主义，他认为通过他的沟通理念，通过交往，就一定能达到理解、达成共识。

可能不是那么回事。真理不一定是越辩越明的。事实上沟通的过程中经常会有误解，所以需要谅解。甚至由于误解导致不解，没关系，这是常态。一点点来，我们通过比较，理解了一点点，这就是很好的起点。所以，我觉得我们做比较哲学的不要怕失败，因为我前面讲的需要特别的训练，而且任务又特别艰巨，期待不要过高，哪些东西你觉得你真有体会，就把它写出来，发表出来，让大家看看。而不要说好像西方有关于正义的讨论，罗尔斯（John Rawls，1921—2002）讲正义，我们儒家也一定有个正义的观念，我不是说儒家一定没有，但不是说因为罗尔斯有，因为罗尔斯《正义论》很流行，所以我们的传统中也一定都能找到这样的思想资源。比如说现在女权运动讲女权概念，我们中国传统中是否一定有？可能有，也可能没有，没关系，我们可以试，不要怕错。关键是不能因为别人有，我们就一定要有，这个心态我觉得不可取，比较哲学因为是研究从两个不同地方长出来的东西，它一定有某些不同。你认为有，你讲出来，也不要期待别人一定接受，他可能接受、可能不接受。但无所谓嘛，大家都来尝试，这个工作就可以开展起来。这是我的一些体会。好，就这样，谢谢！

姚新中：我觉得这个问题刚才提了两个方面，一个是现实的基础条件问题，首先，你让别人认为你是一个可以严肃对待的他者，你才能够成为被比较的对象，对方也是这样，如果对方太强大或者太弱小可能都不行，双方应该大致差不多，这样才有比较的可能。但是我接着刚才王老师说的，即对比较哲学，我们期待不要过高，实际上就是可以从另外一个层面来讲。记得20世纪90年代初的时候，我在刚开始做儒家和基督教比较的时候，读过一本书，那本书的名字现在忘了，但是有一段话我记得非常清楚，就是说现在有些人在做比较宗教学，但是比较宗教学实际上是一个荆棘丛生的领域，首先，我们每一个人倾其一生的精力，能把一个传统了解得比较深、比较透，已经很不容易了。他说你哪能同时掌握两种传统，然后进行比较，如果你掌握不了，你只是从一个传统出发，你必然带有偏见，你带有偏见就不可能进行一种公正的比较，用吴老师的话来讲，那就是一种“判教”。

看到他的这本书之后，我在想，我怎么办？因此，我在我写的导论里面，反复地强调，我们要用一个中性的原则，从各方面进行分析。中性原则是如此重要，是保证比较研究积极进展，不会变成判教的基本保证。但是说实在的，我真是没做到，我在我当时的那本书里面，以及后来这些文章、书里面，仔细想来想去，觉得可能还是从儒家出发，作为出发点，作为基本的这种立场还是多一些，我对儒家的理解远远超过我对基督教，包括对犹太教的理解，因为对那些内容的理解，需要花很大的力气学古希腊文、希伯来文，虽然确实花了很大的力气，但是我的理解是非常肤浅的。我只能借助于二手资料，通过别人的介绍来理解，我只能说，我所做的工作就是我去选择，选择那些我认为他解释的是对的内容或资料，但是，选择本身就是一件非常有危险的事情，可能我的选择并没有真实的反映对方的内容，而且说实话，每一个传统里面，对于同样一个事情，他们自身的解释就很不相同，那么应采取谁的观点？就是说，你采取托马斯·阿奎那（Thomas Aquinas，1225—1274）的观点，还是采取后来其他人的一些观点，本身就是不同的解释，他们本身就没有一个统一的观点。最后，我说我就采取《圣经》的文本，但对于《圣经》文本的解释，有成千上万种。后来，我反思自己所说的中性原则，基本上可以说是很难做到。我只能说是出于一种愿望，争取在自我解释中不自相矛盾，即采取前后一致的解释，能做到这一点，已经很不错了。想让两个等量齐观，然后对双方把握得都非常贴切、非常准确，我觉得可能性不大，基本上没有。刚才王老师说，比较的本身就可能是一种误解或者是错解丛生的领域，我们能做的实际上就是通过试错行为，不断地寻找一个比较容易被更多的人所接受的一种新的解释而已。

吴根友：前面两位老师对贺念博士提出的问题从不同角度给了回答，我听了他们的回答之后，补充一个思考的角度：就是意愿。文明对话和比较哲学，需要各种各样的条件与准备，除了主体的知识准备和其他条件之外，我觉得“意愿”很重要。我有比较的意愿和文明对话的意愿，这与没有这种“意愿”，那肯定是不一样的。刚才王老师和姚老师都讲到了，一方太强大了，我都可以把你灭掉了，还和你对什么话，比较什么，不需要。大家觉得，我做了事情之后，你不接受，但你拿我也没办法的时候，因此你要退回来，才有可能比较、对话。所以文明对话，包括美国二战胜利之后，然后对东南亚国家、东亚这些国家开始投资，一开始的时候是很失败的，提供了很多资源、很多其他方面的帮助，人家不理你，甚至造成了相反的结果，美国政府就开始反思了，为什么我出于善良的意思和意图来帮助你们，结果还遭到你的反对？好，美国就开始搞了一些“东亚研究所”，包括“费正清研究中心”都是这样建立起来的。

因此，在比较的现实土壤方面，就是当遇到没办法消灭他者的时候，主体的一方就有必要退回来，反思自己的行为。今天，中国之所以要倡导文明对话，也与中国走出去的现实要求相关，以前什么都是进口。你要想中国的产品走出去，你的做法要被世界接受，你不断地宣传你会选择和平，让人家不对你怀疑。但你研究他人没有？我们走出去跟别人谈，我们要贸易、和平而不要战争，人家愿不愿意把你请进来？因此，我觉得比较哲学和文明对话，准备了很多前提以后，还有很多物质性、学术性和历史性的条件。仅就对话主体而言，还有一个内在的“意愿”，我不用暴力的战争的手段，而是用跟你谈话的手段，这是文明对话的一个非常重要的主观性条件，即对话的意愿。作为人类一个文明性的认识结果，我就引用杜维明先生已经提到的观点：文明对话，其实这是各个文明之间展开商谈讨论。最终的理想，我称之为要形成一个新的文明形态——叫“对话文明”。对话就不是运用战争的手段消灭他者，不是哪个强就把比他弱的一方吃掉。我们要形成一个比较和平的世界，我们互相不理解、误解、有矛盾，不要着急，我们坐下慢慢地谈。从文明对话走向“对话文明”，它的前提是主体一定要有对话的意愿，我愿意这样干。如果没这个意愿，我们的文明对话可能永远都是鸡同鸭讲，所以在这点上，我觉得贺念博士提的这个问题很有意思，我们可以从多个角度加以阐述。

储昭华：今天下午三位老师给我们做了一场精彩的对谈，其实是一场学术讲座。讲座围绕着比较哲学和文明对话的主题展开，我个人的体会是：不仅非常全面、非常前沿，而且开展得非常充分，对什么叫作哲学比较，什么叫作文化比较，什么叫作文明对话，有哪些种类，都做了很好的分析。进而对于什么是中国哲学、什么叫哲学，也做了非常新的探讨。今天下午，我们给“中国哲学”增加了一个新的身份，增添了一幅画像，即 Philosophy from China（来自中国的哲学）。

所以，我觉得今天的对谈，涉及的内容非常全面，很多方面都涉及了。更重要的是，这样一个对谈，其实主题非常集中，很多时间就集中在怎么样来破解“不可通约性”的问题。对此问题，王老师、姚老师，还有吴老师都发表了他们的高见。王老师讲的“以分求合”的方法，给人非常深刻的印象。我觉得这可能真的是比较合理、明智的一种选择。总体来讲，整个下午的对谈，三位学者都发表了各自的高见，贡献了他们最新的思考与研究的成果，我自己也受到非常大的思想启发。最后，我提议大家以热烈的掌声表示感谢。同时也感谢大家的热情参与，今天下午的对谈到此结束，谢谢！

（根据武汉大学“比较哲学与文明对话”三人谈整理，整理人：刘旭）

对谈学者：

王庆节教授（澳门大学）

姚新中教授（中国人民大学）

吴根友教授（武汉大学）

参与嘉宾：

郭齐勇教授（武汉大学）

周德丰教授（南开大学）

讲座主持：

储昭华教授（武汉大学）

宗教之于文明的意义

一、引言

黄超（主持人）：尊敬的各位来宾、各位学者、同学们，大家上午好！我们今天展开的是“宗教与文明”对话式的学术讲座。在对话正式开始之前，我很荣幸地给大家介绍出席今天对话会议的两位嘉宾。

首先介绍的是来自牛津大学的 Johannes Zachhuber 教授，Zachhuber 教授是牛津大学哲学博士，牛津大学三一学院历史神学和系统神学教授，曾在柏林洪堡大学神学系任教八年，也曾担任过牛津大学宗教与神学系系主任。他主要研究希腊教父哲学与现代德国宗教哲学和神学思想。从以上介绍大家可以看出，他是一位重量级的学者。

下面我介绍第二位，同样也是一位重量级的学者，武汉大学哲学学院教授、院长吴根友。吴根友教授同时也是武汉大学文明对话高等研究院的院长，中国传统文化研究中心兼职研究员，享受国务院特殊津贴的专家，教育部长江学者奖励计划特聘教授，教育部教学指导委员会委员，国际儒学联合会理事，中国哲学史学会副会长，湖北省哲学史学会会长。

今天是一个对话式的学术讲座。在界定我们这个时代的时候，是把它界定为一个对话的时代还是一个冲突的时代？从今天的会场来看，我更倾向于强调这是一个“对话的时代”。我们每个人都可以感受到“对话”在当今这个时代的迫切性。我们知道，当美国总统特朗普半夜发 Twitter 的时候，全球的股票就要下跌。但是，当一听说中美之间在进行贸易对话的时候，全球股票就在上涨。我们知道去年英国首相特丽莎·梅女士来武汉大学访问，就是一场很好的中英文化对话；前不久德国总理默克尔女士来武汉访问，也和中国进行了非常好的对话。我觉得，在某种意义上可以说，今天的对话会是前面两场对话的延续。而且在我看来，今天的对话似乎更加重要，因为它是由政治、经济的对话深入到文化，深入到宗教领域的对话。为什么说宗教对话特别重要呢？我们知道，卡尔·马克思曾说过“宗教是这个世界的总理论，是它的包罗万象的纲要”。

今天的对话一共有两场，第一场的对话题目是“宗教之于文明的意义”，第二场是“中西宗教观念比较”。两位教授将分别从宗教和文明，以及文明下面的政治、科学、艺术、文学等等各个方面，来给我们全方位地展示宗教之于文明的意义。时间非常宝贵，下面我们把时间留给两位对话嘉宾。首先请武汉大学哲学学院的吴根友教授发言。

二、宗教与人类文明、政治和科学的关系

吴根友：非常感谢黄超教授很有启发性的介绍！我想，对于宗教和文明之间的关系，我们两位可能都有一些个人的看法。就我个人的观点来看，我认为宗教是人类文明的母体，一切文明都是伴随着宗教而诞生的。

早期的宗教和后来的宗教（就是我们通常讲的原始宗教和后来发展起来的宗教）有所不同，早期的宗教一般是自然神的宗教，在早期宗教之后发展起来的一种新兴的宗教是人为的宗教，这个宗教的势力更大。在西方有一神教，在中国有在儒家和道家思想基础上发展起来的儒教和道教，以及由印度传进来的佛教等多种形态的宗教。

从传统中国的政治来看，我们的宗教以“天”（把大自然作为一个神来崇拜）为中心，然后形成了以各种各样的形式来礼敬天而构成的一种宗教。传统中国的科学（特别是天文学）与宗教极其有关，与农业生产相关的一系列的祭拜仪式，以及与祭拜仪式相关的节日等等都与宗教相关，要而言之，传统中国政治的、经济的、文化的诸现象都与自然宗教的崇拜密切相关。

在我个人看来，宗教在相当长的时间内将与人类的文明共存亡，只要人类还不能真正揭示死亡的秘密与宇宙的边界问题，宗教这样一种文化现象就将永远伴随着人类文明而存在。这是我的一个纲领性的观念，对于后面宗教与科学、与政治、与艺术的关系，我和 Zachhuber 教授将从不同文化的角度来分别阐述。

Zachhuber: 首先感谢吴教授邀请我来武汉大学进行这样一场对话，也感谢他选了这么好的一个话题作为此次对话的主题。吴教授在开场白中清晰有力地陈述了有关中国宗教的观念。接下来，我想简单谈谈一个很重要的事实，就是在全球化的影响之下，当今世界的宗教和文明都在迅速变化这一现象。东西方之间的对话其实早在 17 世纪就开始了。几百年过去了，如今世界已经变成了地球村，人们可以在世界范围内到处旅行，可以到别的国家生活。以我生活的牛津或者英国为例，其实已经是一个来自五湖四海的人共同生活的世界。那么，来自不同政治、不同文化和不同宗教背景的人如何共处呢？21世纪的文明将怎样推动多元文化的共生？这是一个很重要、很有现实意义的问题。

我同意吴教授的观点，就是说对于几大重要的文明而言，宗教始终发挥着重大的作用。就这一点，我跟吴教授没有差异，所以也不需要去努力寻找共同之处。在这一个一般性的设定上，我们之间没有异议。在接下来有关具体问题的讨论中，相关的差异会逐渐呈现。

为了方便下面的讨论，我就西方文明谈谈我的看法，来帮助理解宗教与文明之间的关系。西方文明来自两大传统——古希腊罗马和基督教，西方文明正是这两大文明合力影响的结果。但是，就宗教而言，很显然，古希腊宗教、罗马宗教和基督教、犹太教是不同的，而且古希腊文明被宗教影响的方式和基督教影响西方社会的方式也是非常不同的。当我们聚焦具体问题的时候，会发现西方文明如何汲取、如何利用这两大不同的传统，也可以看到宗教如何以不同的方式对文明产生影响，这些影响有时候是非常重要的，有时候又不那么重要。

我对于此次对话的贡献可能在于，通过不断地回顾、审视现代西方文明的两大不同源头或者根基，通过对具体问题的探讨来看宗教如何影响文明，或者，来看看宗教对文明，抑或文明对宗教影响的差异。

吴根友：非常感谢 Zachhuber 教授对宗教在文明意义上的阐述，有些地方我们是相同的，不一样的地方就是宗教在西方的作用与在中华文明中的价值稍微有一点差异。简单地讲就是，中华文明早期偏向于自然神的宗教，应该跟古希腊、古罗马、古巴比伦还有古埃及文明都有类似的地方，但是超越了自然神教之后的宗教对中华文明的影响，以及宗教对西方文明的影响就有非常大的不同了。对于中华文明而言，政治对宗教的影响以及宗教对政治的辅助作用，这两点跟西方还是有很大的不同。在17世纪以前，中国社会基本上是以政治为主、以宗教为辅的，这种状况可以说是中华文明的一个突出特点。但并不因此而否认宗教对于中华文明的价值和意义。所以从这点上看，中西文明之间的差异，具体地说，中西文明对宗教的态度，以及宗教对中西文明的实际影响，还是非常不一样的。

从对话的角度来看，西周王朝，或者说商周以后的整个传统社会的趋势，大体上可以说是一种人文宗教，这种人文宗教对整个中国的影响与一神教对西方社会政治、哲学的影响是相当不一样的。具体地讲，中国早期宗教主要表现为对天的祭祀、对天的信仰，再加上中国农业文明发展、发育得比较早，而且比较成熟，所以中国古典天文学（包括星相学）跟宗教的关系，就构成了中国古代天文科学与自然宗教之间一个非常深刻的内在联系。传统中国社会自然神教的发育、发展的时间很长，各种山川神明，包括自然植物，都由某种神在主宰着，构成了整个中国社会上到朝廷、下至百姓的一种普遍性的宗教意识。传统中国社会这种对自然神的崇拜，与神教这样一种成熟的、有特点的、创世纪的宗教相比，是非常不一样的。直到今天为止，中国社会都还有一种很淡的对祖先的崇拜意识，这种崇拜既是宗教性的，也是伦理性的。以我个人的认知来看，中华人文性的宗教对中华文明的影响，与西方宗教对西方社会的影响有相当大的差异。至于在艺术与哲学方面的影响，我们后面再接着讲。

Zachhuber: 谢谢吴教授刚才的回应。从一开始，西方宗教和政治的关系就是一个十分重要，同时也十分具有争议性的话题。我所谈论的是西方过去五六百年的情况。为什么宗教与政治之间的关系如此充满争议，有很多方面的原因，这与吴教授提到的中国与西方的差异是相关的。这里我给出两方面的原因：

其一，从基督教对于政治的影响持怀疑态度的角度说。这一批判并不是由于他们主张宗教和政治应该完全区分开。这一系列观点认为，作为宗教的基督教完全不适合为政治文化、为政权提供支持。其代表人物包括马基雅维利、卢梭。卢梭持有这样的观点，如果想要政治和宗教共同发挥作用，就需要一个国家性的宗教（a national religion）来支持这一民族国家的认同感，以及国民身份的塑造。但是，基督教是普世性宗教，它不会教导人民爱你的同胞、憎恨你的敌人。因此，基督教并不有利于国家的统一。马基雅维利提供了另外一个视角，他认为基督教注重受难、顺从性，它不鼓励人民要勇敢、要有独立思考的精神，这些都不利于塑造共和政体的公民。比较有趣的一点是，马基雅维利和卢梭都认为古希腊罗马时期会更好。的确，基督教对政治是有影响的，但是这些思想家并不确定基督教对政治的影响是积极的、具有促进性的。这是一种批判性的思路。

其二，作为灵性事业的宗教与政治之间的差异是十分巨大的，因此，最好是将宗教和政治完全分离。在西方过去近两百年的时间里，政治和宗教是不同的、相互分离的领域这一观念，非常具有影响力。政教分离成为官方意识形态，大多数国家都支持它，尽管在政治实践方面，两者的分离并不那么彻底。我不确定在中国是不是这样，但是在英国，有一些皇室活动，如婚礼、加冕等，都会在教堂举行，而且有很多仪式有宗教背景，世俗化并没有彻底贯彻。但如果你问那些生活在英国的人或者牛津的学生，他们仍然会认为政教是分离的。

这可能就是中国与西方（至少就近代而言）的不同之处。在中国，有一个比较持久的观点，认为宗教对政治的影响是有益的，但是西方则不同，尽管有些人认为我们需要一个更加强有力的宗教思想来对政治施加影响，但很多人持有相反的立场，他们坚持政教分离。

吴根友：中西宗教在对政治的影响这点上确实不太一样。Zachhuber 教授讲的是基督教对整个西方政治的影响，特别是整个西方近代以来提倡的“政教分离”这样一些观念。但即使是这样，基督教对实际的政治生活还是有若隐若现的影响，如美国总统宣誓就职的时候，也还是一手按在《圣经》上说“By Bible”，只不过这种影响没有那么明显了。就传统中国社会主要历史阶段而言，宗教基本上是服从于王权的，它构成整个王权之下让社会稳定、安定，维系民心的一种文化的工具或者说文化的力量。在这点上，今天的中国社会与古代的传统社会两者之间并没有多少区别，所以，中国社会的政治与宗教的关系就是我前面讲的，在政治理性主导下的宗教文化对政治的和平安定、人的信仰的辅助和维系作用。

我接下来要讲的主要是宗教跟科技之间的关系。由于我们的对话要讲的是宗教与文明之间的关系，而文明涉及各个方面，从我们今天的世俗生活来讲，更多涉及科技。几乎每个人口袋里都有一个手机，这就是科技的表现。今天很多中国人因为受教科书上的唯物论思想的影响，往往把宗教与迷信等同起来（宗教等同于迷信吗？当然不等于），结果就很简单地把宗教跟科学对立起来。这是我们高中教育阶段就接受的一个非常朴素、非常简单的对宗教和科学之间的对立关系的认识。实际上，人类的科学是起源于宗教的，宗教跟科学在早期是统一的。我前面讲到的天文学（就是观星象），本来是跟帝国政治的命运联系在一起的，一个王者往往跟天上的某颗星星联系在一起，然后才发展出天文学。当然，天文学在发展过程中慢慢地摆脱了宗教的影响，就构成了我们今天独立的，以自然科学观测方法为主，以客观性的法则为根本原则的现代天文科学。早期的宗教与科学之间是一种内在的关系，今天的科学是独立发展的。除了这里所说的这种关系外，其实早期很多的科学家也是在宗教团体的养育下成长起来的，因为很多宗教徒生活比较安逸、有足够的时间，这一点在中西方的科学史上都有反映：如近现代西方的许多科学家是在基督教会里面培养出来的，而中国的很多科学家，比如唐代的僧一行就对中国古代天文学的贡献非常大，他是一位佛教僧人。这是讲整个中西方在宗教的组织领域里与科学之间的关系。

还有宗教的一些活动，特别是中国的道教。道教的内丹是后期的，外丹学中那些炼长生不老药的探索活动，就构成传统中国早期化学与生物学的基础。大家都知道，今天中国第一个诺贝尔生理学或医学奖的获得者屠呦呦，她关于青蒿素提取的思想灵感出自哪里呢？出自伟大的道教思想家葛洪的《抱朴子》。葛洪是一位道教徒，但他对中药非常有研究。由此可以看到，屠呦呦的科学发明与中国古典道教徒的炼丹术、养生术是有内在的、历史性的联系的。李约瑟在他的《中国科技史》一书里，高度赞扬了道教对整个中国科学的贡献。所以说，现代化学、生物学这样一些科学的雏形状态与中国的道教是有非常密切地内在联系的。因此可以说，科学跟宗教之间的关系是内在的，至少在相当长的一段时间里是内在的。

直到17世纪以后整个西方开创的近现代科学，以实验为主、以还原论为其哲学原理、以可验证性为其客观效果，这样一种现代科学诞生之后，宗教跟科学才分离了。特别是随着科学的发展，像哥白尼“日心说”的出现——就是在宇宙的运行中间发现没有上帝的位置，这对整个宗教观念，特别是对神创论类型中的一神论宗教有着巨大的打击。近代科学发展之后，科学与宗教分离了，把宗教看作是束缚科学的思维方式，科学开始了对宗教的批判，这一点主要反映在达尔文的进化论对上帝的决定性的否定中，哥白尼的日心说也是这样。所以我们讲，宗教与科学的分离是近现代社会的事情，这也导致了我们今天自然科学的飞速发展。

科学作为文明的一项具体内容，关于它与宗教的关系，我主要讲三点：一是包容性的关系、一是分裂的关系，最后一个是我们需要深入思考的，或者是很虚幻的、哲学式的问题，今天科学这么发展，发展得完全脱离了宗教的束缚，宗教在今天的社会究竟还有怎样的意义？是不是作为文明母体的这样一种文化现象，在科学的发展之后我们就完全不要宗教了？宗教是不是会消失呢？这是我们需要思考的。我的基本观点是，现代科学可以改变或者消除一些宗教问题，但似乎很难消灭宗教，这就是我基于目前的认识对科学与宗教关系的未来趋势所做的一个预测。

Zachhuber：好的，我现在来回应一下吴教授。一些传统的思想观念将上帝与宇宙恒星等同，或者对天文学、占星学进行宗教性的解读，或者通过研究星宿、星座来了解未来，这些观念在西方同样是非常流行的，甚至直到今天都非常流行。即使那些认为自己已经非常世俗化的人也会通过阅读报纸上的星座来获知未来可能会发生什么。因此，就这些观念而言，中国和西方并没有太大的不同。不仅在星体宗教（astral religion）、对恒星的敬畏方面，东西方没有太大不同，而且吴教授刚刚提及的、与早期农业社会有关的信仰，比如相信树有魔力、河流的源头充满神秘，相信存在精灵、魔鬼、鬼魂，这些都普遍存在于西方传统的神话故事、民间故事和童话故事中。因此，可以说，传统中国的一些信仰与西方在实践层面的信仰并没有差异。

但中国和西方存在的差异之一是，从很早开始，西方始终存在着对自然信仰、自然崇拜的反对、批判。当古希腊哲学兴起时，大约公元前五六世纪，哲学家们所提出的最早的论证中就包括对迷信的宗教信仰的反对。他们使用“哲学的、普遍性的神”这一概念来批评流行的、人们广泛持有的宗教信仰。我认为，不能将这些反对自然宗教信仰的论证与宗教历史联系起来，因为这些哲学家并不想要改革或者消除宗教。这些论证更像是精英式的宗教，是这些哲学家认为自身所应该拥有的。但他们的很多观点，比如只存在一个真神、流行的信仰是迷信，这些观点都与基督教的信条相一致。

在我看来，古希腊文明和基督教文明结合的事例之一发生在中世纪，如果看一下发生在约公元1000年时基督教传教士在中欧的传教活动，会发现这些传教士的布道始终反对那些流行的信仰，这些流行的信仰包括：树是有魔力的、雷雨是不同的神的显现。当然，基督教反对这些自然宗教信仰，并不意味着它否认在自然中能够体验到神圣，而是说他们坚持认为，上帝是超越现象的。

然而，这些自然宗教的信仰始终存在，具有很强的持续性。从中国的视角来看，好像西方是纯粹一神教的。但是，如果你读那些非常有名的童话故事（它们后来还被改编成电影），就会发现，甚至在200年前，很多流行的自然宗教的信仰仍然存在、存活于乡村或者未接受教育的地区。20世纪来自苏格兰的宗教科学家弗雷泽（James G. Frazer，1854—1941）的名作《金枝》就描述了一些当代故事，英国、法国的农民所具有的信仰与传统的自然宗教信仰非常相似，与他从去过遥远的非洲、拉丁美洲或者亚洲的探险者那里所听闻的当地的信仰是相似的。因此，非常有趣的是，尽管存在不同，但是自然宗教信仰的广泛吸引力在东西方文明中都具有持久性、持续性，它们甚至以某些方式延续到了当下。

黄超：我插几句，从时间上说我们基本上已经进行了一半，前面我们从宗教之于文明的意义、宗教与政治的关系、宗教与科学的关系这三个方面展开讨论；我看了一下我们的主题，接下来的时间我们将从宗教与艺术、宗教与生活（或者说宗教与世俗）这两个方面继续展开讨论。

三、宗教与艺术和世俗生活的关系

吴根友：我们今天这个对话虽然是一个很大的题目，但事先我们两个教授之间并没有做详细的沟通，通过对话过程本身，我稍微对对话的层次做了简要的梳理：前面是宗教与文明的母体、宗教与政治、宗教与科学这些层面，我们已经就中西方对这些问题认识上的同和异做了一个扼要的分析。接下来我们着重讲宗教与艺术这个主题。在讲这个话题之前，我还想引申一下宗教与科学的关系，因为在我们看来，今天科学与哲学是以理性为其基本法则的，我们今天的哲学博士（Ph. D）学位是来自西方的，其实哲学与科学两者实际上应该是融为一体的，宗教对科学而言可以说是母体，科学是从宗教中产生出来的，哲学也是这样，它一开始也是从宗教里产生的。慢慢地理性从宗教中独立出来，今天我们的哲学构成了一个与宗教相区别的知识领域，但有一点哲学跟宗教有类似的地方，就是关涉到人们的信仰。宗教的信仰可能是对神灵、对某种超越性的信仰，哲学的信仰主要是对某种有根据的哲学观念，比如说我相信未来会实现共产主义，未来社会是大同社会（如中国的桃花源式社会），这就不是宗教的而是哲学的信仰。所以哲学与宗教非常共通的一点，即都关涉到人的终极意义，只是它们在讲终极意义的时候，所描绘的蓝图、达到的途径是不同的。因此我们讲哲学与宗教之间既有内在深刻的联系，也有非常明显的区别，即一个是理性的、一个是有关信仰的。在涉及人的终极关怀的时候，哲学与宗教都要提供自己的方案，在这一点上可以说它们两者之间有共通性。

接下来我要讲的就是大家很关注的、也是很有意思的话题，即宗教与艺术之间的关系，这两者的关系是非常密切的。因为时间关系，我只提纲挈领地讲几点。就早期的宗教——原始的自然神教而言，我们看各种各样的壁画、刻在岩石上的岩画等等，这些都跟早期的宗教相关，它们既是劳动生活的记载，又是对神灵的祈祷和歌颂。像四川发现的三星堆，有太阳鸟、有通天神树等等，这些既是宗教的，又是艺术的。这是早期宗教与艺术的一些关联。

传统中国成熟后的宗教也与艺术密切相关。例如作为人文宗教的儒家，儒家的二十四孝图、秦砖汉瓦里面的宗教想象，天、人、地狱这三个层次的设想，各种各样的构图，都体现了古代艺术跟宗教的关系。特别是我们在湖北——古代楚国这个地方，有一个像黄鹤一样的神鸟在棺材上的形象，那是非常具有楚地艺术特色的，那个鼓架上很高的鹤的形象、鸟的形象，这都是在古代的墓葬里所体现出的宗教性的艺术作品。楚国的绘画里也体现了人神之间的沟通。伟大诗人屈原所创作的《楚辞》中，一个重要的部分就是《九歌》，而《九歌》跟整个楚地（也就是两湖地区）的民间信仰密切相关，在《楚辞》这部作品里，体现出楚人好巫风的民俗特点。因此我们可以说楚国的绘画、诗歌跟宗教密切相关。

魏晋南北朝时期，佛教传入之后，大量的佛教造像也反映了宗教与艺术之间的关系。最近习近平总书记在甘肃访问，敦煌是佛教艺术昌盛的地方，它是中国的绘画，但却是印度的一些宗教观念在中华文明中的体现，所以我们说，敦煌艺术不仅是中国的、也是世界的。敦煌的佛教造像有非常深刻的宗教观念，我建议大家抽空去看一看。欧阳霄老师做艺术研究，对此有很深刻的了解。魏晋南北朝时期大量造像的书法艺术（这是中华文化所特有的），各种造像里面的书法艺术作品构成了丰富多彩的书法艺术现象，跟我们今天看到的那种方块字构成的标准印刷体是非常不一样的。如果在座各位有人对书法感兴趣，把六朝时期造像的各种各样的墓碑拿来比较，我们可以看到那时的书法作品非常丰富多彩。也可以看出，中国的绘画与书法领域跟宗教有一些内在关系。

唐代的绘画看起来跟宗教艺术有些距离，它比较规范化、世俗化，但是在唐代，禅宗对艺术的影响是极其深刻的。对王维绘画略有所知的人都知道，王维的绘画中有一幅芭蕉图，那个芭蕉是红颜色的，这完全不符合传统绘画的画理，但它有禅意，王维的很多作品都有非常浓厚的禅宗意味。因此，佛教中国化之后变成的禅宗对中国的绘画产生了非常深刻的影响，后来整个中国的文人绘画都与禅宗的思想密切相关。

除了书法和绘画以外，中国很多其他的文学作品也跟宗教密切相关。《西游记》，大家是知道的，这个完全是以唐僧西天取经的故事为背景构造出来的艺术作品；我们最近看到的非常火爆的“哪吒闹海”这个故事（以这个故事为背景拍出来的电影票房已经突破 40 亿元），就是古典神话故事在今天变成动漫的典型，是古典神话与现代艺术的结合。

所以我说宗教跟艺术的关系（欧阳老师做美学研究，可以说比我更熟悉），这里面有很多话题可以讲，例如说宗教神话故事借助想象的翅膀刺激了艺术，艺术同时把它形式化，或者说宗教的很多观念借助艺术再现，借助艺术而实现感性化，所以宗教跟艺术是血肉相连的。如果艺术没有宗教，就是一个非常干瘪的艺术；如果宗教不借助于艺术，宗教就不会长上翅膀飞到人们心里。因此，有关宗教和艺术之间的深刻关系，我相信 Zachhuber 教授会从整个西方的绘画、文学，包括音乐与宗教的关系来跟我们分享。就是说，我们一定要关注到，在“宗教与文明”这样一个大的话题里面，一个非常重要的方面就是宗教和艺术之间非常全面地相互渗透和相互介入的关系，这种关系是我们稍微思考一下就能看到的现象。一句话，宗教作为一种文明的力量对我们的生命产生了巨大的影响。好，我先讲这么多，后面我希望 Zachhuber 教授谈谈西方的宗教与艺术之间的丰富联系。

Zachhuber: 抱歉，我刚刚没有谈论科学，确实，科学有着宗教的根基。但是，长期以来，科学都是一种全球性的事业。我们看到欧洲科学在中世纪受到阿拉伯科学、古希腊科学的影响。现代早期，西方甚至认为中国的科学是非常发达的。人们认识到，当谈论物理世界，比如谈到医学、物理、天文学时，只有好坏之分，没有国别之分，我们不会说科学是某一个国家的。那么谈到宗教和科学，在西方、在欧洲，宗教机构是宗教影响文明的非常重要的方式之一。宗教影响文明最重要的方式是通过教育——很多学校是由宗教机构，如修道院或者本地教会创建的；现代大学起源于中世纪大学，这些中世纪大学很多是由教会创立的。如果你来到一个保留着中世纪大学的地方，比如牛津大学，你会发现大学很像修道院，而且还有小教堂。也正是在大学里，科学研究得以展开。

谈到宗教和艺术之间的关系，黑格尔对宗教的定义可以说明在这方面我与吴教授的观点是一致的。黑格尔的定义是：在宗教中，人们通过表象这种形式与绝对相互作用。（In religion, people interact with the absolute in the form of representation.）这一定义意味着人们总是通过形象、意象来认知世界、认知上帝，图像具有具象化这一维度。这一定义解释了为什么宗教与艺术直接相关。宗教总是想象着上帝，并将其引入到诗歌、雕塑、绘画或音乐当中。如果我有资格谈论西方艺术史的话，我会说西方的宗教对艺术影响深远：比如说建筑，西方重要城市的大教堂影响了当地的建筑风格；西方的大部分绘画受到《圣经》，以及宗教思想的启发，当然也受到希腊罗马、埃及神话的影响。雕塑等艺术同样也受到影响。

与中国不同的一点在于，有些西方宗教对上帝的肖像表现（pictorial representation）是持保留态度，甚至是极力反对的。比如伊斯兰教在西方也得到广泛传播，它就禁止把安拉形象（image）化。对犹太教和基督教来说，上帝的肖像表现也是有问题的。一些欧洲中世纪时期的建筑并不是毁于战火，而是毁于宗教政治历史上某些时期的圣像毁坏运动（iconoclasm）。其中的一个原因就是基督教的某些派别认为，通过肖像表现绝对超验的上帝是不恰当的（吴注：因为，这容易产生偶像崇拜，限制人们对于上帝的信仰）。我想说，就宗教和艺术的关系而言，西方和中国在大多数方面是相似的，刚刚谈到的是一个差异。

谈到文学，所有的西方文学都受到宗教文本如《圣经》《古兰经》的影响，这些宗教典籍不仅影响了文学，也影响了语言。例如，《圣经》被译为各种地方性语言，16世纪德国将《圣经》翻译为德文，17世纪英国将《圣经》翻译为英文。毫不夸张地说，这些翻译不仅对文学，而且对语言、对人们说话和写作的方式产生了极大的影响。当然，为了使关于艺术的讨论具有全面性，我现在要提到音乐，所有伟大的西方音乐作品，宗教都是一个重要因素，并且多少个世纪以来都是这样。

我的结论是，我所谈论的都再次印证了宗教和艺术之间的紧密关系。很有趣的一点是，尽管当代西方世界已经非常世俗化了，但是当代艺术家，不论作家、画家还是音乐家等等，他们都能够意识到，基督教、犹太教传统对艺术有着持久的影响力。这是因为，不论他们个人的信仰是怎样的，他们的作品都是以这些宗教思想为源头的。

吴根友：非常感谢Zachhuber教授的回应。特别是他讲到一个有意思的事件，就是在基督教发展历史上有一个“圣像毁坏”运动，这跟中国早期宗教破坏偶像的运动有一定的相似性。因为像“佛”，它是没有偶像的，佛教里面的“佛”是跟“美”“善”联系在一起的，它有三十六“好相”、有七十二“好相”，所有人间刻的“像”都不足以展示佛的丰富内涵，这个跟基督教的“圣像毁坏”运动也有类似性。非常有趣的是，中国对“圣像”的毁坏，不完全是出自对偶像的崇敬，主要来自革命，中国社会一旦发生革命，就觉得神啊、佛啊，都是不存在的，我们要回到世俗的生活中来。所以革命中对圣像的破坏可能就与我们要在思维中保持上帝的全知、全能、全善，意义不一样。所以中西宗教文明在发展过程中，遭遇到的各种各样的破坏“圣像”的运动，结果是一样的，理由是不一样的。人类文明史中这一现象很有意思，中国历史上还有“三武灭佛”运动，都是类似的历史事件。

至于宗教跟艺术之间的关系，关于音乐我们刚才确实谈得很少。其实中国的很多音乐跟道家的音乐或者说禅宗艺术很有关系，特别是在古典音乐中，比如“渔舟唱晚”这样的曲子、道教谱出来的许多曲子展现出的那种超然的仙境等，这些音乐境界里面都有很深刻的道教的因素。佛教音乐就更不用说了，佛教寺庙里早上的唱诗就是一种特殊的声音。我曾经在基督教教堂也听见过唱诗班的声音，那种声音是非常纯正的，跟我们世俗中的流行歌曲、那些流行歌手扯着嗓子在那里叫的唱法非常不一样。在宗教里，无论是中国的佛教寺院还是基督教的教堂里，你听那些歌唱者唱出来的声音是另一种美，那种美会让你产生打消世俗欲望的念头。大家如果有机会到这些宗教场合（你不一定要是教徒）去体验一下，你就会感觉到宗教给人类的精神和心灵带来的感受跟世俗生活非常不一样。

宗教跟艺术的关系实际上把我们引向了宗教跟生活的关系，另外，我们前面谈得更多的是宗教的正面影响，但是宗教在整个世俗化的过程中，特别是西方的教会和我们的道观、寺庙在发展过程中也出现过一些负面的现象，包括当今中国社会中的寺庙和道观出现的一些腐败的现象，还有西方的基督教在发展过程中对人性的压迫等，教会是宗教的一个世俗载体，它在发展过程中也给人带来了一些负面的影响。所以，我们讲宗教和世俗教会之间既有统一的关系也有矛盾的关系："统一"的意思是说，各种宗教的教义和信仰是通过那些出家僧人和传教士、专职的神职人员来宣传和传播的；但是在世俗化的过程中，它也给信仰带来了腐败和腐坏。所以我们在讨论"宗教与文明"的关系时，要有一个相对辩证的看法，虽然教会不能够代表宗教，因为宗教有超越教会的一面，但是我们也不能说教会与宗教完全无关，所以我们对宗教与文明之间的关系的认识，至少从教会这个层面上来看，它提示我们要辩证地看待，但我们也不要把教会完全等同于宗教。这是我在讲宗教与文明这个问题时，尤其是宗教切入世俗生活这一面时持有的观点。

我们今天生活的世界，世俗的味道很浓，东方和西方都一样。全球化的过程中，我们不仅消费西方的物质产品，比如说我们今天吃的牛肉、喝的牛奶，有很多来自欧洲和美洲；我们也消费西方的精神产品，我们阅读各种各样的西方哲学著作、文学著作，看好莱坞的电影等等，所以全球化时代也是一个世俗化时代，好像这个时代受宗教的影响很少了。但事实上并不是这样的，世俗生活中的诸神虽然退位了，但是我们的信仰并没有退位。我们的信仰，往往是宗教文化传统给我们提供意义的追求，即对于最高的善和美的追求。就此点而言，宗教传统教给我们的信仰本身并没有在生活中退位。虽然宗教与艺术、与哲学高度统一之后，构成了人类文明的统一体，但是我们在世俗生活中仅仅有丰富的物质是不够的。大家应该注意到这样一个现象：乞丐在生活中是很少自杀的，虽然他们的生活条件很糟糕，通常自杀的都是生活条件比较好的人，他们觉得生活丧失了意义，觉得自己活得没有尊严等等。我说的这个现象是大量存在的，你们可以注意一下，武汉市乞丐很少，但偶尔还会有住在桥头下的人，但他们不会自杀，你几乎没有听到哪个乞丐自杀，这是一个很有意思的现象。自杀的人往往都是生活条件比较好，比较有教养的人，这是为什么呢?① 这就涉及生活和生命意义的问题。所以我们讲宗教和文明的关系，宗教和世俗生活的关系，哲学、艺术和宗教为人类塑造了有意义的生活世界，它永远不会退位，无论科学怎么发展，至少在我们看得见的两百年左右的时间里，我们可以看到，宗教作为一种文明的力量，特别是对我们心灵的涤荡，就是把我们心灵中的一些污浊涤荡掉，这一作用将会持续存在并发挥作用。在我们对意义的思考与追求这个层面上说，宗教、哲学与艺术三者合为一体，会重新塑造或者不断地提供给人们一些对真善美追求的一种内在精神或心灵的动力。这是我从宗教与世俗生活的关系方面所做的一个扼要的提示，帮助大家来思考宗教在今天、在世俗文明中的价值和意义。

Zachhuber: 谢谢吴教授对我刚才所提到的问题的回应。在谈论宗教和文明的关系的问题时，我们刚才在对话中已经涉及过去，也谈到了现状，当然我们也要讨论一下未来。这里的问题就是，宗教在未来是否会消失？科学已经能够让我们认知世界，人们现在不需要祈祷就能够满足心愿，人们对政治持有越来越世俗化的理解，等等。看起来我们已经不再需要宗教了。

但是，据我观察，在当今社会，宗教不会必然消失，或者变得没那么重要，而是说，宗教也在变化。我现在重拾吴教授刚刚所做出的一个重要区分，即个人化的宗教和建制化的宗教之间的张力。毫无疑问，在西方有一个趋势，而且这一趋势会继续，我想别的地区可能也一样，就是个人化的宗教越来越

---

① 社会学的一些调查发现，近几十年来中国农村老人自杀现象严重。其中的原因比较复杂，与我上面讲的情况不相同。

重要，而建制化的宗教越来越不重要。宗教成为个人选择，人们根据自己的信仰和观点来为自己做出选择。这一趋势在多元化的、全球化的世界中是必然的。如果你生活在一百年前的法国小镇，那么大家都是天主教徒，别人如何生活，你跟着如何生活就可以。但是，今天这一情形已经不复存在了。人们在思考宗教和信仰时，其方式与选择职业、选择最喜欢的音乐或者决定是否要与伴侣结婚相似的，它们都是为自己做决定，就此而言，选择的对象并没有好坏之分。这就是我们当前的现状。

需要补充的是，在个人化与建制化的宗教之间还有空间，那就是宗教社群（religious community）。在当今西方世界，如果说每个人只是对个人化、个体性的东西感兴趣，这种说法是过于简化的。宗教的吸引力之一在于它帮助人们与其他人建立联系。现在，孤单是一个很大的问题，在现代工业化、科技化的社会里，每个人都使用电脑、智能手机，孤单地在自己的房间里，与世界联系。这是现代个人主义的负面影响，它使得人们变得非常孤单。正如上面已经提到的，宗教的重要性在于，从传统意义上说，宗教能够把人们、把国家联系起来。

一方面，传统意义上的宗教将人与人、国家与国家联系起来，这一点在当下也是十分重要的，即使我们不想恢复过去几个世纪里宗教与政治的那种关系。的确，当下的宗教变得越来越个人化，这一趋势既有积极的影响，也有消极的影响，但我们仍然需要强调宗教的社群（community）维度，只有这样我们才能对当下以及未来的宗教的可能性有更全面的理解。

另一方面，全球化将不同的宗教汇集到一起，全球化是一种范式，所有当下进行的相关讨论都发生在这一范式之下。我想要给出一个限定性的评价，全球化如果想要成功，必须在相似性与保存差异方面实现平衡。作为一个西方人，当我来到中国，可以看到星巴克、麦当劳，这是全球化的结果。如果我去俄罗斯或者世界的其他地方，也会看到同样的品牌或类似的商品。这在某种程度上是好的，在某种程度上又是不好的。随着全球化的深入，人们通过互联网被联系在一起，但是，文化或文明的一个非常核心的价值就在于多样性、多元化。如果我们单独把西方某个国家拎出来放大了看，那么我们会发现，这些国家内部的一些地区，甚至是一个小镇，那里的人们会因为只存在于那里的传统而感到骄傲。所以，要找到连接统一化和保存差异性特征的方式，因为这些差异性特征塑造了东西方的传统。什么叫作对话？“对话”就是要意识到，对话中的每一个人都有差异性特点，去理解对方是非常重要的。要尊重独特性、尊重差异，不然我们会丢掉文明中最为宝贵的部分。

四、互动提问

提问 1: 非常高兴能得到这个机会。我的问题很简单也很复杂，就是人与人之间的关系，比如说刚才 Zachhuber 教授说的人的观念性。两位对话的主讲老师，牛津大学的老师和我们学院的吴老师，你们代表的是不同的立场，然后这个立场在努力融合，我想在这个过程中你们俩的关系怎么样，这个关系怎么样体现？在对话的这两个小时里，你们会是一种什么样的心情，这个碰撞过程是怎么样的，我的感觉是，刚开始，Zachhuber 教授有点防卫性，也有点紧张，对这个环境缺乏安全感。所以，这个过程中你们心情的变化是怎么样的？

吴根友： 这个学生观察得很仔细，其实我们心里没那么多想法，这种对话我在国际上经历过不少，前不久我们也举办过。关于宗教之于文明的意义——我们俩之前虽然没有进行过面对面的讨论，但是我们俩有文字的提纲、有交流，所以都是从各自的文化立场出发，扼要地用口语的方式来阐述宗教对于人类文明的意义。在这个过程中，我从 Zachhuber 教授这里学到很多，特别是他后面讲到的那种“个人化的宗教”和“成建制的宗教”之间的关系，在未来社会中，这种成建制的宗教的作用可能会慢慢降低，而个人化的宗教的作用可能会越来越大，也就是说宗教可能通过个人需求的特殊方式来展示它的生命力，所以我觉得这个说法是非常有启发的。至于还有其他的，像宗教和艺术、宗教和政治在西方社会的不同特点，对我的研究也很有帮助。我的基本看法是，在对话的过程中间，只要对话的双方心平气和、理性地对待，总会从对方那里学到很多新的知识，也会慢慢地修正、补充，或者扩大自己对宗教与文明以及宗教本身的价值、意义的认识。我相信今天在座的大多数听众，会对宗教和文明的关系，以及宗教在未来社会的价值和意义有一个新的认识。

Zachhuber: 我表示认同，这位同学对这些事实有很好的观察。我非常期待今天和吴院长的对话，这对我来说是全新的体验，不仅因为我之前没有见过吴院长，而且我之前也没有体验过类似的交流。对于所期待的事情，总会有些紧张，甚至惶恐。这位同学说得非常对，在刚刚过去的两个小时里，我们正朝着一个方向行进，使得对话变得越来越容易。对我来说，吴教授对宗教之于文明的意义有强烈的意识，这是我感到非常有趣的地方。这一观点不仅在一般意义上是成立的，对中国来说尤其适用，当然它不但适用于历史，而且宗教是文明或文化形成的持续的源泉。我很开心能够听到这些见解，因为我对中国的历史知之甚少，因此我像海绵一样在吸收吴教授提供给我的信息，非常感谢能有这样的机会。此刻我感到比两小时之前轻松多了。

提问 2: 谢谢吴老师和 Zachhuber 教授的对话。我有一个比较简单的问题，前些日子读了一本书，就是迈克尔·吉莱斯皮（Michael Gillespie）的《现代性的神学起源》（*The Theological Origins of Modernity*），书里面有一个观点，认为西方的现代性与它的神学背景或神学底蕴有很深的关联，甚至说如果没有它们的神学基础，也不可能孕育出它们的现代性，同时马克斯·韦伯也认为，西方整个现代资本主义的兴起，是因为他们对过往宗教的“祛魅”。我这个问题主要是想问吴老师，中国社会有一种比较人文性的宗教，不是西方社会那样有一种一神的宗教，没有那样一个基础，所以我们现在通过世俗的方式兴起的这样一种现代性，与我们过往的宗教是一种怎么样的关联？同时我也想问一下 Zachhuber 教授，当西方文明已经逐渐祛魅之后，世俗的理性是否也就成为一种宗教？这就是我的问题。

吴根友: 我扼要地回答一下。中国现代性的基础可能跟西方非常不一样，因为对整个中国传统社会而言宗教并没有占主流地位，所以在整个现代化的过程中就可能没有马克斯·韦伯所讲的那样一个“祛魅”的过程。马克斯·韦伯在《新教伦理与资本主义精神》中把这点看成是整个西方现代文化的基础，而且认为正是因为有基督教才有西方的现代文化，所以西方的现代性是唯一的、独特的，包括还有一些像罗马法这样的制度性基础。中国能不能现代化呢？这可能要从中国的社会史和思想史的角度来看，中国虽然没有基督教这样的一神教，但是儒家文化在推动整个世俗化的过程中也起到了作用，阳明心学以及它的后学提倡人的解放、人的个体的自我发现，导致晚明社会中现代性精神从内部成长起来，这是一个方面。儒家道德伦理中的“义利之辨”的讨论，也为整个现代性的出场准备了道德伦理的基础，就是说，按照儒家伦理来看，君子是可以追求“利”的，但是不能忘记“义”，这就是道德上的适宜和恰当，所以“见利思义”就构成了儒家伦理学在整个现代化的过程中为商人合法地经商提供了一种价值辩护。而且阳明心学（后学）特别强调，一个非常了不起的商人如果把商业做得很好，那么他跟博学鸿儒没有什么区别，他也实现了自己人性的价值。所以在这点上，在整个中国文化的现代化过程中，虽然没有基督教的“天职”概念——就是我们赚钱是为了上帝，然后得到拯救，从而使这种观念成为推动整个世俗现代化的文化背景，但这并不表明在儒家的传统里不能开出自己的现代化。我们可以从自己的传统开出现代化，所以就这点而言，我对马克斯·韦伯在《新教伦理与资本主义精神》讲的“现代性唯有从西方才能开出来”这个说法表示怀疑。不过，对于马克斯·韦伯的说法，我们是可以理解的，因为在马克斯·韦伯所处的时代，他所阅读的文献有限，对世界各大文明的特点的了解也有限，不是说我们今天的人比马克斯·韦伯更聪明，而是说全球化的过程既有某种普遍性，又有各个民族的具体性和特殊性。

Zachhuber: 我同意吴教授提到的最后一点，就是现代性不只有一条路径。一般而言，人们是在一个多元情境下使用“现代性”这一词汇，并讨论什么是多元化的。这是因为，即使不包括中国，当然中国是一个不同的更加复杂的故事，即使只聚焦西方社会，你会发现关注现代性的思想家（如韦伯及其同代思想家）也会谈论具体的现代性，比如说英国的现代性，之后传播到法国和德国。而随着现代化的全球化，情况会更加复杂。

刚才这位同学提到的，关于对理性的崇拜问题，是一个很有趣的问题。如果你去巴黎，会发现在法国大革命期间，非常流行的观点就是要废除基督教，他们想要通过对理性的崇拜来代替基督教。巴黎圣母院就是理性崇拜的一个核心地点。但我发现，今天几乎没有人试图这样做。再回到韦伯，他对现代性的观点深受怀疑论的启发，我不认为韦伯会赞同理性是新的宗教，他更多地认为理性像是“真空”，这一真空是当现代性开始发挥作用时所留下来的，所剩无他了。我们身处铁笼里。理性不是人应该崇拜的，它只是发挥功能，火车准点到达，你可以在超市买到你想要的水果，这个社会唯独不提供精神维度。卡尔·马克思使用“异化”这一术语时，他和韦伯一样都延续了黑格尔的观点，黑格尔认为当代社会将人与其所处环境分离开来。当韦伯说宗教会消失时，他并不认为有其他事物会取代宗教的位置，理性是真空，只剩真空了。那么现在的问题是，理性的真空是否发生了？从我心底来看，当然这不是因为我认为通往现代性只有一条路径，而是因为韦伯的观察是正确的，现代性造成了官僚，带来了工业以及科技的日臻完善，这使得与精神性的资源相联系越来越困难，但正是那些精神资源使得我们过去的文明得以延续。当然，从西方的视角来看，很难否定有些事情确实在发生，并且将继续发生，问题是这是一个必然的过程或者是不可逆的过程吗？答案是否定的。因为我认为，如果是那样，我们都将面临如何存续文明的难题。在21世纪，在现代化的世界里，我们寻找到的道路是文明要与那些精神性资源、宗教传统相连，这些精神性资源和宗教传统在全球范围内都存在了很久。

黄超：我们的对话已经进行了两个多小时，两位学者在中西宗教的问题上既具有文明的自觉性，同时也具有开放意识，从政治、科学、艺术各个层面展现了宗教与文明之间的丰富性和复杂性。我们哲学学院长期组织宗教对话，其中流行这样一个说法，宗教对话是最简单的，为什么最简单呢？它可以各说各话，它和政治、经济的谈判不同，它不需要妥协、不需要交易、不需要折中，把自己的观点清晰地展示出来，这就够了。但是我们同时也认为，宗教对话是最困难的，甚至在某种程度上是不可能的。因为每种宗教都有属于自己的终极关怀。而在这一点上，是不可能对话的。我们上午的这场对话，主题是“宗教之于文明的意义”，从某种意义上说，我们展现了它最简单的一个层面，我们把中西宗教文化的不同层面展示出来了，哪些相同、哪些不同。但是到了下午，我们就进入到宗教对话最复杂、最困难的层面——中西宗教观念的比较，所以我们相信下午三点开始的报告一定会更精彩、更深入、更专业。欢迎同学们和老师们下午继续参加我们的对话！

（根据武汉大学“宗教与文明”讲座整理，整理人：陈杰、王玲玲）

讲座主持：

黄超副教授（武汉大学）

翻　　译：

王爱菊教授（武汉大学）

欧阳霄副教授（武汉大学）

对话嘉宾：

吴根友教授（武汉大学）

Johannes Zachhuber 教授（牛津大学）

中西宗教观念之比较

一、引言

黄超（主持人）：下午我们就进入到观念层面，进入到一种非常精细、非常精微，也是非常困难的对话之中。面对这样一种对话，我们要有一个思想准备，当然更多的是要平时的知识积累。上午忘了介绍我们的两位翻译，他们也是非常优秀的学者，一位是武汉大学外国语学院副院长王爱菊教授，一位是武汉大学哲学学院特聘副研究员欧阳霄博士。让我们对他们的辛勤工作表示感谢。

今天下午对话的题目是“中西宗教观念之比较”。我们知道以前有一些类似的宗教对话会议，特别是一些中国台湾的学者到内地来对话的时候，喜欢用一个词来形容他们的困难，叫“鸡同鸭讲”，就是说非常困难。特别是进入到宗教观念领域、宗教观念层面的时候。今天的两位对话嘉宾都是重量级的学者，希望他们的对话能给我们更多的启发。下面我们还是首先请武汉大学哲学学院吴根友教授发言，大家欢迎。

二、宗教的多元面向

吴根友：首先要谢谢大家，热情不减，座位基本上还是坐满了，有你们的支持，我们讲起来更有激情。中西宗教观念的比较真的是一件很困难的事，英文的 religion 这个词它不包含中文里“宗教”这个词的那种多元性，特别是关于祖宗崇拜、关于神灵的信仰，都不在 religion 这个词的含义里面，所以西方人讲的宗教一般是对于上帝、对于超越的、最伟大的神的那种敬仰，简单地讲，就是犹太教、基督教、伊斯兰教这三种一神教才叫宗教。但是人类进入全球化时代以后，我们对宗教的理解正在发生变化，正如我们对哲学的理解也在发生变化一样，所以在多元的宗教比较之间，我们要改变，或者说至少要修正来自一神教传统里对于宗教的认知。昨天晚上我们在座的有些人应该听了倪培明教授讲的哲理，西方哲学的范围是很狭窄的，但在世界范围内，特别是我们引进哲学之后，对哲学做了新的理解，今天我们也一样要对宗教的观念做一个新的理解。

如何来理解中国的宗教？我分两个层次来讲。第一个层次是中国本土宗教，就是由中国人自身发明的，这种宗教基本是对大自然、对天的信仰，所以我可以把它简称为“天教”，或者叫“自然教”。这种“天教”或“自然教”最突出的特点就是没有神创论的思想。引申一点说，就是这个世界不是站在世界之外的神创造的，它是本始以来，自然而然存在的，而且是会变化的。这是中国“天教”和“自然教”一个最为突出的特点。就中国本土宗教而言，祖宗崇拜是中国宗教最基本的特征，体现祖宗崇拜的最重要的观念就是“孝”。这方面出现根本性变化的时期是周朝，在商周文化之前，我们的“孝”主要是对帝王家的祖先的祭拜、祭祀，包括对它的政治传统的继承，这叫“孝”；到了春秋时期，至少可以明确地说在孔子的时代，孝的观念发生了变化，开始重视对自己在世的父母。但不管是对帝王祖先的孝还是对自己父母的孝，“孝”的观念都构成了中国人宗教观念中最核心的内容。春秋战国以后，特别是秦汉以后，通过儒家思想家们不断的解释，孝的观念发生了一些内涵上的变化：比如孟子讲“不孝有三，无后为大”，这个孝的观念，从对祖先的崇拜、到对家族的延绵不断的生命线的关注；《诗经》中有“瓜瓞绵绵”这样的诗句，都是讲子孙兴旺的。这种观念在中国哲学经典《周易》中表现出来就是“生生不已”的思想。所以中国人对“天教”或“自然教”的认识就是“生生不息”，这样一种观念可以说是中国人对自然神性的基本认识，中国人对“子孙的绵绵不绝”的期望，构成了中国人最朴素的宗教观，也是最有生命力的观点，因而也可以说是中国本土宗教最主要的观点。

在这基础上形成的民间祭祀文化，也有一种泛神论的观点，就是“头上三尺有神灵”。这句话的真实意思是说，我们做一些事情如果太违背良知、违背人的基本的道德底线，你就会担心有个神灵在看着你、会有报应。所以中国祭祀文化中的这种泛神论思想，也在约束很多人的行为，因而可以看作普通人做事的道德底线，这是中国本上宗教的基本内涵。但中国古代社会是一个比较开放的社会，从汉以后引进了佛教。佛教引进以后，中国的宗教观点发生了变化，佛教有天堂、有西天的极乐世界、有地狱。天堂和地狱就慢慢构成了我们中国人的一个宗教观念，然后慢慢产生了报应的观念，就是福有福报、祸有祸报，不要做那些断子绝孙的事情，构成人的基本常情。佛教报应的基本观点，对中国人产生了深刻的影响。佛教里面有观音菩萨、西天佛祖等，也慢慢形成了人格神的观念，这是从印度引进来的佛教。受印度佛教的刺激，中国本土的宗教——道教也慢慢兴起，道教在精神结构上与佛教有类似的地方，思想家老子就变成了太上老君，庄子就变成了南华真人，这样就慢慢形成了一个有神仙谱系的宗教，这是由于受佛教的影响，中国的宗教观发生的变化。

但即使变化了，中国宗教中那种不依赖外在神灵的思想，仍然得到了变相的继承。所以在佛教中国化以后，特别是禅宗，强调“依自不依他”。就是说即使我要修行，我也不是靠佛祖拯救，而是要靠自己的努力，这就是依自不依他。中国的道教，特别是唐代出现的内丹，宋代以后，内丹外丹结合成“丹学”（就是让人长生不老、成神仙的一种学问）。在“丹学”里也有这样的观点，叫作“我命在我不在天”。中国的宗教特别强调对自我主动性力量的依靠，这恰恰是儒家“成己成人”的思想在宗教里面的体现。所以，从宗教的角度看，中国人引进佛教以后，也有人格神，也有报应、天堂、地狱等这样的思想，也就是说一些宗教观念发生了变化，但是强调宗教信仰个体自我拯救的思想，与一神教里依赖上帝的恩典、拯救和启示的观念比较，还是不一样的。从泛化的视野里来考察宗教的多样性，对西方的宗教观将会有巨大的冲击。所以我觉得，需要在中西之间展开宗教的对话。至于他相不相信、接不接受我们的宗教观，我觉得这个没有关系，重要的是通过对话让他们知道，这也是一种宗教。因此，大家对宗教应当保持一种宽容的态度，避免像早期宗教那样把“异教徒”当成一个非常坏的现象。希望通过宗教对话，我们可以形成一个宽容的、多元的宗教观。

Zachhuber: 吴教授的开场白是从批判“宗教”这个词开始的。在吴教授看来，西方“宗教”这一术语是有问题的，它不足以描述东方的宗教情况，在这一点上我与吴教授的观点是一致的。这一术语是在几个世纪以前被引入到比较研究中的，显然其研究范式是西方宗教，或者更准确地说是基督教。其实在很长的一段时间里，西方学术界已经意识到这一术语并不能够很好地描述世界其他地区的宗教。但与此同时，试图使用另一个术语来避免“宗教”这一术语的不足，这种尝试也并不成功。因此，当我们在思考宗教时，要真正地意识到，宗教并不是哲学的、普遍性的概念，宗教是有多种不同版本的。我们在对比东西方宗教时发现，宗教有不同种类，而非同一宗教内部的不同特点。这是我们在研究、思考宗教现象时必须注意的。

刚刚是关于研究方法的一些回应。我想要指出的是，西方背景之下的宗教可以简称为亚伯拉罕宗教，因为亚伯拉罕在犹太教、基督教和伊斯兰教中都是至关重要的角色，这三大宗教都认为自己源自亚伯拉罕，亚伯拉罕生活在大约三千年以前。西方也承认有其他宗教，比如中国的宗教，而且直到现在它们都存在。但是，对于我来说非常不同的一点，是吴教授刚刚提到的中国宗教的祖先崇拜。我需要就这一不同之处进行更多的思考。

将东方宗教视为自然宗教，将西方宗教视为一神论宗教，这一说法是不太稳妥的，因为自然崇拜也是西方宗教历史的一部分。但是，在犹太教、基督教和伊斯兰教的发展过程中，它们都极力反对自然宗教，这种对自然宗教的反对似乎都写进了它们的基因里，就是要通过反对任何形式的自然宗教来捍卫自身的宗教。

这三大亚伯拉罕宗教的共同之处在于，首先，它们都信仰唯一的上帝，这对于一神论来说是非常重要的。当你信仰一神论宗教时，你就会产生一个人格神、一个神圣的存在与其他事物之间的对立、二分。这唯一的、神圣的人格神是单一的、超越的，是与世界完全不同的。在将亚伯拉罕视为世界的创造者这一点上，亚伯拉罕宗教与中国宗教是非常不同的。一神论宗教认为最重要的就是这唯一的神，其他一切都来自它，因此，它是最高的神，最值得人们崇敬。人对于上帝有直接的义务，要服从上帝的诫命。

有人认为，一神论宗教有“不宽容”的倾向，但这种不宽容似乎是必然的，当你信仰一个唯一的、超越于这个世界的存在时，就会认为每一个人都应该去认识他、去崇拜他。在这种情况下，不追求某种宗教普遍性是困难的，认为上帝只是对我来说是真的，但与此同时其他人对上帝可以有不同理解，我们很难赞同这样的观点，这有点像哲学或科学之间的不同。

吴根友：的确，我在多种场合讲到，当今全球化的过程中，如果说文明之间有一些根本认知上的差异，可能就是中华文明所代表的这样一种“大自然”文化，和由神创造的世界这样一种神创论——这两种观念之间的矛盾和差异构成了整个全球化文明的根本差异。这个差异不一定要保持着矛盾和冲突的状态，但这个差异是真实存在的，这个差异要怎么消减、怎么融合，这不是一两天，也不是一两年的事，可能需要很长时间的经济、文化交流，看看能不能达到和解，我们希望能达到和解，目前我们不敢这样乐观地讲。在中西宗教观念的比较过程中，可以看到这两种根本性观念的差异，这就是整个人类文明之间存在的两种最基本的观念差异：一个是神创的世界；一个是这个世界自古以来就是这样的，而且它生生不息、不断地变化，人是这个自然的一部分，所以我们有天人合一的思想。这就构成了中西文化的根本冲突，所有今天政治、文化、艺术的差异，都可以追溯到根本性的源头上。上午为什么讲宗教与文明的关系？因为我们所有的文明、不同类型的文明都与最终的宗教观念有关系，这样一个神创的世界和一个自在世界、自然而然的世界导致了两种不同的观念，中国人对宗教的认识与一神教文化和文明传统里的认识是非常不一样的。可以说正是对于宗教的理性的应用和控制，构成了中国人对宗教功能性的特殊认识。

上古时期可分成两个阶段，大约在西周中期，或者说前中期，政治的力量把所有多神教的信仰控制在国家的手中，有一句话叫“绝地天通”。其真实的内涵就是把每一个个人与天地之间可以感应的这种感通渠道，由中央王权全部垄断了、控制了。换句话说，你们不能信在各自家里信奉的那个神，必须由国家统一规定，必须信国家政权选择并相信的神。所以“绝地天通”就构成了周王朝整个早期政治权力对宗教信仰的垄断，这是周王朝前中期的事情。“绝地天通”这个说法在《国语》中是有记载的。第二个阶段就是我们看到的《周易》这本书，《周易》包含着《易传》，《易传》里面有一段非常重要的话，叫“圣人神道设教以前民用”。圣人就是有最高智慧的政治家，他是宗教的创设者，他怎么创设呢？“神道”，“道”本来是很抽象的、最根本的真理，我要让它变得很神圣，要让很多老百姓理解我讲的这个道，所以叫“神道”，然后我设定一种宗教。“以前民用”，就是说引导人们来跟着我所设定的宗教行动，然后跟着我这个政治首脑。可见，周王朝的政治家很清楚，抽象的道理无法通过讲理的方式来让百姓接受，通过宗教的方式来引领人民很有效。周王朝对于宗教的两次改变，非常有力地发挥了宗教在政治上的控制作用与团结社会成员的作用。

东汉以后，外来的佛教逐渐出现，还有我们自己本土的宗教，再加上儒家思想，所以整个汉朝以后的中国政权，特别是东汉以后，有三教现象：各级政府都是采取三教并用的方式，中央朝廷也是佛教、道教、儒教都用，但是没有哪一个宗教成为国家的宗教。我们的政治力量对宗教的利用是非常巧妙的，你可以说它是多元化，也可以说它是包容的，但它同时也是一种利用关系。如果我们今天去湖南衡阳南岳衡山旅游，就可以看到，它里面有一个庙，庙里既有道教的仙，也有佛教的佛，还有儒家的圣人孔子，就是说三教的“神”都在一个庙里，这在基督教这种一神教的系统里是不可想象的，但中国就有这种真实的事情。

宗教在政治上的功能是受政治理性控制的，在民间更是一种多元信仰的状态。一个人可以在考试的时候去拜孔夫子，想发财的时候去拜关公，求佛祖菩萨保佑平安，找道教求长生不老。一个人可以有很多种宗教信仰，一个家庭成员也可以信多种宗教，不会发生冲突。在民间，也常出现多元信仰集于一身、集于一个家庭、一个社区的现象。在中国社会，多元宗教可以并存，而且不会发生矛盾冲突现象。这种现象主要是源于我们在政治上允许多元宗教并存。而且非常有意思的是，传统中国社会里，凡是把某一种宗教作为国教的王朝或者某一位君主，那个王朝的政治治理就很糟糕。历史上是不乏其例的，比如说唐代中后期，唐玄宗信道教，结果唐玄宗后期就发生了安史之乱；明代明世宗信道教，吃丹药，结果暴死。中国传统社会的政治家是非常理性的，绝对不把某一种宗教作为主导，而是各种宗教都利用。在这点上，中国的宗教历史与西方社会基督教跟国家政治的关系有非常大的差异。在中国的文化中，基本上是以理性的态度来对待宗教的，不反对宗教，允许多种宗教并存，但决不把某一种宗教作为绝对的力量来控制社会、控制人。

Zachhuber：好的，我现在对吴教授的观点作一个回应，这确实是东西方之间比较大的区别。亚伯拉罕三大宗教都有一种非常强烈的观念，就是个体要全副身心地奉献给上帝，也就是全身心地投入一个宗教。

我现在稍微作一点澄清，官方的意识形态与人们的现实生活是不同的。有大量的证据能够表明，西方人也会像中国人那样去做。我们上午就提到，现在人们仍然会通过星座来了解未来可能会发生什么，这一做法是非常流行的，尽管在官方意义上，这一信仰或者做法与基督教信仰的基本信条是不相容的。即使到了现代，像开普勒这样的科学家，也会通过观察星象，并以此为根据来为当时的统治者做出政治事业方面的建议，由此来获得一些收益。其中的一个原因可能是，人们认为，没有任何一个现存的宗教能够满足他们个人生活中的所有意图或所有需要。在我们所处的这个时代，在西方世界，对人们宗教信仰的选择权做出限制的政治力量几乎消失殆尽了。现在的趋势就是由自己去选择、去混合。西方人直到现在都愿意在教堂结婚，让他们的孩子在教堂受洗。总之，当谈到西方的宗教时必须注意区分：在意识形态层面或者理论层面人们只能信奉某一种亚伯拉罕宗教，但在现实或者说实践层面，人们甚至信仰的是某一宗教内部的某一个小组织、小群体。比如，如果你是罗马天主教教徒，那么你的全部生活都应该围绕那一特定的教堂来展开，但几个世纪以来，人们已经不这样生活了。

我想起之前的一个学生给我讲述的发生在非洲的一个故事，这个故事可能发生在当下世界的任何其他地方。在非洲一个地区，既有基督教社区又有穆斯林社区。这位学生就问当地的一个小男孩：你的宗教信仰是什么？这个小男孩回答说，我妈妈是基督徒，我爸爸是穆斯林信徒。一般情况下，我会跟着爸爸去清真寺，但在斋月期间，我就跟妈妈去教堂，来避开斋月期间的各种约束。不过，我们谈论到的所有这些内容并不是要否认东方宗教和西方宗教中有重要的差异。

三、宗教与世俗关怀

吴根友： 的确，世俗层面的宗教和国家意识形态层面的宗教是有区别的，刚才 Zachhuber 教授讲到了宗教在民俗层面，也就是说宗教作为一种文化、一种风俗的实际存在状态，可能人们也就习惯了，没有想那么多。“受洗”在中国社会也有，包括佛教、道教，甚至儒家的一些习惯，由官方的文化变成了民间的习俗，在文化学上就叫大传统对小传统的影响，这种情况也有。中西宗教在生活中虽然可能存在这样一些相似的地方，但作为主要的文化，官方的，或者通过官方教育而形成的民族精神深处的一些精神观念，恐怕还是有很大差异的。比如说，在中国文化里，基本上没有一神教中“末日审判”的观念。亚伯拉罕宗教说，这个世界有一个上帝在末日审判你，你干了坏事情，总有一天会受到上帝的审判。但在中华文化传统中很难找到“末日审判”的观念。曾经有一些学者说，今天的有些中国人天不怕地不怕，什么都敢吃、什么都敢骂，为什么呢？因为没有“末日审判”，因此，如果我们引进基督教“末日审判”的观念，人们在做坏事的时候可能会收敛一点。当然，只是说有这样的一些看法，事实上，真实的情况未必就是这样。因为在一神教的传统里，也会有一些人什么都不怕。

从宗教比较的观念上看，受不同文化传统的影响，中西方的人们在一些根本性的观念上的确是不一样的，由于中国社会没有“末日审判”的观念，我们绝对不会有“在未来的某一天算总账”这样一个影响你灵魂深处的观念。中国人虽然没有一神教里而“末日审判”的观念，但中国人是不是因此就胡作非为呢？也不是，中国人另外造就了一种朴素的观念——叫“善恶报应”。这个观念很早就产生了，在道家思想家老子那里就有“天道好还”的说法，你做的事情最终会报应到你身上，所以叫“天道无亲，常与善人”，就是说天道本来是没有感情的、没有人格神的力量，但是它常常帮助那些好人。这就是最朴素的报应的思想、报应的观念。而佛教有“轮回”的观念，这是佛教引入中国之后的事。“轮回”就是说，如果你在此世做了坏事，那你就会坠入畜生道；如果做了好事，那你就能往生西天极乐世界。坠入畜生道之后，再次轮回投胎到人间，你可能长得丑、没钱、又短命。那怎么办呢？你就要修行，这样，来世你就可能会得到好的报应。佛教的“轮回”，就是通过自己修行来改变自己命运的观念，可以说深入人心。所以，中国社会中就存在这样一些观念，包括佛教的“轮回”观念、传统的善恶报应思想，包括在道教里，修行得好就能够变成神仙，修行得不好就会堕入地狱。所以在中国的传统文化里，虽然没有“末日审判”的观念，但是，由这样一些简单的善恶报应观念，再加上佛教强化的“轮回”观念，就构成了中国人基本的道德良知，做事的时候留着底线，有神灵在看着我们，如果做得不好，或者太过分，会遭到恶报的。

所以，从宗教与文明的角度来看，宗教对一个民族道德底线的维护是极有价值的，虽然从比较宗教学的视野来看，我们没有一神教的“末日审判”观念，但有其他一些宗教观念来保护我们普通人的道德底线。

当然，宗教里面也有很有意思的现象，除了“末日审判”“轮回”思想，还有神仙下凡的故事。神仙世界很无聊，神仙们看到人世间很热闹，所以七仙女就下凡到人间找到董永；也有像嫦娥这样的，她觉得人间很讨厌，于是就偷了灵药跑到月亮上去做仙女了。人和神的世界、人和超越的世界可以一气流通、可以轮回，这个观念跟基督教世界是很有差异的。我们在比较宗教学的视野下，可以看到中华文化里非常有意思的一套宗教观念、人生在世的观念。然后，我们再来看基督教的那些故事，也就不会惊讶地发现，原来那个世界还有另一套东西。我觉得，在比较宗教学的视野下，我们不要简单地丑化、矮化中华的这些宗教传统，也不要敌视一神教的传统，在这里要采取一种包容的态度，来看人们在此世怎么样按照一种良知的态度去做事，然后得到一个非常好的人生结局。这样一种观念（无论是“报应”的观念，还是“末日审判”的观念）都是宗教给予我们的精神理想，这种理想让我们得以维护人类共同生活的基本道德底线，有差异，没关系，大家维护的还是人类的基本道德底线。所以，比较宗教学可以给我们提供一个更加宽广的文化视野，可以通过不同的宗教途径达到维护善良意志的结果，这种比较，我觉得是有价值、有意义的。好，在这个问题上我就讲这么多。

Zachhuber: 我现在对吴教授内涵丰富、视野宽广的讲述再次做出回应。

首先，东方宗教，或者说中国宗教有着更加实用主义的态度，一神论宗教是非实用性的。但是，同样地我们在做出任何一个全称判断或结论时都要小心。在基督教发展的几千年历史里，它必然也会妥协、也会去适应。可以这样说，始终存在着一个必然性或者说绝对命令，也就是个人需要为他的信仰去行动、去辩驳。这可能也是基督教的一个优势所在，它使得基督教没有那么偏向实用性。

在4世纪，罗马帝国的君士坦丁大帝将基督教定为官方宗教，他是有政治意图的，因为当时罗马帝国正处于危急时刻，他希望基督教能够使帝国恢复统一。尽管从长远的角度来看，这一政治尝试是成功的，但从短期效果来看，是不成功的。君士坦丁可能会认为，将基督教引入政治领域的做法是愚蠢的，因为与给帝国带来统一的要求相反，基督教社群内部充满分歧与异议，他们会因为基督教的基本信条产生争论。可能有人会认为，在被帝国镇压多少年之后，从少数派宗教变成了官方宗教，基督教现在极有可能变得繁荣、变得富有影响力，因此基督教会变得实用一些，会做出一些妥协。但是"妥协"这一词汇在重视真理、重视对真理信仰的基督教里并不那么行得通。在十六、十七世纪的宗教战争时期，也有类似的情况。当时的国王们十分希望一些宗教人士能够变得实用一些，以使得问题在一定程度上得到解决，但基督教的实用性妥协从未发生。回过头来看，国王们可能会嫉妒那些对待宗教更具实用性态度的国家。

但是西方宗教的不实用，也是其力量的源头，因为不实用意味着非常有原则性。有些时候妥协是非常重要的，但有些时候，要有勇气、有信念，为自己的信仰而辩护。西方宗教里有殉道者，他们勇于表达自己的信仰，宁愿以身殉道。当然，这是非常极端的事例。妥协有其积极的作用，但是一神教宗教始终认为存在一个人格的、普遍性的上帝，每一个人与上帝建立联系十分重要。

其次，谈到道德。我同意吴教授的观点，所有的宗教与道德都有紧密的联系。宗教支持道德的方式有两种：第一，宗教有助于保持道德传统。有些时候，道德与传统是相似的，因此道德意味着听从父母、祖父母或者牧师，因为在他们那儿有好几代人积累起来的智慧。这意味着道德秩序的稳定。第二，宗教会告诉人们打破传统是重要的，即使这是痛苦的、是困难的。可能，中国的道德传统更偏向于第一种类型，注重道德规则的持续性、延续性，道德规则总是保持着适用性。而西方宗教则更能够教导人们在困难时刻、在矛盾冲突的时刻做出道德选择，指导人们遵循绝对正确的道德律令。

再次，关于时间的观念。吴教授提到，西方宗教中有“末日审判”这一观念。这是中西方宗教之间基本的不同。东方宗教的时间观是循环的，这一时间观基于相同事情的再次发生。而西方的传统则是线性时间观，从创世起，历史就从某一点开始，而且是一个不断进步的发展进程。有关时间的不同理解对人类生活的多个方面产生了影响。线性时间观会认为个体是创世开始之后的某一个时刻，之后经过历史，走向终点。线性时间观也可以解释西方与东方祖先崇拜的不同。循环时间观更加重视连续性、相继性，发生在先辈身上的事情也会发生在后辈身上。但对西方传统来说，一个超越于时间和空间之外的上帝是非常重要的。这也是吴教授所强调的中西之间的差异所在，就是西方的创世观念。另外一点是，线性时间观认为人会走向一个终点，最终会由上帝来审判一个人一生的作为。亚伯拉罕宗教认为，在最终审判之后，人会进入另一个未来，经过复活，会重生。这其实也是线性时间观的延伸。

吴教授还指出，轮回转世说不仅是印度教的特点，在西方也非常普遍，在基督教出现的时候这一观念就存在。有很多关于灵魂不朽的争论，比如灵魂将会返回，会住进另一个不同人的身体里。但很有意思的地方是，所有的一神论宗教都反对这一信念。为什么亚伯拉罕宗教与转世轮回说不相容，就是因为他们的线性时间观。面对上帝，一个人用自己的一生来担负起责任。不论你活多少岁，都对上帝负有独特的责任和义务，这是上帝给你的时间。

谈论了这么多，我认为宗教之间的不同是能够相互补充的。东方和西方的宗教有各自的力量，能够支撑起独特的人类生活或者文化的某些方面。可能，东西方宗教都有其自身的困境，那么通过对话，可以帮助我们相互学习、相互提升。

四、宗教对话与文化理想

吴根友：时间很快，一个半小时差不多就到了，最后我们简单地讲讲在宗教的比较中间，我们应该形成什么样的理想文化，以及我们应该具备的包容观念。刚才 Zachhuber 教授的提醒很重要，就是西方“末日审判”中“复活”的概念，中国人是比较缺乏这种观念的，但是《周易》哲学给我们的一个非常有意思的观念就是“既济未济”，就是说，一件事情我们完成了，有了一个结果，但是面对无限的宇宙它是“未济”，永远处在未完成的过程之中。这是《周易》给予中国人的一个非常重要的观念，我们永远处在变化之中，虽然我们没有一神教的时间观，没有“过去、现在、未来”这种线性的时间观，但是我们有一个有限与无限的对照，或者说有限始终向无限开放的这样一种观念。所以中华文化中的宗教性是一种非常有意思的观念。

另外，我还想补充回应一下，虽然中国的宗教讲实用，但我们确实不能把中国宗教简单归结为实用性宗教，因为中国宗教实际上还是有超越性的东西的，虽然这种超越可能跟西方不一样。比如说佛教就有“沙门不敬王者”的观念，一个出家的僧人见到国王是不需要去叩头的，顶多作个揖就可以了。儒家思想作为一种宗教性的信仰也有“道高于势”的说法，就是说，儒家相信绝对的真理——“道”比现实的政治力量更有价值，更值得坚持。这一点与亚伯拉罕和一神教里的不妥协精神，也有相似之处。所以，带有实用主义色彩的中国宗教精神里也有理想性的一面，这是一个简单的回应。

我着重要讲的是在宗教比较中我们怎么样形成一种包容的观念。刚才我们讲了，中国与西方相遇、西方与中国照面，在这一过程中，绝大多数中国人，或者说受传统文化影响很深的中国人，是不太相信创世说的。但一神教有创世说，你让有一神教信仰的人们不相信这个也很困难，那么这两种文化相遇了，我们怎么办？是不是要打仗？是不是把你消灭了？或者你改信我的宗教，是不是这样呢？我觉得不一定要这样，即使西方（这里的西方是广义的）宗教文化自身，基督教、犹太教，包括中东的伊斯兰教，它们在长期的历史过程中也慢慢形成了宗教宽容的观念。所以我觉得，近现代西方文化中有一个非常重要的文明遗产，就是宗教的信仰自由和宗教宽容，就是说，在信仰层面，你信仰你的神，我信仰我的神，但现实中间我们可以有经济的、贸易的、政治的交往，宗教信仰上的宽容和自由构成了我们在一个差异的宗教文化观念下可以和谐、和平共处的基础。所以在这点上，传统宗教里面一神教与泛神论所构成的矛盾、信教的教徒与异教徒之间的矛盾，以及古典一神教认为异教徒是不可信的，等等，在今天都有所改变。一神教传统也已经对异教徒采取了一种宽容和信任的态度。

在中国文化中，讲宽容比较容易，因为中国特别强调杂多的统一，我们知道五味可以调和、五音可以调和，中国文化有一种智慧，就是重视和谐的思想。“和”这个概念是建立在承认差异的前提下，我们能够协调相处。在这样一种文化传统之下，我们中国文化才有三教或五教在一起和平共处。中国文化中也包括了伊斯兰教，明清以来也有基督教，包括现世中国的制度框架里，五大宗教可以说都有自己的位置。互相之间你信仰你的神、你在你的道场里做信仰相关的活动，这些都没有问题。所以我觉得，就中国文化而言，是建立在承认差异基础上的和谐文化，这样一种文化完全可以与西方现代文明发展起来的宗教宽容和信仰自由达到文化层面的理解与沟通，虽然我们传统社会没有发展出宗教宽容和信仰自由，但是中华文化“和”这个概念的精神里，为宗教的和平共处提供了条件。他们在事实上是自由的，反而就没有必要再提出宗教信仰自由的观念了。

这里再稍微介绍一个小插曲，就是康熙皇帝与来华传教的耶稣会传教士之间的“礼仪之争”，实际上这个“礼仪之争”是由强势的罗马教廷导致的。利玛窦等一批耶稣会传教士到中国来传教本来没有任何问题，由于当时梵蒂冈的罗马教廷不宽容中国的祖宗崇拜，一定要按一神教的方式把中国的祖宗崇拜抛弃掉，要中国人接受一神教，这才导致康熙皇帝最后下令驱逐耶稣会传教士。这样就使中华文化跟西方文化的交流中断了，这个中断的责任不能完全归结在当时的中国一方。从“礼仪之争”这样一个历史的经验教训中我们可以再次看到，在处理有不同宗教信仰的问题时，持有宽容、和谐相处，以及互相承认这样一种态度是很有重要性的。现代西方哲学家海德格尔有一个非常重要的观念，就是对于他者、对于不同于自己的东西要“泰然任之”(Let it to be)，这种精神其实在中国的几大思想体系中早就存在。像《中庸》

说的“道并行而不相悖”的观念，就是说你有的道、我有我的道，并行，就是说大家都在一起和谐相处，比较友好地处在竞争状态之中。

今天在全球的政治、经济高度联系（包括互联网）这样的世界之中，又面临着上午 Zachhuber 教授讲到的那种“本土化”的问题——就是每个民族都有自己文化的自觉，这时我们怎么办？这时，宗教宽容、信仰自由，以及中华文化所有的这样一种“一多相即”、差异中间可以形成的和谐关系、“道并行而不悖”的思想观念，就可以让我们避免因为文明的差异而导致的冲突，尤其应当避免的是因为文明的冲突最终上升到人类政治集团之间的战争。在这一点上，我们在承认宗教差异的时候，不要去鼓励宗教差异发展成为宗教冲突，更不要把这种文化的冲突推向政治的战争，这是我们在讲宗教对话时一定要避免的一种倾向。承认差异，维护和谐，相互承认对方的价值，构成一种宽容的文化，这是宗教对话要必备的一种心态。通过承认差异、承认对方的方式来构成一种多元的世界，这是宗教对话的价值和意义所在。因此，宗教对话是学术性的，但还是有强烈的现实关怀。

Zachhuber: 刚才吴教授已经做了完美的总结。再次感谢吴教授给予这次对话机会，在这个过程中，对于中国长久的、复杂的历史我有了更好的了解。中国有着“三教合一”的传统，在这种意义上说，谈论中国的宗教应该用复数，而不是单数。其实，在西方也有类似情况，我们用单数的宗教来称谓西方宗教，其实是不够的。但是我想，我们只需回顾自身的历史就会发现，在我们自身的传统中，比如世界某个地区、某个国家，总是存在着多元性、多样性的宗教或文化，它们是我们的文化遗产。这使我抱着一种希望，它将有助于我们解决全球化过程中的一些问题。当然全球化是更高层面、更广范围的趋势。但我认为我们所面临的不是如下这样的情形，即从一个封闭的、总能够达成共识的传统转变为如今这样一个大熔炉式的、总是充满争议的现状。毋宁说是这样的，世界的每一个部分都有自身的历史，多样性、多元性，我们甚至可以通过学习，研究我们自身的多样性历史来把握对话和宽容的重要性。它们可以适应于当下的情形，有助于我们解决 21 世纪全球化过程中的问题。

五、互动提问

黄超：我想问 Zachhuber 教授，我们的讨论还没有讲到文字材料里面的一段话，就是在现代西方最有影响力的政治观念之一，是比较单一的宗教为社会提供稳定性，不然社会就会四分五裂，我想您能不能结合具体的现实来谈一谈您对这一观念的看法。

Zachhuber: 谢谢主持人提到这一点。在过去的五百年里，西方现代政治思想史上一直有一个非常有力的观点，就是社群、国家的统一会受到威胁。原因很可能在于，很多政治思想家持有个人主义的世界观，他们认为人最初是独立的个体。不过，这不是我回应的重点。重要的是，霍布斯、卢梭，以及 20 世纪的思想家都对“稳定”充满了担忧，他们认为决不可以把稳定视为理所当然。那么，如何能够保持稳定？有一个非常重要的观念就是一个地区或者国家需要一个共同的宗教信仰，因为在某种程度上，意识形态的统一能够克服个人主义对稳定造成的威胁。当我们回看欧洲历史，会发现这一观念是如此强有力，在过去几个世纪里都有很深远的影响。国家必须建造教堂，一个国家也必须是天主教的或者新教的。我认为这一点对于理解过去五百年来的西方政治思想非常重要。

但在我看来，比较有趣的一点是，当一个地区或者国家不能够以单一的宗教来建立认同感时，通过宗教将人们凝聚起来的观念仍然是存在的。美国就是一个很好的事例。在美国历史的初期就存在着多元宗教，法律上也不允许任何一种宗教被政府赋予政治权威。但是，仍然会需要某种统一性的宗教，因此“公民宗教”（civil religion）这一概念被引入。美国可能最能够说明，尽管不想在建制层面上诉诸统一的宗教，但通过某种宗教来使得一个国家稳定、具有认同感的观念仍然存在。

提问 1：我有两个问题，一个是问 Zachhuber 教授的：您对文化和文明这两个概念如何区分？第二个是问吴院长的，您今天在谈中国宗教观念时儒释道三教都提到了，那么把儒家思想当成一种宗教观念是否合适？

Zachhuber：“文明”这一术语，我在自己的著作中使用得并不多。当然，文明是今天对话的标题之一。我在准备今天的对话时，我也问自己，如果把文化与文明互换是否可行？我的回答是肯定的。当然，如果我们有机会进行更长久、更深入的交流，我们会发现文化和文明之间的不同。但是，如果这位同学问的是我个人的观点，对我来说，讨论“宗教与文明”和讨论“宗教与文化”，并没什么不同。

吴根友：刚才这个同学提的问题，说它复杂也复杂、说它不复杂它也不复杂。我在开始时就讲到，我们把 religion 这个词翻译成“宗教”，导致我们对“宗教”的理解受到西方的影响，如果按照一神教观念的“宗教”来理解的话，那么儒家显然不是宗教。问题就在于我们从什么样的“宗教”观念出发，如果我们把“宗教”这个观念变成比较宗教学的，把它放在全世界多元宗教的视野下来加以理解，那么儒家的思想也可以算作是一种宗教。说儒家是宗教，这种说法也不是我发明的，新儒家的重要代表人物唐君毅先生，以及杜维明先生，他们都在讲儒家的宗教性。唐先生讲儒家的宗教可以归为一种类型，叫“人文宗教”，唐先生的作品里是有这个概念的。杜先生跟他的老师唐先生的观点有点不一样，他跟现代西方学者的交往可能更多一些，所以学术上可能也更严谨一些，他谈的是儒家的“宗教性”，也就是在“宗教”这个词后面加了一个现代汉语的“性”字，在这点上来阐述儒家作为一种具有“宗教性的”“人文宗教”，它与有庙堂、有祭司、有神职人员这样一些有教会组织的宗教显然是不一样的，就是说从组织层面来说肯定是有区别的。但是儒家的人文宗教里面有一个特点，就是对祖宗的崇拜、对祖宗的祭祀，还包括对山川河流等一切神性的东西的祭祀，这种祭祀、这种终极信仰不能用科学去证实，从这个角度讲，儒家具有一种宗教性。所以我们也可以“方便地”把它称为“儒教”，这是在学术层面上对你的回答。

在现实生活中，韩国现在就有一种儒家思想研究宗教化的倾向，这跟韩国的国家政策有关，就是如果你把儒家变成一种宗教，它的所有儒家社会学术传统的组织就可以免税，所以韩国社会内部有一个推动儒家宗教化的社会运动，能不能成功还不知道，我是从学术界知道他们是这样做的。东南亚的印度尼西亚也是这样做的，印度尼西亚这个国家现在基本上是把儒家当成一种宗教，而且宗教财产，以及相关的东西是免税的。就是说，东北亚、东南亚的少数国家正在推动儒家思想宗教化的这种趋势，让我们有理由从经验性的角度讲儒家的宗教性问题，因此把儒家思想称之为儒教也未尝不可。在当代中国的学术界，我们就需要扩展我们对宗教观念的理解。

提问 2: 我问 Zachhuber 教授这样一个问题，你刚才谈到亚伯拉罕的宗教，他们可以推出他们基本的时间观念，叫线性的时间观念。我现在想问的是，这个线性的时间观念是单线的还是多线的？因为我觉得单线和多线将对整个世界的未来发展会有很大的不同。另外一个问题是，上午谈到未来宗教是否还会存在的问题？你给了一个很聪明的回答，说，未来是在制度化和个人化之间，有这样一种可能性。我现在想问的问题是，你如果回答的是个人化的宗教，我觉得是一个心理学的回答；而我们在讨论制度化的宗教的时候，包括我们在讨论"宗教"这个概念的时候，我觉得更多是在文化学意义上的讨论，就像刚才有位同学在问文化与文明的概念问题一样。我想包括在中国文化里面，从"宗"和"教"这两个汉字中我们能看到的都是群体性，所以我的意思是，如果你回答的是个体化、个体性的宗教，是不是已经把宗教消解掉了？这是我的问题，谢谢！

Zachhuber: 从东西方的时间观差异现象出发，给出循环时间观和线性时间观的对立这一结论，其实是一种简化了的说法。很显然，西方也有循环时间观的因素，例如日月天、四季的轮回等。而东方宗教中也有一定的线性时间观因素。因此，认为东西方这两种时间观是相互排斥的，是过于简化的说法。具体来说，线性时间观肯定是按照一个单一的方向发展。线性的、进步的发展始于上帝创世，而近东地区的一些宗教则持有非线性时间观，甚至在柏拉图的《蒂迈欧》里也有类似的循环时间观。犹太教、基督教和伊斯兰教则认为上帝在某一个时间点上创造了世界，并朝着一个单一的方向发展，不会返回，只会一直向前。我再补充一点，尽管我们在谈论西方神学思想的世俗化，但有很多人在论证，宗教神学思想中有关历史进步的观念其实来自早期的神学思想，这种历史进步观，尤其是在十九、二十世纪变得流行起来，其中包括马克思主义的历史观。

关于个人化宗教和制度化宗教之间的张力，这确实是一个很大的问题。但我想说的是个人与社群（community）之间的关系。我不会同意宗教已经变得彻底个人化这一观点。的确，宗教在西方的大多数国家已经变得非常个人化，个人的宗教性（individual religiosity）已经成为个体的事情，由个人自己来决定。但与此同时，有很多证据表明，在如今个人化的世界里，人们想要进入群体或者说社群，想要获得友谊，想要与他人相处，想要避开完全个人化的生活方式。当下人们会转向宗教的一个原因就是宗教提供了与他人建立共同意图的可能性。从严格意义上讲，社群并不像传统的教堂那样是制度化的。我想说的是，对当下许多西方国家来说，个体化并不是宗教的唯一因素。

黄超：两个小时非常快，结束之前让我们首先用热烈的掌声感谢两位学者带来的精彩对话。两位教授用了两个多小时的时间，把中西宗教最核心的观念梳理得非常清晰、非常系统，使我们能够在对中西宗教观念比较的过程中，感受到它们之间是可以互相借鉴和补充的，通过对西方宗教观念的了解，可以更好地理解中国的宗教观念，反之亦然。所以从这个角度来说的话，这样的宗教对话并不像有些学者说的那样是“鸡同鸭讲”，这样的宗教对话，更多的是把不同的宗教、不同的文明当作一面镜子，通过对照这样一面镜子，我们可以更清晰、更好地完善自我，我想这是宗教对话非常重要的意义，当然还有其他的一些现实和理论方面的意义。

我们的对话马上就要结束了，感谢所有参与对话会议和提问的同学们、老师们，感谢翻译老师，还有从很远地方赶来的嘉宾，最后，让我们用热烈的掌声感谢所有参加今天对话会议的老师们和同学们！

（根据武汉大学“中西宗教观念之比较”讲座整理，整理人：陈杰、王玲玲）

讲座主持：

黄超副教授（武汉大学）

翻　　译：

王爱菊教授（武汉大学）

欧阳霄副教授（武汉大学）

对话嘉宾：

吴根友教授（武汉大学）

Johannes Zachhuber 教授（牛津大学）

中西美学艺术的特性对话

——中德哲学美学家高端对话会

【上半场】

一、引言

欧阳霄（主持人）：各位老师、同学，欢迎大家来到武汉大学哲学学院和武汉大学文明对话高等研究院共同主办的这场座谈会，我是座谈会上半场的主持人欧阳霄。首先请允许我为大家介绍今天参与对谈的嘉宾，他们分别是：德国特里尔大学荣休汉学教授卜松山（Karl-Heinz Pohl）先生，武汉大学哲学学院院长吴根友教授，武汉大学人文社会科学学院驻院研究员陈望衡先生，美学教研室邹元江教授，刘耕副教授，贺念副教授，以及我本人欧阳霄（特聘副研究员）。今天的主题是中西美学艺术的特征，我来主持上半场，主题是“中西美学特征的对话”。下半场由刘耕老师来主持，主题是“中西艺术特征的对话”。上半场和下半场将采取不同的策略。在上半场，我会把一个一般性的议题同时抛给六位老师，邀请他们进行讨论；在下半场，刘耕老师会点对点、有针对性地邀请每位老师谈自己最拿手的领域。希望这样一种多元化的策略，让大家最大程度地听到各位老师的真知灼见。

在抛出第一个议题之前，我想对卜松山先生和吴根友院长在跨文化领域的努力再次予以说明。可以说他们两位是当代中西跨文化研究领域享有国际知名度的重要推手。卜松山先生早在20世纪末就预言到“21世纪的新范式将是跨文化对话”。我在北京大学求学的时候，最早接触到的就是由卜先生编著的*Chinese Thought in a Global Context—A Dialogue Between Chinese and Western Philosophical Approaches*。在这本书中，卜先生汇集了很多的名家，一起来呼吁我们在跨文化研究中要注意“单向输出”的问题。什么叫“单向输出”？就是我们总能看到欧美的理论范畴及价值不断地向世界其他地方输出，但是看不到反方向的输出，因此这是一种单向的输出，而不是双向的。所以在当时，卜先生就呼吁我们要身体力行地进行双向的跨文化研究。在今天，经过前辈学人们20多年的努力，我们已经取得了一些改变。像我们武大哲学院的老师们今年就参加了英国美学学会的年会，以及英国哲学史学会年会，并成功组织了两场关于中国美学和中国哲学史的主题讨论，直接把我们的研究成果输送到了他们的大本营，这在某种意义上就是我们在双向输出方面的努力。但是另外我也注意到一个很有意味的现象，就是在卜先生编著的这本关于中西哲学比较研究的书里面，他主要探讨了关于政治和伦理学的一些话题。美学的话题广义上来讲仅仅有两篇文章，一篇是成中英先生的文章，还有一篇是叶维廉先生的文章。所以我想把这个问题抛给大家，我们美学在这种广义的中西跨文化的比较中，它的意义和地位是什么样的？希望各位老师能跟大家分享一下您的看法，这是我们的第一个议题。

二、中西美学特征的对话

邹元江：这次卜松山先生来讲学，我们特别高兴，他为我们的研究生做了系列的中西美学艺术的比较研究讲座，引起了很好的反响。武汉大学美学学科的跨文化中西美学艺术的比较研究实际上是一个常说常新的话题。刘纲纪先生一直坚持中西方美学艺术互相参照的学术研究理念，他不仅主编过《西方现代美学史》，而且在《周易美学》《艺术哲学》等一系列著作中也将西方美学艺术作为重要的参照加以贯通研究。在他之前的范寿康、方东美、朱光潜更是如此。他们有的直接留学于西方，像朱光潜从西方回来，在武大讲课的时候，就形成了一本书，也是他的代表作《诗论》。这本书被朱光潜称为是自己最得意的一本书，虽然他的其他著作成就也非常大。他这本《诗论》是在武大讲课，后来到北大讲课之中形成的。书中的主要思想是他在英国、法国留学的时候，通过学习西方的审美心理学而反观中国的诗论，意识到其中的重大学术价值而加以阐发的。关于这一点，两年前我在安徽大学举行的纪念朱光潜和宗白华120周年诞辰的国际会上，和很多学者共同讨论过。我当时提交了一篇《论朱光潜〈诗论〉的非对象化审美思维》的论文。这篇文章刚刚在中国台湾的《哲学与文化》第九期发表。除了这些前辈，在座的陈望衡先生，他在近二三十年的时间中，也一直在做中西比较的研究。比如环境美学，他组织了一批这一领域的研究者，集中翻译了国外关于环境美学的一系列著作，后来他又申报主持了关于环境美学的国家社科基金的重大课题，这些都是建立在中西比较这个基础上的。

关于把中国美学介绍到西方，刘纲纪先生的《中国美学史》已经有韩文译本。他应邀在德国讲学所做的《德国美学在中国的传播与影响》长篇学术报告，也由卜松山先生亲自翻译，在德国出版发行。陈望衡先生这么多年来，也长期致力于中西美学的学术交流，他去了很多国家，尤其是西方国家，和世界上很多学者有非常密切的交往，他的《中国古典美学史》也翻译介绍了西方。我们这一辈，像彭富春教授，他本身就是留学德国，他在德国跟着海德格尔的弟子学习海德格尔的思想。回国以后，他有一个很俏皮的说法，就是“告别海德格尔”。告别了以后做什么，就是用海德格尔的思想，用西方的这一套理论来建构中国美学的一个理论框架。实际上他这些年所做的一系列研究，包括论孔子、老子、慧能，中国智慧等著作，都是在这方面的努力。我自己虽然侧重于研究中国美学和戏剧美学，但也是自觉地在中西互为参照的视野里加以研究。我的博士论文《中西戏剧审美陌生化思维研究》就是以西方的黑格尔、布莱希特、俄国形式主义等非对象化思维的观念研究中国戏剧艺术的非对象化、陌生化的审美特征。我的《论意象与非对象化》一书也是在中西美学的对话参照中对中国传统的“意象”美学加以深化研究。《汤显祖新论》一书也参照亚里士多德、康德等人的思想加以研究。《梅兰芳表演美学体系研究》一书更是在中西戏剧的对照中重新认识梅兰芳表演美学的精髓及其问题，引用了胡塞尔、海德格尔、梅洛-庞蒂、英伽登、斯坦尼斯拉夫斯基、梅耶荷德、戈登·克雷等人的思想做比较研究。我们年轻的一辈，像欧阳霄副研究员，他是刚刚从爱尔兰国立大学回来的博士、博士后，他在那里严格地按照西学来进行训练研究，然后把康德和朱熹加以比较作为博士论文的选题，实际上也是一个中西比较的理论研究框架。而且，他自己又很喜欢古琴，喜欢吹箫，喜欢中国画，他研究高罗佩的《琴道》，实际上也是这样一个中西互参的研究范式。刘耕副教授他是从北大来的，本科阶段是彭峰教授指导，博士生期间是朱良教授指导，刚开始关注西方美学，后来又跟随导师研究中国的山水画，尤其是宋代的画论，他的博士论文做的就是这个。还有贺念副教授，他在德国研究的是康德、海德格尔，但事实上是在中国的这样一个文化背景里面来讨论的，而且，他在本科的时候就写诗。也就是说，作为我国美学研究重镇，武汉大学的这些学者，都有一个基本的理念，即在中西美学艺术的比较之中更清晰地认识中国美学艺术的基本特质。这个理念实际上不光是武汉大学的学者所坚持的，而且也是近百年来中国人面对西学的强势话语所领悟到的一个基本的现实。从 1840 年鸦片战争开始，帝国主义的坚船利炮打开了中国的国门，中国的学界就被迫要思考我们该如何应对的问题。除了西方政治的、经济的、文化的涌入，我们该如何面对西方的哲学、美学、艺术的问题，实际上也是我们不可绕开的一个问题。我们要学习西方，当年的朴实的说法就是要“以夷制夷”。所以卜松山先生经常讲，说你们中国的学者有两个尺度，一方面你们把西学研究得非常好，翻译了大量的著作；另一方面你们又熟悉自己的本民族文化。而西方学界它只有一个尺度，那就是他们所熟悉的本民族的东西。他们并不了解东方，并不了解中国。我觉得卜先生的判断是非常正确的。也就是说，中国人是在被动挨打的情况下接受了西方的哲学和美学思想，由最初的实用主义“以夷制夷”的目的，转换成为希望通过了解西学来重新建构我们自己的哲学、美学艺术体系。这是一百多年来一个基本的语境，如果我们没有这样一种语境和格局的话，实际上也是很难建构自己的理论体系的。虽然我们是被动学习西方，但是我们也从西方的智慧里面，尤其是哲学和美学的智慧里面学到了很多东西。这对于我们重新理解中国美学艺术的基本特征，起到了非常好的启迪作用。从这个意义上来讲，近百年来几代珞珈学人在中西美学艺术比较研究的努力是不容忽视的。我们经常跟学生们讲，研究西学，一定要守住自己民族的本位，要有民族的主体性；研究中学，也要有眼界，中西方互为参照，在这个宏阔的视野下我们才能够把学问向前推进。

陈望衡：邹老师讲得很精彩。参加这个会议，我觉得很有意思。我跟卜先生是多年的老朋友，但是我们也没有一个合适的机会充分交流。我利用这个机会，讲一点我自己的看法。

第一是欧阳提出来的中国文化的本位问题。我认为中国文化的本位就是诗性本位和生活本位。这是中国文化独一无二，有别于其他文化的特点。而诗性本位决定了中国文化在本质上是美学的。不懂中国美学，不能说懂中国文化。美学在中国文化中这样一种特殊的地位，没有被普遍的认可。我感到两种悲哀：一种是自我悲哀。我作为一个美学工作者还不能够把中国美学弘扬到全世界。尽管我在世界的舞台上，包括哈佛大学、芝加哥大学、加州大学伯克利分校，还有卜松山所在的特里尔大学，都讲过中国美学。但我的声音很微弱。第二个悲哀就是我们中国的人文学者还没有出现像梁启超这样的国学大师，梁启超讲文学、讲艺术、讲哲学，都是融会贯通的。我们还没有真正的国学家。所谓国学家，就是不能光懂得一点打引号的中国哲学，还要懂得中国文学、中国艺术，甚至还要懂中国经济学、中国政治学。但是我们现在有这样的国学家吗？没有。

第二是中西哲学、美学对话的问题。我这些年跑的国家很多。这些年跟过去有一个很大的区别。早年我们是向西方学；现在我们是向西方宣传。我有个宏大的志愿：希望中国美学走向世界。我提出一个观点，就是“全球美学”。美学是全球的、国际性的。可以说有中国特色的全球美学，有英国特色的全球美学。美学如果不是全球的，就没办法交流了。现在有环球小姐比赛，大概美丽小姐基本标准是一样的。在国际文化的交流上，美学是一个最好的切入点，比文学好。文学受到文字的障碍。像唐诗，“床前明月光，疑是地上霜”，很美，翻译成英语，平淡无奇！同样的，莎士比亚的十四行诗翻译过来，也不怎么美。在国际文化交流上，艺术比文学好，艺术的语言基本上是世界性的。音乐最好。绘画呢，有点难度。外国人看不懂我们的中国画。我曾经跟学生讲，中国画不是看形式，而是看内涵。内涵怎么看，我讲看文化。文化怎么看，我说不下去了。这个靠心领神会。中国文化的精髓是需要心领神会的，语言表达不出来。在美学交流上，环境美学有其特殊的优势。我们只有一个地球，大环境是共同的。环境一般分自然环境、社会环境。环境美学讲的环境，立足点是自然环境。像刚才邹教授讲的，这些年，我跟西方环境美学界广为交流。交流当然是要用文字。我在国际会议上用英文讲几句还是可以的。再一个就是著作，我的英文著作《中国环境美学》在英国权威出版社出版以后，斯坦福大学的哲学百科全书把它写入了，这我没有想到。后来有人到哈佛大学图书馆访问，讲哈佛大学图书馆只藏了两本中国人写的关于美学的英文著作，一本是李泽厚的《美的历程》，一本就是我的《中国环境美学》。

我的环境美学哲学基础一是人文主义，二是生态主义，合起来是生态文明。现在我将环境美学拓展到生态文明美学，将“乐居”概念提升到生态乐居的层面。我在美国参加了好几次会议，发现美国人对我们生态文明最感兴趣，甚至有学者提出“生态文明在中国”。当代中国，在人文社会科学研究方面，能够走向世界的不是很多，已走向世界且已获得全人类认同的主要是生态文明。

第三是我们中国学者在国际上做学术交流要注重态度的问题。我发现有三种态度：一种是趾高气扬，因为国家强大了，目空一切，说话不留余地。第二种态度，过于谦卑，老是跟在外国人屁股后面，不敢说自己的话。以上两种我认为都不好。第三种态度，要说好自己的话。什么叫说好自己的话，就是要讲好中国的故事、中国的经验、中国的理论。环境美学，国际上已有几大学派。重复人家没有太大的意思。我们中国学者讲环境美学应该有自己的特点。我在英国出版的书，书名为《中国环境美学》，就是想说一说我们中国人是如何理解环境、理解环境审美的。我发现，这方面，我们与西方有诸多共同点，但也有差别。当代西方的环境美学主要讲如何欣赏环境，而我的环境美学主题是生活，生活以安居为立足点。我提出环境审美三层次：宜居、利居和乐居，乐居是最高层次，生态文明时代的环境审美以生态乐居为标志。居之外有游，游是第二位的。环境审美是在生活中的审美。这是环境审美的本质特点。不利于生活，风景再好，有什么意义呢？昨天，日本一位教授在这里讲气象美学，他讲如何欣赏雨。我们的环境美学当然也讲欣赏雨。但从环境美学的维度讲欣赏雨，不能不谈雨对于我们生活的意义。昨天讲演结束时，有人问这位日本教授，你的气象美学讲不讲环境保护？他说我的气象美学不讲环境保护。然而，我的环境美学不能不讲环境保护。环境美学，某种意义上就是基于环境保护的需要而创建起来的，环境美学其实也是一种环境保护学。以上就是我说的一些基本观点，谢谢大家。

卜松山：各位同行，各位同学，大家下午好。我不知道怎么开始今天的发言。据说美国人开始发言就开玩笑，日本开始发言就请求听众原谅。我不是美国人，也不是日本人，但我今天在发言的开始还是想请大家原谅。首先因为我的中文水平有限，非常遗憾，我不能像我的同行那样很精彩地谈这个题目，所以非常抱歉。第二点，我不算专家，我不是哲学家，我是一个汉学家，对中国美学只是感兴趣。所以我的看法可能会存在一点偏差。第三点，我感冒了，我的头不舒服，听力还有问题，今天的讨论我只能尽力尝试。关于欧阳先生提的问题，首先谈一下我的经验和我的经历。邹先生已经提到了，我是武汉大学的老朋友。从 1993 年开始，我大概每年会来一次武汉大学。1993 年是第一次，当时我已经注意到你们这儿著名的美学家刘纲纪先生。在这之前我已经在图宾根大学把李泽厚的《美的历程》翻译了，我以前在图宾根大学，是 1992 年搬到特里尔大学的，特里尔是马克思的故乡。我把李泽厚的《美的历程》翻译成德文，当然也注意到了李泽厚和刘纲纪合著的《中国美学史》。所以，从 1993 年起，我就跟武汉大学的哲学系保持来往。我 1993 年来到武大，就马上邀请刘纲纪先生到特里尔大学访问。他 1994 年就来了，当时给特里尔大学的学生做了一个系列讲座，题目是“德国美学在中国的传播与影响”。我们之后把这一系列讲座的发言翻译成德文在特里尔大学的一个学术杂志上发表了，这也成了关于中西方美学交流的一个重要成果。

关于美学的地位，刚才的老师也已经提到，美学在中西方的文化交流方面占有特殊的地位。因为从鸦片战争，中西相遇以来，很多的中国人，像王国维、蔡元培都觉得中国文化是一种美学的文化。可能他们并没有完全理解美学这个概念，可能在跨文化之中做出了一种创造性的误解。你们的文化来自你们的语言，也就是中文，在我看来，这是形成文化认同感的一个基础。你们的语言很有特色。一方面你们写汉字，我们写字母，我们的字母文字是没有味道的，不像你们的汉字那么有特色。另一方面你们有书法，这在你们的美学中也是非常重要的一个部分。好的，我就讲这么多，谢谢大家！

吴根友：卜松山教授很谦虚，其实他是我们的老朋友。他的博士论文做的是郑板桥研究。郑板桥在中国，大家知道，他既是官员，又是书法家、画家。卜先生还写了一本关于中国美学的著作，应该说他对中国美学的思想是非常熟悉的，所以我说他很谦虚。刚才欧阳讲的题目，邹老师，特别是后面陈望衡老师都已经讲到了美学与政治的关系，应该说两者有一个非常内在的关系。环境美学也好，生态美学也好，肯定首先跟政治有关，跟整个社会的建设也密不可分。美学和政治的关系是内在的，不是外在的。就中国传统文化自身来讲，美学跟政治也是有关的。首先从五经的传统讲起，《诗》《书》《礼》《乐》。首先是《诗》，然后是《书》，《书》的美学意味可能差一点，但按照散文的美学来说，也属于文学美学的一种。然后《礼》，《礼》是一种制度性的，但其中的某些仪式也具有美学意味的。《乐》，既是艺术，也是宗教，还是政治。所以在整个五经系统里，就诗书礼乐的自身特性来讲，美学和政治就内在地联系着，或者说中国的政治内在地包含着美学的成分，自古以来就是这样的。而且中国文人，大部分都会写诗。像王夫之这样的大哲学家，有非常丰富的诗歌创作。其他文人也是，像王阳明，书法写得也是一流的，富有个性的。所以我觉得中国的政治结构，无论就它的制度框架，特别是作为官方意识形态的经学框架——诗书礼乐的内容，还是就整个政治的执行者，一些官员，他们的人生修养，都内在地跟美学有不解之缘。所以从这点看，我们讲美学和政治的关系是极其内在的。

由于受现代学科分科的影响，美学学科在整个中国的教育体系里所处的位置在逐步下降。在各个学校的二级学科里面，像武汉大学能够保留美学这么庞大的一支队伍，能够和哲学联系这么紧密，几乎是绝无仅有的。大多数国内的美学教师都在文学院，从事文艺美学研究。所以从学科建构上来讲，美学的学科价值没有显现出来。但是在早期，像刚才陈望衡老师讲的，蔡元培、梁启超，其实他们都非常重视美育的。现在我们国家讲的德智体美，美学和美术都还是很重要的。所以我们讲美学跟政治的关系，美学跟社会的关系，它有学科建制意义上的和存在意义上的两个方面。我觉得存在意义上的美学，可以说跟我们的政治和社会生活太有关系了。环境美学也好，生态美学也好，还有我们整个的日常生活，什么地方能够没有美学？肯定各方面都有。绘画可能奢侈一点，像音乐，在我们现在社会里太正常不过了，所有人都可以在手机上听音乐。书法和音乐一样，也作为美学，即艺术的一支。所以我觉得美学跟政治，美学跟生活的关系是不言自明的，只不过有时在学科建设上还没有凸显出来，在我们的生命意识里面，没有走向一个在场的状态，它可能就是一个潜在的状态。生活和政治都离不开美学，而且有些还要借助于美学这样的形式，包括我们的新闻宣传。我们的新闻宣传说要“讲好中国的故事”，这是政治家的讲法，但这句话就包含着美学的意味。“讲”可能不是美学的，“讲好”，就是美学的。什么叫“讲好”，讲了让人家听得懂，人家愿意听、喜欢听，肯定要用美的形式介入其中，才能叫“讲好中国故事”。所以我觉得美学和政治的关系，可以从多个角度看，有政治行为的，有学科建制的，还有生活常态的。所以我们不要把美学和政治、生活的关系做一种狭隘化的理解，如果是放到生活的本来状态来看，美学就是跟政治紧密地结合在一起的。

贺念：好，谢谢。前面卜教授、吴院长，以及美学教研室的几位教授所讲的，对我来说都非常有启发。我就根据欧阳兄提供的这两个问题，讲两个方面的意思。第一个我想说的是前面提到的“中西比较”及其方法论问题。在前面卜教授讲座期间，我们对此也有讨论。我想提出的一个问题就是，我们做中西比较，它有没有一个导向的问题，或者说他有一个什么样的心态或基础的问题。“比较”的德语词是 vergleich，但还有另外一个很有意思的词叫 ausgleich，就是“均衡”“等量齐观”的意思。我想说一下这两个词之间的关联，就是说我们比较的时候，其实有我们的心态的问题。可能刚开始的时候，西方人对于汉学，整个中国文化、中国哲学就是一种好奇心态，想听一听你是怎么说的，但是并不会很严肃地对待你，比较一下你说的和我说的有什么不同。但是如果是一种“均衡”，ausgleich 这样一个导向，“比较”就意味着比较的对象和你其实是等量齐观的，是均衡的。就是说你得把你比较的那个对象放在与你同等的位置上。首先要承认，对方说得很重要的，是不同于你的，且有助于你理解的东西，而不是仅仅单纯地去完成一个比较任务。比较要想超出以自我为中心，就要达到一个均衡的要求，这是比较的心态问题。另外一个就是，比较的目的和导向，我认为就是 ausgleich 均衡。“均衡”的另外一个意思是全面的，就是说一个人成为一个 ausgeglichen 的人，是达到一个全面的均衡的人。比如，如果你只是理科很强，文科不行，这就不叫一个均衡的人。在这样一个中西比较或者全球化视角下说，比较是让你成为一个均衡的人的一个必要的条件。你只有通过比较才能够成为一个均衡的人。举一个简单的例子，当我出国之后，我遇到一个新的语言，发现我们的汉语真的很特别。它原来具有完全不同于西语的语法结构。如果我们学了西方的文化，自然而然就会感受到中国文化的特性在哪儿。也就是说，我们是通过比较让自己打开自己的视野，让自己成为一个更均衡的人。所以，以 ausgleich 导向的比较的意思就是说，不是我已经学好了我再来比较一下，而是如果我想学好，想真正地理解我自己的文化，想理解我自己，我必须要比较。比较因此不是可有可无的，附加的东西，它在方法论意义上具有本体性的地位。这是我的一个理解，也是这段时间和卜教授，以及 Linda 讨论的一个想法。

我想说的第二个方面的意思是，在中西比较的语境下，美学可以扮演什么角色。我觉得它在中西比较中意义重大。以我的主要研究对象为例，我主要是做海德格尔研究，我们知道海德格尔在后期有一个非常著名的提法，“诗意地栖居在大地之上”。我们把这个理解为他的美学思想。但是这个美学思想并不只是关于诗人和艺术家的。它是讨论所有人怎么样诗意地居住在大地上，怎么样实现一种在这个技术时代的真理性的生活方式。这意味着什么呢？它意味着美学不只是像刚开始由鲍姆嘉通提出的一种低级的、模糊的关于我们感性认识的学问，只是填补我们关于理性的逻辑学和关于我们道德生活的伦理学之后剩下的一个空白。这是非常狭窄的一种理解。毋宁说，海德格尔的美学思想恰恰是回到了西方哲学家苏格拉底最开始问的那个问题，经过什么样的审视的生活才是值得过的。包括亚里士多德在《尼各马可伦理学》的第一句话就讲，不管是艺术性的创制活动，还是我们的行动选择，都是以善为目的。而所有关于善的问题最后都指向一个最高的善，就是关于幸福

eudaimonia、关于好的生活的问题。所以从西学的起源一直到海德格尔的讨论，我们发现它和我们中国思想其实是非常相关的。在过去几次卜先生的讲课中，他非常强调的一点就是在我们中国的美学思想中，艺术不是作为一种认识的功能来描绘、模仿自然，就是说这个事物本来是什么样子，我们来描绘一下，毋宁说，它同时是一种修身养性，是一种实现我们人生境界的方式。所以在这一点上，体现了很值得关注的中西会通。

刘耕：好，感谢各位老师精彩的发言，也感谢欧阳兄提出这个问题。关于美学在中西文化比较中的位置，一方面美学在中国文化中有一个非常特殊的位置。因为中国文化中像政治、伦理中其实都有美学因素的介入，美学它可能是作为政治伦理言说的一种必要的方式。大家通过直观来感受政治和文明的意义。而另一方面就是美学在文化比较中有一个优势。我们的文化可能不一样，但是我们对于世界的感知经验是相似的，而美学就是探讨我们在这样一个感知经验的相似基础上，再建立其他意义，这样我们就会有一个可以共通的基础。就像陈老师刚刚提到的，西方人可能不懂中国绘画，但是像宋画，像《溪山行旅图》这些作品，像班宗华（Richard Barnhart）① 这些西方人，他们在第一眼看到的时候，就能感到一种非常强烈的震撼。我们经常说 21 世纪是一个图像的时代，在经济领域中，图像、美这些因素越来越重要，可以说我们处于一个体验主义的时代。作为美学学者所需要承担的一个责任，就是要对这个时代贡献一点力量。这是我的一点点看法。

欧阳霄：感谢各位老师。我们每位老师的发言都特别精彩，而且都很有内

---

① 班宗华（Richard Barnhart），美国人，普林斯顿大学博士，耶鲁大学教授，中国艺术史学者。

涵。刚才我提的这个问题其实是很大的一个问题，但是老师们从各个角度细致入微地进行了回答，我想要重新拉回到卜先生自己的著作里面。卜先生在他的1999年中文版的书里面提到过，他理解儒家“天下主义”的伦理学。大家知道，儒家的伦理学从某个角度来说也是政治哲学，所以在理解儒家的天下伦理学或者说他的政治哲学的时候，需要有一种美学的思维。他说这种美学的思维是隐喻、类比和相互关联的思维，并且他把儒家传统美学有关宇宙秩序和直觉的这种道德实践观念提出来了，然后拿出来与西方进行对比。我觉得可以从这个地方出发，回到我们当代的政治哲学和伦理学的讨论之中。大家知道，自从赵汀阳先生在西方名声大噪以后，西方当下的政治学的讨论中似乎有发生“范式”革命的迹象，越来越多人用“天下”的这种思维来思考整个国际政治。“天下”的这种政治思维是“天下无外”的思维，西方传统的政治哲学无法解决的一个问题是它总会有一个外在之物，或者是一个对立的对象，因为西方有根深蒂固的二元论思维，和他者的思维。但是在中国哲学里面有一个整体感，整体的意识，“天下无外”的这种意识，在这个意义上就和美学有联系。刚刚吴老师也提到了美学和政治哲学之间的内在关联，我尝试把这种内在关联进一步阐释一下，我觉得第一个是整体感，因为无论是美学，还是中国哲学，包括先前提到的“天下”理论，它都强调整体感、统一感。然后第二个就是关联性，或者说“关联主义”。关联主义反对孤立的、跳脱地看待事物，永远是情境化的思维，这也是很美学的一个思维。然后第三点就是情感和理智的结合。从康德的角度来讲，美感的体验就是诸知性能力的和谐游戏，包括想象力、感性、知性等等，其实就是情感要和理智结合在一起，康德认为这是审美体验的一个基本的特征。当前国际政治出现所谓的民粹主义危机，我们开始反思政治活动中的一种绝对理性到近乎“冷血”的角色设定，很多时候选民投票不是靠理性，而是“看心情”，也就是很大程度上取决于情感因素。我觉得美学强调情感和理智结合的这个视角，会对整个国际政治和伦理的思考带来一些启发。所以说从整体感、关联性和情智结合这三个角度，我觉得美学的研究视野都可以和国际政治的、伦理的思考结合起来。这就是我的一个总结。

三、互动提问

钟年：武汉在面对自己的环境的时候，有一个口号，叫作“武汉每天不一样”。我们要变，而且要很快地变。但是我注意到，在二战期间，德国基本上被盟军炸平了，可是后来德国把自己的城市、自己的房子按以前的样子又重新建了起来。我想问的是在几对词语之间的选择，也可以算是价值之间的选择吗？例如，卜松山先生认为，在德国，甚至在欧洲，老是美的吗，还是新是美的？常是美的吗，还是变是美的？慢是美的吗，还是快是美的？这是我的一个问题。好，谢谢！

卜松山：老是美的，还是新是美的，这是一个很好的问题。按照我们的看法，当然两个都美，德国现在不如法国、意大利，不如西班牙，那些古老的城市还在，很有气氛。但是在德国，也有一些老地方，我们正在非常着力地保护。有很多地方变成了新的，这是没有办法的，因为以前的建筑被战争破坏掉了，但我们进行了修复。举一个例子，我们特里尔的广场非常漂亮，可是二战之后我们广场市政厅的位置就空了。我们看五十年代一些明信片会发现那一块是空着的。后来政府按照市政厅原来的样子把它重建了，所以现在游客再来这里，就觉得非常美，非常好，非常舒适。当然，在德国也有很多专家，他们非常反对这样做（恢复老房子）。他们说，如果没有了就不恢复了，可是我主张恢复。现在德国有一些城堡，也是后来恢复的。我比较喜欢老的东西。因为老东西比较有趣味。中国在这方面做得也很好，比如说杭州西湖，就不在旁边建高楼，我觉得这样就保护得很好。另外一个地方，在云南丽江，我听说之前受到了非常严重的破坏，之后又恢复了，现在非常好。我不知道我有没有回答你的问题。

钟年：我想知道有没有一个文化心理的原因，或者一个民族性、国民性的原因。比如说，我们看到德国古老的东西还可以保存得这么好，我也注意到您刚才谈到丽江，但丽江在中国已经成了很独特的例子了。像武汉这样的城市，老的东西几乎已经没有了，像北京这样的城市，胡同基本上也都消失了。中国人觉得新的挺好，为什么德国人会觉得老的挺好，我更关心为什么的问题。

卜松山：这是一个比较复杂的问题。德国以前的建筑主要是石头的，中国以前的建筑主要是木头的，这是一个问题。第二个问题就是你们的人口比我们的人口多得多。按照我们的空间，是完全承受不了这么多人口的。比如说特里尔，这个城市就是十万人。人数和武汉大学相当。武汉的人口是一千一百万。你们有人口压力，所以需要现代化，需要新的建筑，也需要发展得比较快，中国在这方面的成就真是了不起。比如近十年来的高铁，没有别的国家有这样的高铁系统。中国的城市建设得越来越好。我来的第一个中国城市是台湾，我是20世纪70年代来台湾留学。1981年第一次到南京。南京当时很漂亮，可是还有很多地方不尽如人意。去年再去南京，发现南京变得这么漂亮，这么好！用法国人的一句话来说就是，我要向你们“脱帽致敬”。

提问：感谢各位老师的精彩分享，我是风景园林学的博士生，对刚才的问题也非常关心。同样的问题，我想请教陈教授的看法，谢谢您。城市到底是缓慢地变化比较好，还是快速地更新比较好？

陈望衡：刚才钟年教授提问的厉害之处是他发现了一个现象，就是中国“每天不一样”，而欧洲，不少国家多少年基本上是一样的。我在德国柏林发现，火车站旁边基本炸光了，现在搞的都是新建筑，就保留了一栋烧焦了的建筑，原封不动摆在那，很“丑”，但是这种“丑”具有一种震撼人心的力量。钟老师问这跟民族文化有没有关系？当然有关系。你看中国成语里面关于新和旧的成语有多少？辞旧迎新、革故鼎新、新陈代谢、吐故纳新……随便一数就有好几个，什么叫成语，成语是民族文化、民族心理一种经典性的凝铸。我们的民族心理就是喜欢新。喜欢新，就希望变得快一些，旧的东西就顾不上珍惜了。这是一方面，另一方面就是刚才卜先生讲的，我们国家的人口太多了，这是无奈。那么，城市是变得快一点好，还是变得慢一点好？我不好笼统地回答。一般来说，属于雪中送炭的事，还是希望做得快一点。比如说居住条件比较差，就要尽快地改善居住条件。但如果是锦上添花的事，最好慢一点。因为快了，锦上添花的花就有可能搞不好。拿城市改造来说，长沙可能是全国最早的，也是最快的，长沙大概一两年就把城市基本上给换了。2004 年，应《湖南日报》的邀请，我回长沙，花一天的时间走马观花地看了一遍。随后接受《湖南日报》采访。我说，新长沙确实很美丽，但也有几个缺点：①景观太单调。新建的芙蓉大道是长沙的主街道，长达几十公里，笔直的一条路，两旁的楼房差不多，景观基本上没有变化，坐在车上赏景，让人昏昏欲睡。②没有留下充足的绿地。一座楼房接着一座楼房，挤挤挨挨的，难以见绿。③没有给名胜古迹留下充足的呼吸空间。长沙城市改造，不是没有注意到保存名胜古迹，但是给名胜古迹留下的呼吸空间太少。就那么一座旧建筑，四周全是高楼，虽然高楼离得很远，但这些老建筑肯定有压迫感。我提出了这样几个缺点，采访我的记者不置可否。现在你再去看长沙，一点新鲜感都没有了，那些因为盖高楼、建新街而造成的缺点，完全凸显出来了。回过头来看武汉，武汉不是没有变，但变得很慢。慢，当然也是缺点，但因为慢，避免了一味追求快带来的某些弊病。在城市改造方面，武汉总体来说做得比长沙好，甚至不弱于广州。

卜松山：我要补充一句话，我希望中国不要只注重新，如果是这样，中国会丢失很多历史的印记，就好像美国，什么都是新的，却没有历史。我希望你们能和欧洲一样，保护我们的传统，保护我们的老房子，保护我们的老城市。

邹元江：对于这个问题我特别有感受，因为物质文明的巨大变化，所带来的问题肯定是非常多的。但我觉得更大的问题还不仅仅在这里，更重要的是对非物质文化的破坏。现在有一个很有意思的现象，越是贫穷的地区，非物质文化遗产“保护”得越好。可这并不是“保护”得好，而是因为这些地方太穷了，没钱来破坏。我是做戏剧美学研究的，可以说最重要、最具代表性的东西都在最贫穷、最偏远、最不容易进去的地方，比如说福建。福建过去是前线，非常贫穷，没什么工业，所以，我曾经非常幸运地带着我的研究生去看泉州的莆仙戏。莆仙戏是活化石级的，泉州还有南音，也是活化石级的。莆仙戏一个戏种就有 5 000 多个剧目，比晚出的京剧剧目还多。还有梨园戏、打城戏、高甲戏、布袋戏等等，有五大剧种。现在中国戏曲的活化石几乎都在那里。所以，搞戏曲研究的人必须要到那里去。我今年还专门招了一个福建泉州藉的博士生研究梨园戏，你要研究它，你听不懂它的话怎么行。过去地面上的戏曲文物主要是看山西的。山西师范大学专门做地上戏曲文物的考古，他们现在的副校长车文明，在 30 年前就开始拍摄那些濒临倒塌的戏台，积累了 2 万多张照片。他一边拍，这些戏台一边垮、一边塌，现在相当一部分只能在图片上看了。所以，有些时候物质文明和精神文明，或者说物质文明和非物质文明，是有冲突的。越是这个时候，我们越要有清醒的头脑，一方面要为老百姓谋福利，建新房、建新城，但同时也要有一根神经，对我们的传统文化要有一种珍惜的态度，要有一种非物质文化遗产保护的态度。“非遗”这个观念进入中国太晚了，2001 年随着昆曲被列入世界非物质文化遗产名录第一名，我们才意识到有一个叫“非物质文化遗产”的东西。但是直到现在，相当多的人还不知道什么叫非物质文化遗产。

欧阳霄：让我再做最后一个总结。刚才邹老师说到了我们对保护非物质文化遗产方面的一些尝试和努力，包括思想观念上的和制度上的一些补救措施，但其实我想说，在我们的中国哲学里，也许就蕴含一些这样的补救意识。虽然我们追求新，像《大学》里面的“苟日新、日日新、又日新”，但另一方面我们也讲究复古，像复卦里边的“复见天心”。也许在某种意义上，我们的哲学也内含一些回到过去的意味。好像在我们在革新的过程中，总会在某一个时间点又回到过去。当然我不是一个历史的目的论者，但是从哲学的整体角度来看，也许求新，并不一定就意味着那么的坏。

【下半场】

一、引言

刘耕（主持人）：再次感谢各位老师精彩的发言，接下来我们进入有关艺术讨论的时间，当然我们说艺术跟美学是分不开的，比如说在黑格尔哲学中，其实美学就是艺术哲学。而在我们中国，美学理论大都是借助艺术得以呈现，散见在各种各样的绘画中，还有诗词的题跋里。所以有关艺术的审美经验，也能够促进我们对于美学理论的思考。

说起中西方的艺术交流，其实比哲学美学的交流有更绵长的历史。在公元二三世纪左右，希腊艺术就通过健陀罗这种风格对中国的艺术产生影响。到了盛唐，大家可以看到像敦煌艺术那样的中印、中西艺术交汇的产物。到明清之后，随着传教士的活动，当时中西方艺术交流更甚，当然，在这个时候中国的艺术是很自信的，其对西方如透视法等绘画基本理念接受度并不高。与此同时，中国的一些其他艺术形式，如园林艺术，在当时西方掀起了一股“中国热”。可是到了鸦片战争之后，我们开始成了一个模仿者，一个追赶者，我们面对国家危难，开始反思自己的艺术，并始试图通过西方的艺术理论和实践形式去进行中国艺术的变革。自此以后的大段时间，其实我们对西方是亦步亦趋，我们学到的东西很多时候是西方已经淘汰或者说已经过时的东西。比如西方已经在讲立体派，我们还在做古典主义的创作，实际上我们已经失去了自身的文化艺术特质。中国的当代艺术有很多在西方的拍卖场上获得了很高的价值，这些作品沿用的依然是西方的话语。在这里面我们看到一个可喜的现象，就是我们又开始重新来思考中国艺术的特质，“写意”“文人画”等中国的术语重新进入到理论思考中，我们开始思考中国的话语在当代能够对西方的艺术问题给出什么样的帮助。比如西方现在普遍面对一种艺术终结的问题，而中国的艺术，中国的写意性和中国的表达，对此可能会给出一种新的方案。当我们回到自身的特质之后，也许中西的交流就能在更深层和双向的维度展开，所以我们就需要去思考和研究中西方艺术特质的问题。

今天我们座谈的各位老师不仅在哲学美学方面有所造诣，而且在艺术上也都有研究和实践的经验与成果。比如说陈望衡先生在环境美学、园林艺术上有很久的研究和浸润，卜松山先生对陶渊明、郑板桥等人在诗歌或绘画方面有深厚的研究，吴根友先生对郑板桥有着多年的研究，对中国诗歌也有着丰富的创作经验和审美经验。又如，邹元江先生在戏曲艺术上有着几十年耕耘，欧阳霄老师非常擅长演奏各种乐器，贺念老师在诗歌写作方面也有着很高的造诣。

所以今天非常荣幸，能看到对哲学美学和对艺术都非常有参悟的老师们，基于自己的研究和实践来谈谈我们应该如何理解中西艺术的特质。我的第一个问题提给卜松山先生，您致力于中国绘画、文学的研究已经有几十年。您的博士论文就是关于郑板桥诗、书、画的研究。当时您为何会选择郑板桥作为您的研究对象呢？作为德国人，您觉得中国艺术有什么特性，吸引您这些年一直投身于对它的研究呢？

二、中西艺术特征的对话

卜松山：好，谢谢。我主要的研究对象是中国诗歌，在中国台湾留学时，偶然在同学提问中接触到郑板桥。我在阅读完郑板桥的诗歌之后翻译了几首寄给了我的导师，询问他是否可以以此为我的硕士论文题目。导师提示，郑板桥不只是诗人，也是画家、艺术家。从此，我开始对中国绘画、中国艺术史进行研究。后来在研究中我逐渐发现，中国画家着重在线条，中国的画并不同于西方油画，中国绘画总是试图去契合自然，同时也非常重视“功夫”。

刘耕：第二个问题是提给陈望衡先生的，您对中西方的艺术都有很深的造诣。您曾撰写过《维纳斯巡礼——西方艺术史话》，也做过西方园林、雕塑的相关研究；您对于中国艺术的研究就更丰富了。您最近的《文明前的文明》一书，提出了审美意识在中华文明中的原初性。刚才，您也提到了诗性在中国文化中的特殊位置，那么您觉得在这个时代，面对中国文化思想特质的缺失，我们该如何去重新建立中国独特的艺术精神和审美意识在中华文明中的价值呢？

陈望衡：刘耕老师这个题目很大，我其实回答不了。现代中国文化中诗性的缺失十分严重，社会人心非常浮躁，充斥着功利心、是非心、荣辱心，这与中国文化的基本精神是背道而驰的。我们在座的各位，或者已经是学者，或者准备成为学者，我觉得大家要把这些功利心、是非心、荣辱心看淡一些。早几天我在长沙出席了一个老朋友的画展，他叫姜坤，看完以后我非常震撼。姜坤能够有这么大的成就，就是因为他几十年如一日地安于做一个画家的本分。他过去主要画山水画，这次我看他的花鸟画也画得很好。花鸟画其实很难画好，而姜坤是在80岁的时候开始画花鸟画，我说，他是向艺术技巧的制高点发起挑战。画展结束，有关部门写了一个报道，把我这句话作为结束语。现在，我要补充讲另外一个问题，就是中国艺术走向世界的难度在哪里。刚才讲到中国园林，我在西方看园林的时候，感到非常惭愧的是，日本园林比比皆是，而中国园林少之又少，我仅仅在纽约大都会博物馆看到陈从周先生做的一个小小的中国园林，取名“明轩”。为什么中国园林走不出去呢？为什么学中国园林的日本园林却在世界上比比皆是，我百思不得其解。想来想去，大概有两个重要原因：第一个原因跟国家有关。长期以来，国家太弱了。没有人关注穷人，大家都关注富人。日本是“富人”，而我们是穷人。现在当然不一样了。18世纪，西方曾经出现过学习中国园林的“中国风”，可惜的是，这股风才刮起，就没有了。现在，又有一股学习中国园林的“中国风”在兴起，可以肯定，随着中国的强大，这股中国风会越刮越强大。另一个原因是日本园林学习了中国园林之后，在中国园林的基础上进行了一些革新，这些革新恰好契合了西方人的审美情趣。中国园林最好的是明代的园林，清代园林是没落的。有一年我在哈佛大学参加一个中美学者关于中国园林的学术研讨会。其中一个代表是哈佛大学东亚系的系主任，他在会上讲，“我跟我的学生讲中国园林美的时候，美国学生提出反对，说中国的园林，堆积得太烦琐，景观太密集，实在感觉不到有什么美，只能感受到一种压抑。”我部分地同意这种看法，但必须指出，这种园林主要是清代的私家园林。皇家园林不是这样，明代园林、宋代园林也不是这样。明代画家兼园林大师计成写的《园冶》是一部重要的园林专著，好像西方还找不出一部可以与之相媲美的园林专著。宋代李格非的《洛阳名园记》也很了不起，从这部书，可以粗略地了解宋代园林的风貌。我想让我的一位博士生做一篇关于《洛阳名园记》的博士论文，但心中没数，毕竟《洛阳名园记》只有三千来字。我给这位博士生一年的时间，让她广为搜集有关《洛阳名园记》的资料，一年后，我问她搜集了多少资料，她交给我厚厚的一本有关《洛阳名园记》研究综述，十来万字。我再问她有没有把握写成博士论文，她说我试试吧，结果写成了二十余万字的博士论文。《洛阳名园记》是非常重要的一部园林著作，但是长期以来大家只是将它看作文学著作。中国古典园林要走向世界还要做很多工作，首先，要充分认识它的价值。2018年，我在北大景观与建筑学院讲学，讲的题目是《中国古典园林的当代国际价值》。其次，中国园林是不是也要适应时代的需要、走向世界的需要，做某些革新。谈到这里，我还是要强调文化自信，学习别人很重要，但文化自信更重要。我们不仅对于中国当代的文化要有自信，对于中国古代文化也要有自信。我因为承担了中国史前审美文化研究课题，对于中国古代史前文化做了些研究。中华史前文化有很多好东西。华夏银行的标志来自哪里？就来自红山文化，香港凤凰卫视的台标几乎是马家窑文化彩陶上的凤凰纹饰的翻版。

刘耕：我的下一个问题是提给吴老师的，您长期致力于中国明清思想与学术的研究，这些年来，您为推动中西方的文明对话开展了大量的工作。与此同时，您对中国艺术，如绘画、书法和诗歌都有着浓厚的兴趣，有许多相关的研究。比如，卜松山先生撰写过郑板桥的专著，您也撰写过《郑板桥的诗与画》，特别提到了郑板桥是中国早期启蒙时代的艺术家的一个代表。您觉得，在中国明清至近代的启蒙浪潮中，艺术扮演了什么样的角色？中国艺术可以为当今世界的文明对话贡献什么样的思想资源？

吴根友：谢谢刘耕老师的问题，他在提问之前，把每个老师的特点都研究了一遍。我的明清研究是在萧萐父先生的指导下进行的，我是中文系出身，一开始研究的是先秦诸子，对中国的诗经、楚辞、陶渊明和唐诗都比较喜爱。

做明清研究的时候，萧先生也是因材施教，让我做明清时期整个文学艺术中的启蒙思想研究。这也与萧先生当时指导学生的基本哲学史思想有关。萧先生提出了哲学史“纯化”与“泛化”相结合的方法，“纯化”的观点就是，哲学史是研究人类的认识史，这是当时我们整个哲学界，乃至于近代以来西方哲学的主流观念。但是萧先生作为一个中国的马克思主义学者，并不完全跟着西方跑，他认为哲学史还有另一层面的内容，它应当研究人类的心灵史。人类心理变化最直接的表现，不是在哲学中，不是在历史中，而是在艺术中。所以通过明清时期的艺术就可以看出中国“早期启蒙”的思想具有哪些基本特点。这就是萧先生当时指导我的一个基本思想。回到今天这个问题，就是文学艺术在人类的思想启蒙的历程中间扮演着怎样的一个角色。刚才上半场欧阳霄老师在总结的时候讲到，美学的一大特点就是研究情与理之间的关系。美学，尤其是文艺美学，它更多的是关注人的心理与情感。情感的表达是直接的，比如像汉代的民歌，如《上邪》这首诗，就是一个很好的例子，非常夸张地表达了自己对爱的执着追求。在这个层面上，可以说“情”的表达是艺术的一个根本性特征。

在中国绘画中，尤其是文人画，情感的表达比较隐晦。画家画山水实际上是为了表达对自然的向往和隐逸之趣。当然其中有很多技法，有的画里有人，有的画里无人，但无论是有还是无，归根结底都是在体现一个画家的心情，表达他要远离官场钩心斗角的想法。比如陶潜的诗：“狗吠深巷中，鸡鸣桑树颠。户庭无尘杂，虚室有余闲”，不在场的张力使得田园风光具有了更深刻的意义。所以《桃花源记》为什么那么好？就是因为它表现的是一个理想国。此外，诗歌里还有对民生疾苦的直接表达，在郑板桥和杜甫的诗歌中都可以看到此类主题，这实际上就是在表达文学艺术家的思想倾向。在明清之际的小说中，有一个非常重要的变化，就是我一再在哲学史课堂上提到的《三言》，《三言》中的很多作品就极具思想性和艺术性。这些作品体现了人的所谓爱情观念的变化，也就是人性和我们对人的价值认识的变化。明清小说里还讲到许多男女青年违背父母之命，媒妁之言，两情相悦追求爱情的故事，从《西厢记》以降逐渐形成一个主流，所以我们讲文学艺术还体现了人的基本伦理的早期启蒙思想的萌芽，小商人阶层的价值观念的变化，实际上就代表了整个中国思想的变化。明清诗歌中也表现出了对个体、自我的高度肯定，其中有许多关于“童心”的表达，“童心”即是未受任何传统道德束缚之心，因而具有天然的新颖之处。在绘画中，郑板桥、石涛、陈洪绶的绘画就带有反叛的意味，徐渭的草书与傅山的草书也体现了对当时“馆阁体”的反叛。艺术将人的心灵对旧传统的突破充分地展露了出来。诗歌和绘画往往需要超越常规，清初“四王”的绘画在外行看来十分精美，但实际上毫无创新性，而石涛等人的绘画虽然略显古怪，但是极具创新性。现代绘画和诗歌很多时候带有媚俗性，缺乏个性，而诗歌创作反映的正好是一种人生态度。

刘耕：邹老师对中国的戏剧有非常精深的研究，同时也特别注重中西方的艺术理论问题。您当年出版汤显祖的著作和撰写博士论文《中西戏剧审美陌生化思维研究》时，就特别研究了西方的戏剧理论。这些年来，您和许多海外汉学家，像卜松山先生，于连先生，安乐哲先生等等，都有许多的对话与互动。刚才，卜松山先生、陈望衡先生、吴根友先生都谈到了自己对于中国艺术特性的理解。在您看来，中西方艺术最根本的差异是什么？您觉得两者之间有哪些会通之处吗？

邹元江：从戏剧的角度来讲，中西方戏剧的比较问题实际上是近代以来不得不面对的一个重要问题。近世以来，以昆曲、京剧为代表的传统戏曲按照自己封闭独立的方式自娱自乐。但20世纪初从西方舶来的话剧从“两条渠道输入”中国，一条是春柳社在1907年10月，间接地自日本将西方话剧形式输入到上海等地；另一条是南开校长张伯苓在1909年初自欧美直接地将西方话剧形式首次输入到南开、津京等地。1916年仲夏，张彭春从美国回来后，被公举为南开新剧团副团长，把西方的话剧理念传入中国，为中国现代戏剧的发展做出了巨大贡献。戏剧家曹禺就是张彭春亲手调教出来的，他让曹禺阅读《易卜生全集》的英文版，并让曹禺翻译、改编、上演了十个英国等国家的剧作，让他登堂入室直接了解舶来的话剧是怎么回事。我曾经写过一篇《曹禺剧作与中国话剧意识的觉醒》的文章，指出曹禺是中国最早具有话剧意识的剧作家。实际上直到现在为止，很多中国的戏剧家都搞不明白什么是话剧，在纪念中国话剧百年的大会上，核心的话语是：中国的话剧是战斗的、革命的。这其实是对西方话剧的一种误解。实事求是地说，只有曹禺在张彭春的指导下真正明白了什么叫话剧。话剧最突出的特点就是它的动作性，而话剧动作性的核心就是逼真的体验。关于这个问题，现代最成熟的一种理论就是斯坦尼斯拉夫斯基的表演理论。也就是说你在舞台上表演，你不是在扮演奥赛罗，而你就是奥赛罗，你和奥赛罗之间连一根针也放不下。而中国戏曲则完全不同，它无须体验性，没有起承转合和“最高行动线”。为什么会这样？因为中国的戏曲传统是从三千年前西周时的说唱文学而来的，说唱的表达方式就是中国戏曲独特的表达方式，即代言体。这个代言体经变文、诗赞体等演变，到宋金杂剧诸宫调、元曲、明清传奇板腔体、曲牌体的发展，形成了系统的中国戏曲的讲唱传统。由于多数不识字的老百姓早就通过讲唱文学熟悉了各种传奇故事，因此，戏曲表演的目的并不在于对一个完整故事进行表达，中国的戏曲观众更加关注的是对已耳熟能详的故事梗概，与不同的优伶建立在深奥的、扎实的行当，即童子功基础之上唱念做打美轮美奂的、独特的表现方式。因此，“如何表现”和“表现得如何”才是中国戏曲的根本问题。从审美本质上来说，西方戏剧艺术是模仿性的，中国戏曲艺术是间离性的。所谓“间离性”，即中国戏曲演员是通过一个中介——行当——来间接地扮演剧中人物，而西方戏剧则没有这个中介，是演员直接进入角色表演。中国戏曲是建立在“行当-童子功”之上的美轮美奂的表达，而西方戏剧是巴甫洛夫式的反射应激表达，是建立在“生理-心理”基础之上的。但这种反射应激的内心体验并不能每次表演都能被准确地唤醒，只有建立在纯熟童子功基础之上的戏曲表演才具有审美表现的完整性。这就是当年布莱希特一眼就看穿的中国戏曲的秘密，也就是他说的：“当梅兰芳出场的时候，他的表演已经完成了”。这话是什么意思？这是说当梅兰芳上场的时候，他的所有的关于表演的行当程式都已烂熟于心，他只是极其沉着冷静地再把它表演一番，让你看到如何呈现出美而已。至于说这个故事是什么，故事中的人物形象是什么，人物的性格是什么，这些对西方戏剧而言十分重要的部分，在中国戏曲里都不是特别重要的。所以，这种本质性的差异，实际上反映的是中西方对艺术的不同理解。

比如中国的绘画、书法其实都是兼有理性的表达，卜松山先生特别欣赏中国的“诗、书、画、印”也是其中的一个原因。其实，在这四者中虽然画是主体，但还有诗，还有书，还有印，它们全部汇聚在一张图上。它们相互间离又相互发明，谁都不是主体，但谁都又是主体，所以，它的承载量要远远超过西方一般架上的油画。油画只是镜像的表达，可是中国古代的画家实际上是在表演绘画，这在古代的画论中有大量的记载。这种表演绘画的场域就被称之为“雅集”。一群文人汇聚在一块，你画画，我写诗，他题跋，最后再按上一个印，都是具有表演性的。表演就在笔触线条的时间性的绵延、意象完形的空间性的展开之中完成，它跟西方的静态式的描摹静物、写生大不一样。中国的戏曲艺术、中国的绘画艺术和中国的书法艺术是完全相契合的，它们的基本要素就是“空的空间”和“虚的实体”。

刘耕：谢谢大家！非常感谢邹元江老师，我自己之前很少看戏，但今天听了邹老师的报告之后，特别想去看一看中国的戏。下面有一个问题是提给贺念老师的，您对海德格尔有很深的研究，而诗和诗意在海德格尔的哲学中有很重要的位置。您自己又很会写诗。在中国文化和思想中，诗、诗教和诗学也是一个非常重要的传统。卜松山先生对中国的诗和诗学就有相当丰富的研究，比如他对于陶渊明、叶燮的研究。他还特别研究过中国诗学的想象问题，提到它的“传不可言传”。您觉得中国古代的诗学，和海德格尔关于诗的哲学，有什么会通之处吗？

贺念：关于这个问题，我首先需要稍微解释一下海德格尔的理论，讲讲他的“诗意”的真正含义。海德格尔对“诗意”的规定是“创建尺度”，诗人不光光是拿着词语，运用一些修辞表达自己个人的生活和感情，或者描绘自然，他更重要的工作是为大地建立一种尺度，以允诺人的安居。当亚里士多德在《诗学》中讲戏剧情节的完整，以及“突转和发现”的重要性之前有一个非常重要的讨论：柏拉图为什么要将诗人赶出理想国。柏拉图把诗人的工作理解为模仿自然，艺术在他那里成了影子的影子，这样的模仿是不能够直接把握到真理的，所以这是柏拉图将诗人赶出理想国的原因之一。那么我们可以通过什么样的方式把握真实的世界呢，柏拉图在《理想国》第十卷中提出我们需要建立一种尺度，也就是“度量衡”，用数学的方式去量化它。其实我觉得海德格尔也正是从这样一个角度出发，就是说整个世界除了需要数学基础之上的自然科学的尺度之外，别的供我们安居在此大地之上的尺度何以可能？正是在此意义上，才有诗人所要完成的伟大的天命：创建大地的尺度。刚才吴院长在讲，为什么只有对于诗歌有所感触，我们才拥有了完整的人生。马克思在此相关的思想也是非常深刻的，他在讨论资本主义基本问题时不仅仅是在批评资本家奴役工人，他同样讲到在这样一个资本逻辑下，其实资本家也是受奴役的对象。资本家看不到宝石的美，看不到高山的雄浑和苍翠，只能看到其中有多少资源可以开发，可以卖多少钱，看不到苏东坡眼中的“万物无尽藏也”的高山大川。只有有了艺术，有了不同于资本的逻辑或尺度，才能激起人的审美体验，解放人的感性，从而人才有可能实现全面的发展。最后，我再回到海德格尔的命题，如果“诗意的”就是指为人的安居创建尺度，那么如何具体地实现诗意的安居呢？海德格尔的回答非常有意思：通过逗留于物，通过改变人与物的关系。逗留于物就是加入天地人神的诗意世界进行自由游戏的方式。诗意的生活实际上就是用一种诗意的眼光来看待物，达到人与物的相互共生，而这一想法在中国的诗学传统中表达得淋漓尽致。在汉语诗歌传统中，一切景语皆情语，人和物之间的关系始终都是天然地交融，这一美学精神与海德格尔后期想要表达的思想是会通的。

刘耕：最后一个问题是提给欧阳霄老师的，您对中西方的艺术理论和艺术史都很熟悉，而且，您自己精通音乐，擅长多种乐器，特别是古琴和箫。刚才，各位老师都讲到了中国艺术的特性，和中西艺术的差异。就我们所知，“美”长期以来，并不是中国传统艺术中很重要的概念，而西方当代艺术中，美似乎也丧失了其规范性。似乎两者之间有了更多的会通。您是怎么看待这个问题的呢？

欧阳霄：刘耕老师的问题特别好，因为刘耕老师似乎想把我们带到一个世界大同的趋势之下，但实际上这个想法具有目的论特征，但却是非常善良的一个目的论。虽然我自己博士论文做的是道德目的论，但我不是一个历史的目的论者。道德之所以有目的是因为我们人是一个目的性的存在，但同时我们人也是一个境遇性的存在，我们还存在着很多的可能性。回到艺术这个问题，我特别欣赏刚才贺念老师讲的，“物”可以成为聚集诗意的栖居的位点，艺术是一种特别的物，它所能积聚的诗意性或许更强。音乐是我自己比较痴迷的一种艺术形式，它永远是艺术里面的一个另类。从18世纪起，音乐就不断地挑战着我们对艺术的定义，什么是艺术？我们追问音乐艺术这种特别之“物”在哪里，就是个很有意思的问题。苏轼的《琴诗》说：“若言琴上有琴声，放在匣中何不鸣？若言声在指头上，何不于君指上听？”音乐艺术和人是结合在一起的，在指尖这个位点上，把我们整个生活世界都串联了起来。音乐艺术似乎挑战着一种实体性的存在论，“物”在这里成为一种导向，或是一种关系。回到中西艺术会通的问题，就我们今天对艺术的讨论而言，从吴院长的讲话里，我分析出了表情论的艺术定义；从邹老师的讲话里我听出了形式主义的艺术主张；从大家的其他讨论中我还听出了模仿论。或许我们中国的艺术本身就是多元的，而且就像音乐一样不断地颠覆我们对“艺术”的理解，也许并没有唯一的一个艺术的定义，那么，也就没有唯一的艺术特性或者艺术的规范性。

刘耕：谢谢欧阳霄老师。今天非常感谢卜松山先生，这是卜松山先生参与的我们的第六场讲座，这一系列活动给了我们非常多的启发，所以真的是非常感谢卜松山先生，一直带病坚持讲座。卜松山先生一直致力于中西文化、哲学美学，以及艺术的沟通和对话，今天我们中国学者在思考中国哲学和美学问题的时候，有一个前提就是我们没有办法躲开比较的话题，因为我们所有的概念和术语，我们的艺术现象都已经受到了西方的影响，所以我们没有办法逃离“对话”来谈所谓纯粹的中国美学。

虽然在1840年之前，中国有自身的一套生态、一套话语、一套艺术的手法，刚刚吴根友老师也提到了中国自己其实已经有潜在启蒙思潮蕴含在文学与艺术中，与此同时，中国也会面临自己的艺术危机，比如到了清代，除了像前期的石涛、八大山人，还有中期的郑板桥等人之外，中国绘画基本上已经走到了一个创作的死胡同。我们现在已经没有办法去推想说按照中国自身的发展，如何去做一个艺术的或是美学的自我更新，我们面对的是1840年之后，也是历史被强行地打断了之后的局面。很多中国哲学家、美学家、思想家觉得我们的艺术还可以。所以他们把这当作坚持、捍卫和发展的最后一个阵地。一方面我们坚信自己美学和艺术的独特价值，一方面也可以看到中国美学、中国艺术的危机。陈望衡老师刚刚已经反复提到，中国艺术作为日本艺术的先驱，结果我们反而不如日本艺术对当代世界的影响大。当然，这背后有很多原因，但是在这个时代我们做文明的对话，我们需要重新回到一个更大的哲学思想历史进程中，然后来凸显自己的话语，自己的艺术特色。这种凸显不是一种简单的回复，而是在深刻地理解了西方之后，我们再去寻找和凸显自己的位置，再把自己的声音发出去。

（根据武汉大学“中西美学艺术的特性对话”讲座整理）

上半场主题：

中西美学特征的对话

下半场主题：

中西艺术特征的对话

主持人：

欧阳霄

主持人：

刘耕

儒释道与亚洲文明

Part 3

儒、释、道与亚洲文明对话

礼仪制度与亚洲文明对话

从亚洲文明到文明亚洲

儒、释、道与亚洲文明对话

一、引言

吴根友(主持人)：各位专家、各位同学，下午好！今天下午我们在这里开展儒、释、道和亚洲文明对话论坛。此次论坛，我们非常有幸邀请到了日本著名的中国思想研究专家、佛教研究专家木村清孝先生。我简单地介绍一下木村清孝先生，他出生于1940年，日本熊本县人，东京大学佛学专业博士；先后担任东京大学大学学院教授、博士生导师。他的研究方向是中国佛教思想史，特别是华严宗思想史，代表著作有《中国佛教思想史》《初期中国华严宗思想之研究》《东亚佛教思想之基础建构》等。他曾经担任日本佛教协会会长，国际佛教大学学院校长、鹤见大学校长等。木村教授是作为东京大学名誉教授退休的，桃李满天下，其中也有中国籍的学生，像中国人民大学的教授、北京大学的教授（中），都有木村先生的弟子。他还有一些学生在世界各处。按照中国人对著名教授的理解，木村教授在日本相当于中国院士级别的教授，所以今天请到的是一位重量级的教授。让我们再次以热烈的掌声表示欢迎。

第二位是四川大学宗教所、道教研究所所长盖建民教授。盖教授昨晚做了演讲，今晚还有演讲，昨晚的演讲非常精彩，到 9：20 多我到（学）院办公室的时候发现还在讨论，所以我就不念他的著作了，我讲盖教授的几个职务大家就知道他的学术成就了。（盖教授）现在是四川大学宗教研究所所长，和我们中国传统文化研究中心一样，是国家重点研究基地的所长，同时是教育部长江学者奖励计划特聘教授、国务院学科评议组成员，还有很多其他的职务。这些都是国家级的，所以他的分量大家可以知道了。因为他跟我年龄差不多，所以他叫“盖中盖”。目前应该是我们六十年代，中年和壮年的专家当中，道教研究的顶级专家。这是他第一次到我们这儿来做有关道家、道教的学术讲座。和他沟通了很多次（来武大举办讲座），他确实很忙，能够答应，我们非常荣幸，让我们以热烈的掌声欢迎盖教授来我们这里参加这个论坛。

郭老师就不用过多介绍了，他是我们武汉大学的教授，当过人文学院院长，哲学学院院长，现在还是国学院院长。我们在座的所有学生应该都听过郭老师的课。他近年特别强调，他要做实践的儒家。郭老师为学为人，和蔼可亲，培养了很多弟子。郭老师现在本来应该在海南，但他为了来参加这样一个讲座，推迟了去海南的时间。所以，我们也非常感谢郭老师能够接受我们的邀请，参加本次论坛。

然后要介绍的，是我们旁边的何燕生教授。他本人是日本郡山女子大学的教授，是郡山大学人文学部宗教学系的系主任，而且他身上还兼了一个职务，类似于郡山大学管本科生教学的副校长。虽然他非常忙，但为了这次对话与翻译，他放弃了自己很多的本科教学（工作）专门请假而来，而且他也是我们武大哲学学院的讲座教授。是我们这里的“国际禅文化研究中心”主任，每年不断地过来和我们分享他的最新研究成果，大家也以热烈的掌声欢迎何燕生教授。

这次对话，大体上分成四个大的问题，第一个问题是：我们可以说亚洲文明是丰富和多元的，亚洲这样一个丰富多元的文明体，其中儒释道三种思想对整个亚洲文明共同体的形成和发展，究竟产生了什么样的主要影响？在这个问题上，我们首先要请木村教授，扼要阐述佛教对亚洲文明共同体形成发展的主要影响。

二、儒、释、道对东亚文明共同体的影响

木村清孝：第一个问题是日本佛教在整个亚洲文明发展过程中做了哪些贡献。

首先我想强调一下，在进行下面的讲话之前的一个前提，日语里面文化与文明这两个词是不同的两个概念，它是分别来使用的。

大家知道 civilization 是文明的一个英文词汇，它的内含多半是指物质，人类对一些事物，表现杰出的时候，它产生的一种优秀的，往往是在物质文明方面的，因此，文明往往是物质建设方面的一个词语。然后 culture，就是文化，虽然也指物质文明，事物啊，一些优秀的东西，但是更多的倾向是精神的。就是说，civilization 和 culture 这两个词，分别是文明和文化，但是它们在日语里面翻译过来就区别开来了，就是因为它具有不同的内涵。因此在接下来我的谈话当中，可能有时候会涉及文化，有时候会涉及文明，所以这件事情需要大家能够理解。

大家知道，我们今天的主题是儒释道，在一般的常识层面来讲，它属于宗教学范围，因此我们把儒教、佛教、道教，都当作一种宗教现象来探讨。大家知道，“宗教”这个词是从英文的religion这个词翻译过来的，但是如果用religion这个词，即用“宗教”这种含义的词来讨论今天的儒释道，会出现一些偏差，既有文化上面理解的偏差，也有一些本质性的偏差。所以，我今天想撇开religion这个概念意义上的儒释道的宗教意义，从另外一个角度结合实际来谈一谈佛教在文明方面的具体情况。

大家都知道佛教诞生于印度，尽管我们目前讨论的佛教是基于中国历史上的思想文化背景而形成的佛教。我们先来回顾一下佛教的历史，它应该是一个包含了印度文化圈内诸多内容的思想体系，而且是一种文化。它不仅限于一个地区，它是在印度很广泛的范围内形成的，然后传到中国，最后传到东南亚、东亚，所以它具有一种文化上的广泛性。佛教首先是一种宗教，同时它还是一种文化，所以它有一种向东亚传播的传播性。

佛教，诞生在2 500年前，诞生于印度的恒河的中流流域，在诞生的这个阶段，除了佛教，还有耆那教、婆罗门教，而（佛教）是在婆罗门教衰微的过程中兴起的，所以，在它诞生的历史背景中，不同思想、不同的宗教在印度历史中有一种相互的碰撞的过程。

佛教诞生的时候，大家知道是释迦牟尼佛，他是悉达多太子，实际上是一个非常小的王族里面的人物，佛教的诞生是在一个小集团里形成的，但是后来就发展成为名副其实的具有宗教内涵的宗教。然后从印度传播到亚洲，在近代传播到西欧、再到欧美，成为一个世界性的宗教。

大家知道，佛教在它的传播过程中，与各种领域发生了一些关联交涉，不仅仅在精神文化方面，特别是在艺术方面，形成了很多不同的，具有佛教文化特色的东西。比如说佛像，大家知道它是吸收了希腊文明的要素，因此佛像的产生就有了西欧文化与文明的内涵。因此，佛教是一种在传播过程中不断吸收不同文明、不同文化的宗教。

与此同时，佛教在政治上所发生的一些作用，我们也不应该忘记。比方说，我们知道佛教传入中国以后，主要是在佛教的经典的翻译方面，在公元5—6世纪南朝梁武帝时代，梁武帝本人是一个非常信仰佛教的皇帝，他当时建立了类似佛教国家的这样一个王朝，它所处的时代跟印度的孔雀王朝和阿育王的时代很相似，在我的印象当中，他们之间好像在文献里面有彼此互动的关系。梁武帝对佛教的重视，当然有好的一面，也有坏的一面。但是不管是好还是坏，从历史的角度来看，能够放眼世界，认真对待当时的佛教存在，我觉得这是一个不应该忘记的历史事件。

关于第一个问题我就谈这些，谢谢大家。

吴根友：好，非常感谢木村教授简明扼要的阐述，木村教授阐述了佛教在中国历史上、文化上、政治上对亚洲和中国的一些影响。在这里面，特别要注意木村教授提到了文明（civilization）和文化（culture）这两个词在日本文化学研究里面的区别。这种区别与德国学术界的区别是一致的。18世纪到19世纪的德国学界，基本上是把这两个概念区别开来的。而日本学界是深受德国学界影响的，所以culture和civilization的区分，是日本学界和德国学界发生很深联系的结果，这是我们需要研究的。接下来我们想请郭老师扼要阐述儒家思想对亚洲文明共同体形成、发展的主要影响，大家欢迎。

郭齐勇：谢谢吴院长、谢谢木村先生、谢谢盖老师！谈论亚洲文明是非常困难的。因为像南亚、西亚、北亚，我们基本上都不是很清楚。我们顶多能谈的是东亚，事实上东亚也很复杂，现在有东南亚、东北亚，而且现在东南亚有马来文化、印度文化和华人带去的文化，文化构成的情况也很复杂。但是还是可以谈的，比方说汉字文化圈，像日本、朝鲜半岛，就有大量的汉文典籍，这些地区的传统社会里老百姓的价值诉求方式，基本上还是以儒释道三教，特别是儒家为主。吴院长要我谈一谈儒家在东亚的作用，我想重点谈的是它在民间的作用，小文化传统里面的作用。小文化传统里面，比方说勤劳、友善、敬业、忠孝，还有像民间更多的讲命、讲运、讲缘，我们刚才讲佛教主要讲缘，我们还讲报应，报恩的报。像这样一些价值取向，社会学家和心理学家，像杨国枢先生、李亦园先生，他们就觉得民间的下层文化，小传统中还是这样一些共同的价值，它在从古代社会向现代社会转进的过程中，有一个由外控制发展为由内控制，即自我控制的过程；有的这种神秘性的东西，就变成了公理性的东西；有的是从僵固的东西变成了流变的东西，实行了一个翻转。也就是说，在东亚的汉字文化圈里，虽然文化有很大的区别，但是在现代化转进的过程中，基本上是一个传统文化的价值，特别是儒学，以及跟儒学有一些联系的这些价值，在这个过程中起到一个基础的作用。1999 年到 2000 年，新加坡国立大学的李焯然教授等人，在新加坡和上海做了一个问卷调查，他们列举了 54 个价值。在新加坡，他们发现“孝顺父母”“讲求信用”“诚恳”“重视教育”“以家庭为中心”“廉洁”“勤劳”“仁爱”“修养”都成为排在前面的一些价值。像“孝悌”“家庭伦理”在现代社会非常重要！他们在上海的调查和在新加坡的调查比较相近。不过上海人比新加坡人的个体意识更加凸显。在 2016 年到 2017 年间，我的一些学生曾经组成一个团队在中国的几个地方收集样本，发了很多问卷，收集了 2 753 份有效的抽样本的调查。他们的调查结果显示当代中国人的价值，虽然有几个地域有不同的差别，但总体上排在前面的价值观念是：孝顺父母、独立性、遵守纪律、讲究平等、勤俭、实事求是、夫妻和睦、诚信、公平、正义等。大概他们后来做出的研究的结果是说，现代中国人有两方面的价值观念，一方面来自儒家基础的价值观念，比方说家庭、孝悌、家庭感情、家庭伦理、对父母的孝顺等。还有一个就是现代西方传来的价值：自由、平等、公正，这些都是一些现代性的价值观念。研究团队就觉得现代中国人的价值观念是儒家的加西方的，这两种价值在当代社会起着基础的作用。

从整个东亚来说，在从传统社会到现代社会转进的过程中，儒家价值观念在社会底层还是起着一个基础的支撑作用。1996 年，我们到韩国出席一个会议，我记得当时讨论东亚文化问题，结果当天韩国的《东亚日报》，用汉字做通栏的一个标题，写的就是：中国儒学重“仁”、日本儒学重“忠”、韩国儒学重“孝”。“仁”“忠”“孝”都是儒家的基本价值，但是在这三国儒学发展的过程中，价值趣味、排列就有一些差别。为什么说在日本，“忠”成为重要的价值观念？它会产生哪些正面和负面的作用？下面我们再找机会讲。但我主要说的是精英层里面的价值观念基本上是：“仁义礼智信”“忠孝仁爱”“礼义廉耻”“四维八德”。东亚汉字文化圈中，虽然日本、韩国都有很多的不同，但是基本上这些价值观念可能还是在社会中起着基础的支撑作用。

吴根友：谢谢郭老师。郭老师从一个非常特别的角度，从儒家思想在民间，就是次文化圈所产生的作用来看儒家对整个东亚文明的塑造。我们确实感受到儒家对亚洲的影响，比如对东北亚的影响。对中亚的影响我们确实不知道，所以这个题目确实比较大。但是郭老师就他研究的特长，做了思想的分析。而且最后给出了一个非常鲜明的观点，就是中国儒学重“仁”、日本儒学重“忠”、韩国儒学重“孝”这样一个非常鲜明的有关各国价值倾向性的判断。说明了儒学对东亚，特别是对东北亚产生的影响。事实上，像南亚、东南亚，比如我们身边的越南，也是深受儒学影响的。在越南儒学发展的具体情况是怎么样的？后面还可以向郭老师提问。下面我们请盖教授来扼要阐述一下：道家和道教思想对于亚洲文明共同体形成和发展起到了哪些主要影响，大家欢迎。

盖建民：非常高兴能有机会来到珞珈山，来到我们国内中国哲学研究的重镇，跟大家一起交流儒释道三教对东亚文明的影响这个题目。刚才我们的院长根友兄介绍说，郭老师代表儒家，木村教授代表释家，我代表道家。但是我感觉郭老师现在越来越像道家了，在这里最像儒家的就是我们“衣冠楚楚”的吴院长。我呢，我今天的打扮是内道外西。嗯，为什么这样讲呢，我这次刚刚从厦门过来，非常热！昨天在这边讲座，衣服穿少了，今天本来想穿一个羽绒服过来，我发现羽绒服又太热。我本来代表道家，那我应该要穿一个像道家的衣服，又发现太冷了，于是我就临时披了一个西装。因为我做道家的，怎么舒服就怎么来。我的太太专门跟我说，你要去跟郭老师这样的前辈一起讲演，你应该穿正式一点，于是给我准备了一条西装裤，我发现西装裤穿起来很难受，就穿了一条运动裤。可以看出儒释道三教在生活态度上还是不太一样的。道家讲什么，讲随性自然。自然，就是道；道，就是自然。我非常赞同刚才郭老师说的儒家文化，还有木村教授讲的释家文化，对东亚文明共同体都有很深刻的作用。但是我在这里想表达一点不一样的看法。郭老师讲的作用我完全赞同，但儒家文化对那些读书人可能是比较有作用，对你们这些本科以上的，在过去来说，至少秀才以上的人比较管用。对那些山野村夫恐怕还是我们道家比较管用。

所以我想说，东亚文明是一个大课题，吴院长给我出了一个很大的题目，说句老实话，我这两天一直在思考，木村教授是东京大学的著名学者，郭老师又是我的老师辈的学者，我怎么讲这个问题？我这两天有点不“自然”了。但我想借用英国非常著名的研究中国科技文明的李约瑟博士的一句话。他写了一本大书——《中国的科技与文明》，翻译成汉语后就变成了《中国科技史》，实际上它的原文是《中国的科技与文明》。这本书的第一卷，就叫作道家思想史卷，他有一个结论：说道家哲学虽然含有政治集体主义、宗教神秘主义，以及个人修炼成仙的各种因素，但它却发展了科学态度和关于科学态度的许多重要特点，因而对中国科学史有着头等的重要性。此外，道家又根据它们的原理而行动，由此之故，东亚的化学、矿物学、植物学、动物学和药物学都起源于道家。李约瑟先生的名字如雷贯耳。他的这本科技史著作，我们国内对它的评价很高，但是海外一些学者对它却产生了质疑，因为他有一个论说的模式，即就科学文明来说，道家是起正面的作用，儒家是起负面的作用，释家是起消极的作用。当然这个说法是可以商榷的，因为李约瑟崇尚道家，他的道号叫宋荣子。尽管李约瑟先生的观点有很多可商榷之处，像美国的科技史家席文教授就说，不能说道士吃米，就说米是道士（种出来）的。对中国科技文明来说，有很多的“米”，难道都是道士们在洞天福地里面播种浇灌的，有很多的“米”是道士收割的？因此，李约瑟说东亚的化学、矿物学、植物学、动物学和药物学都起源于道家，是不可信的。不过，李约瑟讲的道家是一种广义的（道家），包括先秦的道家，以及后来的继承者道教在内。我想，今天我们谈论儒释道对东亚文明的贡献，可以分两个方面来展开：一个是人文主义精神方面的贡献；另一个是物质文明方面的贡献、科技文明方面的贡献。我前面讲的最主要的是什么？是道家对科技文明的贡献，如果借用李约瑟的这句话来说，道家实际上是对科技文明起过积极作用的。

下面我还想接着郭老师、木村教授他们的话题，谈一下道家在人文主义精神方面对东亚文明共同体的作用，我想用非常简短的几句话来概述。古老的道家文化，不是博物馆里面的古化石，它是现实生活中的一种活生态。它在历史上对东亚的人文主义精神的形成、发展起过重要的作用。比如说，崇尚自然、尊道贵德、重生贵人。这些精神都是从道家思想文化中开出的一种精神文明的东西。尤其是道家里面讲的自然无为、道性自然、天人合一这种生态的思想，对我们东亚文明形成崇尚自然、珍惜生命、关爱绿色、自然的这样一种生活态度，实际上起到了一种潜移默化的影响。这个就是我要谈的几点。

吴根友：盖教授选择了一个非常独特的视角，特别是引用了李约瑟博士的研究成果，高度肯定了道家、道教在整个前科学期，对东亚的化学、矿物学、植物学、动物学上所起到的作用。而后面他又特别强调了东亚文化圈里面，道家、道教给予的人文精神方面的影响也是很多的。比如崇尚自然、道法自然、尊生贵人等。前面三位教授，分别从不同的视角对儒释道三家文明或者三家思想，对东亚的或者说对亚洲的一些地区，在民间生活、政治生活、普泛性的科学生活中产生的各自影响进行了阐述。所以我们今天的文化传统和现状里面，实际上还是包含着儒、佛、道三家的思想，很多研究队伍正在研究三教的具体内容及其影响。

现在我们讨论第二个问题。因为我们讲文明对话，所以我们要回应文明冲突这样一种观念，我们的第二个问题就是：儒释道三教文化思想的差异、矛盾，乃至有局部的冲突，如佛教引入中国的时候也有局部的冲突。但我们讲这样一些局部的冲突，为什么没有引发文化、民族、国家之间大规模的冲突和战争。了解文化史的人都知道，基督教跟伊斯兰教之间是有冲突的，“十字军东征”对西欧的文化、经济和社会的影响是一种毁灭性的、负面的影响，这种毁灭性的影响时间是很长的。我们讲儒释道三家思想也有矛盾和冲突，为什么亚洲和东亚民族不会因为这些宗教思想文化的一些矛盾而形成大规模的冲突。这样一个问题，我们也请教三位教授。首先请木村教授对这一问题做一个扼要的阐述。

三、三教文化与文明冲突论

木村清孝：首先从佛教的角度来谈谈这个问题。关于三教之间，尽管有一些不同的利益和立场，但没有发展到暴力的冲突，像十字军东征这样的一种宗教战争。从结论来讲，佛教自始至终保持一种共存的立场，与其他的文化、其他的思想采取一种共存的态度。所以它传到东亚来以后，一直保留着这种态度，而且是和其他文化彼此承认、互相认同的。因为佛教当初采取这样一种态度，所以它在发展、传播的过程中，虽然与其他文化也有冲突，甚至也有一些对抗，但没发生暴力的事件。这与它当初的思想态度有关系。

就这个问题我举两个简单的例子，首先，我们知道，佛教传入中国是在公元二世纪。它的传播过程采取一种翻译的方式，然后它在中国社会传播，之后再被吸收到中国社会之中。它初期的传播，就是在早期佛典汉译的过程中，采取、利用一些儒家和道家的语言，而且也吸收了一些他们的思想。再举一个简单例子，大家知道儒教当时强调“仁”“仁爱”“仁义”的思想，关于“仁”，佛教在早期佛经翻译的时候，采取一种调和的方法，用“仁慈”的概念，大家知道“仁慈”，是佛教翻译过程中产生的一个词语，或者有的时候也用“慈仁”。所以在概念上佛教对儒学采取了一种调和的态度。举另外一个例子，就是孝，刚才郭老师在他的发言当中谈到儒家孝的问题，其实，我的名字里面就有“孝”这个字。大家知道，佛教初入中国的时候，在对孝的问题上有一些争议。但是，佛教发展到宋代以后，虽然与孝仍然有紧张关系，但是开始强调大孝论。小孝，佛教可以承认他不能与儒家相同，但是从大孝的角度讲，应该是一样的，所以到宋代以后，佛教就开始从“大孝”的角度，倡导“大孝”与中国文化相结合，这是佛教的一个态度。再者，就盖老师刚才谈到的道家的情况，再举个例子，就是“道”这个概念。在早期的佛典翻译过程中，佛教采用了道家“道法自然”的“自然”这个概念。后来它还使用了“无”这个概念等等，佛家的文化，其实也是从道家自然之道的角度吸收了很多内容，然后发展起来的。最显著的例子，汉译佛教经典也强调“道”。这个“道”，我们说它应该是吸收了道家道教的思想内涵。所以，现在无论是从“自然”，或是从“无”，或是从“道”这三个概念来讲，对于佛教来说，它们都是非常重要、缺一不可的重要概念。

以上举这三个例子，我们可以看到，佛教既吸收了道家、儒家的那种思想，也保留了佛教自身的内涵，所以我们可以看到，三教在中国的发展，采取了一种调和的方式，从不同的角度阐述了同一个目标，这个目标和“仁”一样，我认为就是圣人之教，它采取翻译的手段来消化这种隔阂。我刚才特别强调了，说佛教自从一开始，就强调与其他文化的融合，它本身就具有这种调和的思想土壤。

我再从现象的角度来谈一个例子，大家知道，道教里面有从佛教《大藏经》《一切有部》这样的文本吸收内容。道教进行的组织化中，也吸收了佛教的一些东西。同时也应该指出，禅宗，其实在很大程度上也受到了道家和道教的影响。所以从这个角度来讲，佛教传入中国以后，它产生的宗派，与道教也好，儒家也好，是互相影响的。无论从实质层面还是从形式、现象层面，都进行了中国化的过程。我同时要强调一点，佛教在整个形成的过程中，一直采取儒释道三教共存的态度，所以在历史上没有发生宗教战争。除了它们有这种态度以外，还有，三教有一个共同点，它们没有跟一般社会，比方说国家发生正面冲突，三教自身没有力量干预民间、干预整个社会与国家的力量，这是我最后要补充的。我的结论是，佛教，包括儒家、道教在世俗社会方面，与国家的这种关系上，如何来超越它？克服这些方面的问题，应该是今后摆在三教之间的一个很重要的课题。也就是说，如何在方向性方面，共同致力的一种价值观念，应该是一个很重要的问题，今后，我们要探索这样一个问题。

吴根友：刚才木村教授非常宏观地阐述了这样一个问题，而且特别强调说佛教传到中国来，采取的是一个适应和融合的政策，在理论上化解与儒家、道教的冲突，而且在生活层面，也没有力量来引导国家政治力量发动战争，不太容易形成三教冲突。下面我们请郭老师从宗教冲突的角度来探讨三教之间的文化差异，为何能够避免如基督教十字军东征这样的战争。

郭齐勇：吴院长提的题目非常重要，也非常不容易回答，刚才木村教授很有智慧，讲的几点非常好。我想世界上有很多纷争是同源的，跟三大宗教之间有关。一直到今天，比如像9·11这样的事件，离开了宗教，我们就无法讨论。基督教文明和伊斯兰教文明之间的紧张，问题太复杂，也不是我们今天要讨论的问题。但儒释道三教在亚洲、在东亚基本上是协调的，木村教授刚才讲了，诸如政治和宗教的关系，和思想的关系，各宗教之间的关系，整体上是协调的。中国历史上也曾经出现过三武灭佛事件，那是王权对佛教的一种冲击。发生三武灭佛事件的背景，是因为佛教僧团把民间的劳动力都圈进去了，使得政府的农业税收不到了，中国朝廷在经济上收不到足够的农业税，政府与宗教团体之间在经济上的冲突很严重，这是政教冲突的一个明显的例子，但是这种冲突的时间很短暂。从长期的发展来看，亚洲的，特别是东亚的政权，在一定意义上，他们依靠儒释道三教在收人心，去平衡、调节社会矛盾。我们知道，中国在长期的发展过程中，战国的百家争鸣以后，从汉代政府慢慢地过渡到隋唐的一段时期里，宗教的冲突基本上是三教的首领们论战，他们之间的争辩、矛盾、冲突，基本上还是一种学理性的矛盾与冲突，不是一种利益性的争夺。因此，三教就比较容易在政治上与王权相配合。在佛教史上虽然有“沙门不敬王者论”，实际上，大家知道都有很多变通的方法，政治和宗教的关系，整体上带有和谐性的特点，这是第一点。第二点，就三教本身而言，他们都是学习性的文明，他们之间都在互相吸收。比方说儒家，就从道家道教里面学到了很多东西，天地与我并生，万物与我为一，这本来是庄子所说的，后来这个命题慢慢转化，就变成了儒家的一个命题——天人合一或者天地合一，到张载以后，宋明儒学经常吸取道家、道教很多的营养，又吸取了佛家的很多营养，比方说慈悲，这种主要从佛教里面吸取的思想内容，是那个时代人们都要学的内典。为什么要学内典？就是要对心性进行研究。儒家的心性论是从佛教、道教，特别是佛家那里学习过来的，中国早期的儒家是一个粗放型的思想体系，它主要是讨论如何安定家国天下的，也可以说是一种社会伦理，后来慢慢地吸取了佛教、道教的这些东西，就有了形而上学的建构，儒家的心性论思想，主要还是吸取佛道的一个结果。

儒家在社会层面的作用，主要还是通过他的社会理论需求满足了家庭、社会、家国天下一体的社会需求。比方说，乡下老百姓，他们很多人识字不多，甚至不识字，但这些识字不多，甚至不识字的女性、母亲、祖母，她们身上携带了很多儒家文化的密码。像孝悌忠信、礼义廉耻，教给孩子们，特别在农业社会交给儿子们，都是母亲文化教育的结果，因此，儒家文化实际上是靠中国的母亲文化，一代一代传承下来的，你看孟母就是典型的例子。现在有人说中国要设立母亲节，我是很赞成的。我的母亲文化程度很低，她对我们这些孩子们的教育完全是一种儒家式的，我们家的五男二女——五个男孩，两个女孩的成长，特别是男孩子的成长，基本上是在母教的传统哺育之下成长起来的。儒家传统里面有很多女性主义的东西，吴院长有很多研究，你们可以找吴院长了解。我觉得家庭教育基本上是母教，因为男主外，女主内。男人回来以后也要听女人的，所以你们不要以为，儒家或者中国文化中女性是旁落的，不是的。其实女性在家中的地位很高。我们家就是这样子的，在家的内部事务上都是老祖母说了算，或者母亲说了算。男人在外面挣点钱回来，内部事务都是女人管，这便是男主外女主内的家庭实际的结构与样子。其实中国社会的需求，中国王权的需求，都需要有和谐性的文明、学习性的文明，儒释道三教都是和谐性的文明，学习性的文明，所以这两者一拍即合，基本上冲突和矛盾不大。

吴根友：郭老师非常智慧，很巧妙地回答了这个问题，特别讲到了儒家文化本身，或者说整个东亚儒释道三教文明本身所具有的特性，即使有冲突，也不是一种利益冲突，仅仅是一种义理性的冲突。尤其他们都可以与王权相适应。又强调了“三教”都是学习型的文明。这种说法非常好，我想基督教，他们是很自信的吧？要把上帝的福音传遍世界每一个地方。所以传教士有它合理的地方，他们克服困难，艰苦卓绝地传播上帝的福音。但这里面也有很多的品质是儒家和道家、佛教，乃至整个东亚文明似乎并不具备的内容。郭老师特别强调了儒家文化对女性的态度，这一点的确需要我们去认真阐发。儒家的家庭伦理有男主外女主内的观念，由此可以重新考察女性在整个中国文化中的地位。郭老师还特别强调，中国女性结婚之后，她们的姓氏不变，这一点跟西方是不一样的。所以我们需要重新认识儒家文化对女性的关怀，以及一些儒家文化对女性在社会不同岗位和不同位置上的角色安排，这是非常值得深思的。下面我们请盖老师对这个问题做一个扼要的阐述。

盖建民：刚才木村教授与郭老师都谈到了，为什么在东亚文明里面没有形成宗教的冲突或战争，我非常赞同两位老师的意见，尤其特别赞同刚才郭老师说的，他的母亲是一个女性主义者。但是我认为，郭老师的母亲可能是一个道家徒。为什么这样讲呢？因为儒家是尚刚的，道家是守柔的，道家特别尊重女性。道家的一个特点，如元代马端临说，道家是杂而多端。表面上看好像是批评道家，实际上他点出了道家的一种胸怀、一种胸襟。道家是海纳百川、有容乃大，具有一种包容精神。道家的思想就是不争与协商。现在习总书记强调，通过文明对话来超越文明的冲突，通过文明的互鉴来超越文明的优越，通过文明的交流来超越文明的隔阂，我觉得这是一种高瞻远瞩的思想。这种思想在道家的思想里面，可以得到淋漓尽致的表达。比如说，大家都知道老子的《道德经》，里面就有道家所谓的三宝：一曰慈、二曰俭、三曰不敢为天下先。这个“慈”，现在人肯定的比较多，叫慈宝，慈悲为怀。这个“俭”，是道家特别重视的，所以道家的道观啊，都是非常简朴的，不像佛家的金碧辉煌，雕龙画虎的；对于“不敢为天下先”，自 1990 年开始，批评道家的人比较多了，提倡要敢为天下先。实际上，批评这句话的人是没有理解老子这句话背后的微言大义。现在人们慢慢理解了，它实际上强调的是人们的一种守慈、谦让，是一种谦让之宝。能够形成某种文明的共同体，谦让是非常重要的，所以说，它实际上是谦宝。道家特别强调谦下、守柔，虚静自然的精神。我觉得，在中国或者乃至整个东亚文明，道家思想是一种浸润在骨子里面的精神。人年轻的时候可能是一个儒家，要强调三不朽；到了中年可能就应该学一点佛家；老年可能就功成身退了，这就是我们道家的一种思想、一种精神。我特别强调，儒释道三教之间之所以没有形成像西方宗教的激烈的冲突，跟我们道家的思想主张有非常密切的关系。比如说，老子《道德经》里面特别强调的“不争”的这种智慧，我随便举几段，《道德经》里面谈到“不争”的，有这么几章，我念一下。第八章里面特别强调说“事善能，动善时”，就是做事要强调发挥所长，你的行动要选择恰当的时机，后面有一句话，“夫唯不争，故无忧”。它就特别强调要协商、要协调。《道德经》第二十二章特别强调：“不自见故明，不自是故彰，不自伐故有功，不自矜故长。夫唯不争，天下莫之以能争。”他把这种精神称之为“心宁”，一种非常高的智慧。这个“不争”的思想，对于今天吴院长讲的“文明共同体”的形成，实际上起到了重要的作用。

吴根友：非常感谢三位教授从不同的角度回答了亚洲儒释道三教虽然也有些矛盾，为什么没有发生宗教冲突、宗教战争这样一个大问题。大家的出发点不尽相同，有从社会的角度、有从政治的角度、有从文化的角度，但大家似乎都有一个共同特点，就是从三教自身的教义，宗教性质出发，发掘这些宗教精神中谦让的，协调的思想元素。特别是郭老师提出了“学习型宗教”这个重要的观念，我个人觉得，这应该是以往我们在讨论“三教”时有没有触及的问题，我觉得非常好。盖老师特别强调道家所包括的谦让的、不争的智慧，根本就不可能发生大规模的宗教战争和冲突。木村教授讲得非常有意思，认为三者都是“圣人之教”，刚才我在聆听的过程中不断地思考：面对这样重要的词汇，是否可以认为西方宗教，或者亚伯拉罕的一神教，是一种“英雄的宗教”呢？我的说法不是定论，如果有时间，我们可以讨论这个问题。

接下来，我们讲第三个问题，在今天及未来相当长的一段时间，儒释道三教的思想对促进亚洲文明对话、构建亚洲命运共同体将发挥什么样的作用？为什么要思考这个问题？大家认真思考一下，亚洲在地理上是一个名词，但是亚洲精神是不是一个共同体？有没有一个统一的亚洲精神？我们现在讲世界在全球化，在精神上要求达到人类一体，有共同的命运，而不只是在经济文化上相互的消费。那么，亚洲内部，特别是东亚，儒释道三教，在整个亚洲，中亚、西亚、南亚、北亚的文明对话过程当中，在精神上能不能形成“亚洲命运共同体”？在这样的问题上，我们古老的智慧、深厚的文化，将会产生什么样的作用？在这里，我想请木村教授，从佛教的角度来阐述一下在亚洲文化共同体形成的过程中，在亚洲文明对话的过程中，佛教将会起到什么样的积极作用？

四、三教文化与亚洲文明共同体

木村清孝：这个问题是一个很大的题目，也是一个很难的题目，刚才我讲到佛教在传播过程中有好的一面也有不好的一面。我们要对佛教，包括三教进行一个深刻的自我反思。刚才郭老师谈到儒家，儒教是一个学习之教，我觉得很有意思，应该从这个角度去进行自我的深刻反思。佛教的情况，我刚才讲了它与自然的关系，但我想借这个机会补充一下佛教的宇宙观、世界观，大家知道佛教不是把世界作为一个世界来看待的，佛教里面有大三千、大千世界的说法。当然这不是从近代物理科学的角度来观察的一种结果，它是从一种直观的角度，像我研究的华严宗也是这样的情况。我们应该从宇宙观、世界观的角度进行反思，我们要怎么去认识这个客观世界，这一点是需要进行反思的。

第二个就是说我们要从每个人的心理层面进行自我分析，比方说我们是如何把握我们的潜意识的？我觉得这也是很重要的问题。我们不能停留在一些事物的表层去探讨，应该从潜在意识的方面探讨。除了每个人的潜意识以外，每个人的共同意识也很重要。我是日本人，那么日本人的共同体意识是什么？历史上经常发生这样的事情，中国也是这样，为什么我们共同体会的个人层面的意识，一旦发生在共同体之中，就会出现这样一种倾向？这是一个值得我们去关注的问题。有些问题是自发的，有些问题并不是自发的，所以我认为，在回答这个问题的时候，应该从两个方面去进行一种自我反思，提出一个新的价值体系来，从佛教的角度来讲，认为这是很重要的。

郭齐勇：木村教授刚才讲，对于这样一个问题，我们很难预测。儒释道三教在我国未来的社会当中，继续起作用是可能的。儒家，也包括释道，将来仍然是一种社会黏合剂，过去是、现在是，将来还是东亚文明的一个体现，我认为儒释道三教就是我们东亚文明的体现。因为，在我们长期的历史发展中，儒释道起着凝聚社会、整治人心，给人以安身立命这样一种信仰的作用，因此，我觉得在未来还是需要他们，他们本身也还会发展。从历史的角度来看，从日本德川时代到现在差不多近两百年，就算不到两百年，大概也将近两百年了。在朝鲜半岛的朝鲜时代已经有五个多世纪，即五百余年，至少在这两个时期，儒学、朱子学，在韩国与在日本的表现形式不一样，但都有一个很大的发展。因此，我觉得在未来时代，儒家还会继续在社会中起黏合剂作用，整合社会、团结社会。社会中现在有很多矛盾，官民之间，公司之间，公司里面的老板和员工之间我觉得还是要靠儒释道三教居中来起一些滋润的作用，润滑剂的作用。现在看起来未来社会是西化的思想，以西方的价值为主，从制度层面、组织结构，到内在的价值方式，从外缘性的器物文化到中间层的制度文化，到内核的价值文化，整个东亚文化在这 200 年来，已经往西走得很厉害。东方思想能够起多大作用，还要靠东亚人自己的自觉，一方面儒释道三教还要有创造性的转化，要克服自身的一些缺漏，有更加健康的、健全的意识，把它创造性地协调出来、发挥出来、转化出来。另一方面，还要更好地适应未来的社会，使我们的后代真正能够从东方思想中吸取营养，特别是用来解决他们的安身立命的问题。因此，我们相信在西化狂潮汹涌的今天，振兴儒释道，具有非常重要的作用，不仅对社会、对国家、对民族，而且对我们个人、对家庭都是这样的。

吴根友：好，非常感谢郭老师，很有信心地讲儒家，其实也包括儒释道三家在未来作为黏合剂的作用与意义。而且特别强调了在各种矛盾下：官民矛盾、公司中员工与老板的矛盾，以及社会各个阶层利益关系如何协调等方面所起到的润滑剂的作用，等等。后面也讲到文化的自我转化和创新的问题，东亚人进行文化创新的自觉，与前面木村先生所讲的我们通过深层的意识的反省等。这些讲法都很有意义。

润滑剂的作用大家不要小瞧，在座的同学，如果你会开车的话就会知道，车子开动的时候如果没有润滑剂，所有硬的零件都在摩擦，车子的寿命很快就没有了。尽管润滑剂的含量很小，但是车子发动的时候，如果没有这个润滑剂，虽然可以开得动，但车子的各个零件很快就会磨损。所以不要小瞧润滑剂的作用，开过车子的人就会知道这个道理。冬天你开车的时候，润滑剂还没融化的时候，那个车子开起来吭哧吭哧的，好多车子都是这样，但是跑个十公里二十公里，整个润滑剂融化以后，车子开得就很润滑了。所以润滑剂的功能啊，绝对是强大的。大家从文化的角度看，人与人之间如果没有这样的润滑剂（文化观念上的协调），大家之间仅仅从利益纷争的角度去理解，那么整个人类就会人将不人了。这点大家可以好好地体会郭老师所讲的润滑剂的作用。下面我们请盖教授从道家道教思想的角度来阐述一下儒释道三教对于亚洲文明对话，构建亚洲文明共同体的作用。

盖建民：这个命题是一个典型的儒家的问题，道家从来不担心这个问题。道家就是“天地与我共在，万物与我同生”。这个问题是儒家忧国忧民的一个体现。道家，它强调活在当下，乐和就好了。它也不像我们的一些新儒家，说要建立一个儒家文化保护区。道家认为，文化就像大道一样，川流不息，是永远存在的。只要宇宙在，道就在。但是这个话题也很有意义，那么我就从道家的角度去做一点回答，算是对吴院长做一点回应。

我个人以为，道家的思想对未来人类命运共同体的形成和发展还是有作用的，这个作用实际上就是我们学界经常谈论的一个问题，即道家文化的现代性问题。我个人认为，道家文化不仅仅是博物馆里供人欣赏的古化石，也是有现代意义的活生态。它对当代人、对当代社会、对当代所谓的亚洲，或者东亚的人类命运共同体，究竟起到什么样的作用呢？我想还是从道家文化的一些特质上来阐述。2020 年夏天有一部动画片火了，大家都知道是《哪吒》。《哪吒》的编剧是四川大学的毕业生，是一个学医的作者，据说票房价值是 50 亿元。那么这部动画片创造了财富，它的核心思想就是我们道家的一个思想，叫作“我命在我不在大”。这个“我命在我不在天”的思想，反映了道家对生命、对命运的一种态度。它典出自道经——《善生经》，晋代有一部经典，六朝时期的叫《惜生经》。在葛洪《抱朴子·内篇》里面也引述了一部道书叫《龟甲经》，葛洪说：“我命在我不在天，还丹成经亿万年”。葛洪，大家都知道它是一个典型的内道外儒式的道教学者，他引《龟甲经》“我命在我不在天，还丹成经亿万年”的本意，是为了说明和论证“还丹大药”的无比神力。但是这一思想鼓舞了历代道家勤修道书、形神兼养、性命双修，试图夺天地造化，实现对生命的控制和超越。对有限生命的这种超越，儒释道三教的超越方式是不太一样的。道家既有外在的超越形式，同时更加强调内在的超越，通过内外兼修来达到一种寿与天地相比的人生境界。这种境界、精神，我个人认为，在未来社会的发展中，就体现出我们对宇宙生命，对自然生命的尊重。这种尊重是有它的现代意义的。我个人认为，道家的现代意义可能有以下三点：

（1）身为第一，重生、贵生的乐观主义人生态度和精神风骨。道家是强调重生的，这种生为第一的精神，就表现出道家的一种洒脱的人生态度。所以道家从来不担心自己的学说会消亡，他也没有想到要去建立一个道家文化保护区。

（2）这种思想强调性命是由己的，操之在我。性命的问题，在先秦的很多经典里面都有过阐述，对于命运的把握，道家特别强调我的命运，由我来做主。生命是可以通过我自己的内修外炼，达到超越有限的界限，不断地突破这种有限，达到一种无限。这种精神是有它的现代意义的。

（3）就是道家的理念，还不仅仅是停留在形而上的玄学学理上的论述层面，道家还把形而上的道跟形而下的术结合起来，以道来驭术，以术到体道、以术来进道。所以他这种尊重生命的思想，体现出一种“衍生有术”的生命实践的操作。这种实践精神在我们追求生命、生活的健康，推动我们生命科学的发展方面，是有积极意义的。

最后，我想借用《度人经》里面的一句话来结束我今天的发言。《度人经》里面特别强调，不同的思想、不同的文明、不同的思想要素之间是可以相互交流、交融的，它的原话是这样讲的，“齐同和乐，一股澄清，国安民丰，心乐太平。”也就是通过“齐同和乐，一股澄清”，可以达到一种国安、民丰、天下太平的理想世界。用现代的一句话，就是通过一种对话——文明的对话来超越文明的冲突，通过文明的交流来消解文明的隔阂，通过文明的互鉴来超越文明的优越，以及种种对文明的偏见，这样一来，我们就有可能构建出一个比较理想的人类精神文明的共同体。

吴根友：第三个问题确实是一个大问题，因为我们都不是预言家，所以很难讲儒释道三教在未来各方面会起怎样的作用。但是刚才郭老师、木村教授，以及盖教授都从各自的思想传统，很有信心地讲道：在未来的亚洲生活中间，在文明的交流中间，三家仍然会发挥各自的价值和功能。木村教授特别强调如何把握个人的潜意识，而且提到日本人共同的潜意识中间的共同体意识和它与个人意识的差异，以及与中国人的共同体意识和每个人的个人意识的差异。这就深入到我们思想的内核，就是民族的集体无意识这样一个反省的层面。所以我觉得，儒释道三教究竟能不能发挥作用，我们必须要深入自己的文化传统进行反省和批评，然后弃旧扬新，进行创造性的转化，我觉得这点非常重要。郭老师刚才讲的是三教文化黏合剂、润滑剂的作用，也特别强调了东亚人的文化自觉，然后是儒释道三教的自我创造性，以及自身适应未来社会，然后对社会产生作用的次第问题。盖老师非常有信心，而且始终持守道家的立场，认为道家不会对这个问题产生担忧，因为大自然天道流行，一切会在“道”的运行下有自己的位置。他特别强调了“哪吒闹海”这样一个改编背后的思想——“我命在我不在天”的命题，凸显了道家、道教非常强调“主体性”的思想面向。同时，又特别强调了道家“尊生”“乐生”“性命由己”“齐同和乐”的思想在构建亚洲文明共同体时的意义，以及道家道教可能会发挥的作用。当然，这里面会遇到一些很复杂的问题，我们亚洲文明里面有很多其他的宗教，比如印度教、耆那教，还有信众众多，且还有很有活力的伊斯兰教。儒释道三教都会面对这些宗教出现一些文化竞争，因此，在这里我们讲亚洲文明的对话和亚洲命运共同体的建立，儒释道三教在这种文明构建中究竟会发生怎么样的作用，并没有现成的答案，需要大家去认真思考。今天的这个对话仅仅是开了一个头，后面很多理论思考和现实性的要求与关怀，将会不断地促进我们对这个问题进行深入的思考。

接下来我们进行第四个问题。因为三位教授都是儒释道三教研究领域的大家。而且他们对于彼此的研究都比较了解，比如说郭老师对佛教、道教很有研究，盖老师对佛家、儒家也很有研究，木村教授对整个中国思想都有研究。但是今天这个对话当中三位教授扮演的是不同角色，分别代表了儒释道三教文化各自的一些特征。因此，最后我们要讲一个知识性的问题，就是让三位教授各自阐述一下佛教、儒家、道教在不同的文化领域和形式里所具有的特点及其贡献。因为在场有很多研究生，我们希望这场对话也有一种知识的教育作用。首先请木村教授扼要地阐述日本佛教的特点，及佛教对日本文化的贡献。

五、三教文化的知性特征

木村清孝：大家知道佛教是两千五百年前诞生的一个宗教。它在中国文化圈里面发挥了很大的影响。刚才郭老师谈到了汉字文化圈，的确从汉字文化圈的特征来讲，佛教通过它的传播发挥了很重要的作用。从日本佛教的角度来讲，他们思考这个问题的时候，可能是从东亚佛教的概念出发来思考的。因为日本佛教的基础是建立在中国和朝鲜半岛的基础上的，所以在考虑日本佛教特色的时候，是按照东亚佛教的观念来思考的。还有一点，日本佛教往往是从大乘佛教的角度来考虑中国、朝鲜半岛、日本佛教的共同的特色，希望建立一个大乘佛教的共同体。大家知道，佛教是一种脱俗性的宗教，从世俗社会的解脱叫脱俗，它有这种倾向。但是从东亚佛教的角度来看，它同时又有一个化俗，即教化世俗的过程。脱俗是表现一种智慧层面的内容，化俗的表现在佛教则属于慈悲层面的内容。从整个东亚佛教发展的特征来讲，我认为，在化俗这个层面，它发挥的作用好像更大一点。我举个例子，中国和日本的佛教从形象整体层面来讲，有什么样的不同表现呢？中国佛教还是强调出家的，当然它也有在家主义的思想，但是主要表现在出家这个层面，比方说僧侣一般都不结婚，当然这是从现象层面讲。日本佛教的僧侣是可以结婚的。这种情况，是因为有大乘佛教作背景，它强调在家化俗这样一种倾向。在戒律方面，中国佛教最大的一个基础戒律，就是僧戒，从佛教的本意来讲，它是应该这么讲。但是到日本之后，它强调菩萨戒，他们认为，破戒是一时性的行为，只是在自己的心灵上造成一时的污染，并不是一个很严重的行为。

还有一点我想指出来，就是说宗派性。中日佛教的不同点在哪里呢？中国当然也有佛教宗派，而且有很多宗派，但从历史来讲，它不像日本这么强烈，它的宗派的意识还是比较软弱的。与日本相比的话，日本佛教的宗派意识是非常明显的。它是建立在很明显的宗派性的基础上来互相学习、修行，进行自我认同。当然，到近代以后，也开始出现一些反省性的情况，但从经济角度来讲，宗派性是日本佛教目前一个非常明显的特色。大家知道，上座部佛教现在不仅仅是停留在东南亚，它在世界上也有传播。但从上座部佛教角度来看日本佛教，就会认为日本佛教不是真正的佛教。但是，我要说一下，在现代社会的潮流当中，佛教应该如何发展呢？在这种情况下，日本采取了另外一种形式，就是适应现代社会潮流的方式在发展佛教。因此，我认为日本佛教采取了一种独自的发展形式，是一种新佛教。在两千五百年以后，它诞生了另外一种新型的发展模式，表现出一种新姿态。

吴根友：非常感谢。木村教授言简意赅地把中日佛教之间的同和异做了非常深入浅出的讲解。日本佛教和中国佛教其实都有一个特点，都是入世、入俗、化俗，都强调慈悲，这个也非常重要。当然，这里也是同中有异。虽然都是入俗化俗，但是中国的佛教强调出家，日本的佛教强调在家，僧侣可以结婚，在家更能起到化俗的作用。然后特别强调了戒律方面的不同，这方面我今天十分受教。在戒律方面，日本佛教认为偶尔的破戒在修行中并不那么要紧，仅仅是人心在某一个时间段受到干扰和污染。然后强调宗派性等。这些特点都非常有意思。可以看到佛教在中国、日本、韩国（当然今天我们这里差一个韩国教授）都有差异。所以文化发展起来就非常有意思。至于未来的佛教怎么发展，对日本社会起到什么影响，它是采用了日本自身的发展模式。如果有机会到日本去旅游，可以看到日本的佛教，以及各种各样的寺庙，与中国的不一样，值得大家去看一下。

接下来请郭老师简明扼要地介绍一下中日韩三国儒学的特点，以及现代新儒学对亚洲文明共同体塑造可能起到的作用。为什么出这样一个题目，因为郭老师近十几年来的研究对东亚有整体性的把握，而且和日韩的众多教授有接触。所以他对中日韩的儒学都有比较好的了解。郭老师本人也是新儒家研究的顶尖人物之一。在萧先生的指导下，他的熊十力研究在大陆开风气之先。他对熊、牟都有整体的把握，所以我觉得郭老师讲这个问题，真的是再合适不过了，但今天留给郭老师的时间非常有限，所以只能扼要地讲一下。有请郭老师。

郭齐勇：盖老师准备了一大本子，应该有更多的内容要讲。儒家在中日韩的表现，其实是非常多样的，很不相同的。当然，整个儒家的共同方面是美政美俗。儒家的功能就是美政美俗。对于政治它有干预、参与、批评，当然这是为了让政治、社会更好、更健全地发展。对于化民成俗，刚才木村教授讲到了，它的教育作用很重要。中国文化和其他文化的不同在于重教育，还有一个就是它不是以宗教为中心，而是以道德为中心。这两个特点，都是儒家文化带给中国文化的。结合起来就是说，中国文化特别重视道德的教育。无论是社会的教育、学校的教育，还是家庭的教育，都是道德的教育，这一点非常重要。中日韩的基本状况，我认为都是很重视道德教育，以这个为枢纽。当然中日韩儒学的发展有不同的形式，不同的内容。中国的儒学传到朝鲜半岛发生了很多变化，比方说朱子学、性理学发展到朝鲜，有些人物像罗钦顺，我们后来是讲唯物主义的思想家的时候才讲到罗钦顺（罗整庵）。可是罗钦顺先生在朝鲜所受到的重视远胜于在中国本土所受到的重视。还有朱子学，在朝鲜，他们认为自己是本源的朱子学，而罗钦顺被认为是修正的朱子学。从元朝把道学、理学传到朝鲜半岛以后，朝鲜半岛有几代人包括郑梦周、李退溪、李栗谷。从高丽末期到整个的朝鲜时代，经过几百年的发展，结果他们发展的朱子学、性理学和中国的朱子学、性理学就不一样了。比方说，他们的讨论和争论叫“四七之辩”。四是指四端——恻隐、羞恶、是非、辞让，七是指的“七情”。中国儒学没有“四端七情”这样细致的讨论，而韩国儒学对此问题讨论了几百年，至少争辩了两百多年。几代人都在争辩，李退溪、李栗谷意见都不一样。李退溪是韩国的朱子，李栗谷也是性理学家。他们两个人的形象在韩币上都有，李栗谷的妈妈也上了韩币。韩国人有文化，他们的钱币上不是政治人物，而是文化人物。李退溪尊重朱子，讲理气互发——理和气相互地激发，他是有创造性的转化的。而李栗谷反对理气互发，他讲“气发理乘之”。它有点像朱子所说的，气是发动的、流动的、创造的、有活力的。理就像人骑马一样，乘在气上，等等。所以，李退溪和李栗谷，后面还有像南明这些思想。除了“四七之辩”之外，还有道心与人心的讨论，还有罗钦顺对王阳明的批判。整个来说，韩国的儒学发展更加地生动活泼，特别是在我们的明清两代，朱子学奄奄一息，没有多少创造性。但是在韩国朝鲜半岛的朱子学却很有生气。后来他们就吸收西学，又做了一些转化，他们的讨论也非常有意思。日本的儒学更加多样化。比方说孝的观念被扩大化，本体化了。孝不只是被看作孝亲人、孝尊长，还孝神、孝君、孝天。它和忠这个德目、这个范畴结合在一起。我们看德川时代的古学派伊藤仁斋，他从伦理性、社会性及道德意识上来讨论道，他又从语义学来讲朱子，等等，然而荻生徂徕和伊藤仁斋的王道思想就很不同。丸山真男讲德川的思想史时说，宋明时代的中国思想传到日本以后，他们日本学界不断地反省批评，从山鹿素行到伊藤仁斋，到荻生徂徕，等等。批评性地对待朱子学。可以说，是荻生徂徕，他批判朱子式的思维方式，奠定了日本的近代意识。这是丸山先生对于日本儒学的一个评论。他又评论道，日本儒学的独特性，还在于对特殊群体和它的领导者，上到天皇国家，下到家庭忠诚专一的倾向，这种倾向植根于日本社会和日本的文化中，丸山先生的这一比较也很有意思，它是从日本社会文化的这种倾向性来谈日本儒学的发展的。

至于吴院长刚才所说的中国、日本、韩国、越南儒学的比较，那非常繁复，差距也很大。对经典的诠释，哪怕是对《论语》这本书的诠释，它的理念、解读变化都很大。到 18 世纪以后，日韩的儒学就变成了一种主体性意识高扬的儒学。比方说，18 世纪下半叶有学者说，我们“虽然声名文物，薄拟于中华”，但是我们的图书记载，“宜明乎本国”，本国意识增强。他们讲中国是文化的概念，不是地域的概念。你中国不行了，不遵从孔孟之道了，那我们日本就是中华，你就是夷狄。有的学者认为，18 世纪包括戴震，中国儒者的范围眼界还只是在中国本土。但日本儒者的视野已经包括整个东亚，而且慢慢地就有了主体的意识。所以 18 世纪日本儒学和韩国儒学都有自己的主体意识。大体上，我们看儒学发展过程中，地区的特殊性是非常不一样的。不要以为他们只是把中国的儒学传过去而已，他们有很多发明创造，其实，有很多学人比中国儒者更勤奋、更有创意。我就说到这里，谢谢！

吴根友：非常感谢郭老师用这么短的时间给我们简要地讲到儒学在中日韩三国发展的基本线索，及其最显著的特征。而且最后特别讲到了日韩在明清以后，近代之前，以中国儒学刺激他们自己民族国家的独立意识。这些国家特别强调儒学是一个文化的概念，“华夷”这个概念也是一个文化的概念，不是一个民族国家或者是一个种族的概念。中国不行了，那就不再是

“中华”了。所以从东亚的视野看儒学自身从周边到中心的这个变化，我觉得郭老师的讲话极富启发意义。所以，今天中国哲学界做儒学的研究应该有一个更开阔的视野。从郭老师这样简明扼要的介绍中，可以启发我们在向西方文化学习的过程中，也需要有一种本土化的精神。我们一再强调西方现代化要中国化。怎么中国化？我们的主流意识形态，马克思主义要中国化。那么，西方的一些哲学观念能不能中国化呢？如自由、民主、平等、人权、博爱等，这些观念能不能中国化呢？我个人觉得，从郭老师刚才讲的儒学在日韩的发展历史，其实也可以获得某种启示。所以说，“文明对话”并不仅仅是一个简单的相互交流，而是有接受主体的创造性的转化，这种转化非常有必要。再次感谢郭老师非常有启发性的发言。下面有请盖教授扼要地阐述一下道家、道教思想在当代中国生态文明和亚洲生态文明建设中可能的意义。不一定是实在的意义，我们从逻辑推理的角度看它如何实现？

盖建民：我先谈一下学术界对道教概念的理解，实际上，日本学者对道教概念有不同的理解，据说他们对道教有一百多个定义。所以说对道教的理解，尤其是过去我们经常说道教是汉族的宗教，原来的百科辞典都是这样讲的——道教是汉族的宗教，但是根据我的老师卿先生的研究，认为道教不仅仅是汉民族的宗教，道教首先是在西南少数民族地区发展起来的，现在学术界基本认为道教是中华民族的本土宗教，实际上并不完全是这样的，以往我们对周边的关注不够。现在很多的学者已经慢慢地跳出了中国这个概念，从周边来看道教，尤其是现在一些学者研究道教文化对韩国、日本东南亚文化的诸多影响，也取得了一些成果。这是我想表达的第一个意思。

第二个意思是，道教和儒家、释家文化有他们自己的特质，过去比较经典的表述是这样的：儒家是积极入世的一种哲学，释家是比较出世的哲学，道家在出世和入世之间，可能它更加保持一种中道，就是说它是一种超世主义的哲学，叫作出世而不离世。它把仙境要建立在人间，比如说葛洪的神仙道教理论就有支持这种观点。他的理论有三个基本的观点：①神仙是实有的，神仙是实实在在的；②神仙是可以学的。神仙可学，普通的人通过一定的方法就可以学以成仙；③学成神仙可以通过一定的手段，叫作神仙可至，大概就是葛洪神仙理论的三个基本点。这三个基本点实际上就反映了道教的一个特质，它的特征就是善于吸收儒家和释家的思想来充实自己的理论，这是一方面；同时它在吸收儒家与释家的思想的时候，又不忘它原来的道家的立场，这个就是陈寅恪先生在冯友兰《中国哲学史》下册审查报告里面讲的一句话，“道家他善于吸收外来的思想，同时又不忘本来民族之本位的精神”，陈先生把它归结为“道家的真精神，儒家的旧途径”。陈先生还说，道家的思想实际上反映了中华民族与外来精神、外来文明的相互碰撞，交融而又保持着道家的精神风骨。他在善于吸收外来文化因素的同时，又保留有自己本民族的立场和地位，陈寅恪先生把它评价得很高，认为这就是道家的真精神。刚才我们吴院长说，在未来人类环境文明的发展过程中，有什么样的积极意义？我还是想借用老子《道德经》里面的一句经典名言，《道德经》第二十七章有一段话说，在道的视域来看，“人无弃人，物无弃物”。就是说，我们要爱惜人力和物力，要有节用的观念。正因为有“节用”的思想，所以老子说：“圣人常善救人，故无弃人；常善救物，故无弃物。”要做到物尽其用、人尽其才，这一思想在生态文明的建设上是非常有意义的。道家特别强调他的修炼要建立一个洞天福地的世界，洞天福地的世界，现在有一些学者就把它称之为最古老的人类生态文明的典范。道家有所谓的十大洞天，三十六小洞天、七十二福地。比如说像我们的武当山，就是道教的福地之一，你可以看到武当山的生态保护得非常之好，已经有六百多年，他就是一种道家生态文明的典范。因此，在未来的发展过程中，我个人认为，道家思想的现实意义是表现在各方面的，同时我个人还认为，道家还有一个最核心的思想，就是他强调知足常乐、逍遥自在。这种人生的境界，对我们的人生，我们的社会精神文明的构建，有积极意义。海德格尔曾经有一句话，我们年轻的朋友都非常欣赏，叫作“诗意地栖居在大地上”。那么海德格尔讲的“诗意地栖居在大地上”，实际上就是道家的淡定、趋近自然、超然物外的这样一种人生的境界。以上这些初步的想法，算作是我对上面问题的扼要回答吧。

吴根友：好，盖教授十分简要地讲到，道家思想在现实社会中依然有它自己的意义。特别讲到道教与西南少数民族宗教的关系，以前我都不太知道这方面的情况。我只知道西北天山脚下也有老子像，而且敦煌文化的发现好像也和王道士王圆箓有关，这里头有很多的故事。那么“人无弃人，物无弃物”“节用”思想，是一种非常具有哲学意味的观念，墨子的节葬、节用和儒家所代表的农业文化——节俭的思想，具有高度的一致性，但相比较而言，道家更具有哲学性。道家知足常乐、逍遥自在的思想，对于我们现在由市场经济所开发出来的需求，不断地开发自己的欲望、满足欲望、无止境地去追求利润，然后对整个世界进行一个破坏性的探索的现实相比，我觉得道家思想是有现实意义的。到现在为止，今天“对话”的四个基本问题就告一段落了，各位教授都贡献了他们的智慧和力量。我们写文章往往都有一个结语，最后，有请三位教授分别用一句最简洁的话，对“亚洲文明对话展开”的前景做一个预测和描述。一人说一句，首先，有请木村教授做一个简短的预测。

木村清孝：让我们每个人用一句话来谈一下，觉得很难。不过从佛教的意义上来讲，我认为两点需要引起我们的思考。首先，从学者的角度讲，要结合各种资料来观察，在这种不同的资料的基础上，以一种鸟瞰式的视野来观察这些问题；其次，今后佛教如何发展的问题。从迄今佛教思想的发展来着，它给我们人类、给我们东亚，留下了很多宝贵的遗产，有些思想可以说已经成为一个化石了，尽管是一个化石，我们拿来进行摩擦的话，会发亮发光的。所以我们应该在不同的思想碰撞当中进行切磋，在这一过程中——像今天我们对谈这种形式——来发现，去摩擦我们原有的思想中的一些化石，让它发扬光大，这是我要讲的最后一句话。

郭齐勇：我讲 16 个字吧，就是“返本开新，前景光明，勤谨和缓，从我做起”，还是要落实到我们每个人。“勤谨和缓”，是胡适之先生总结朱子读书法的几个字，东亚的意识，或者亚洲的价值，或者亚洲的共同体，吴院长今天讲的其实是，亚洲人为什么不能形成 ·种以和谐性为主的亚洲价值呢？我想是可以的。慢慢地做吧！慢慢地做，谢谢！

盖建民：郭老师和木村老师都讲了他们的郭氏金句、木氏金句。我的盖氏金句，刚才想了半天，好像江郎才尽了。但是我想到了一句道家思想的精神，就是“与时俱进，与时偕行”。道家特别强调和而不同、求同存异。所以我就想用费孝通那句话来结束我的发言。费先生经常说的叫作“各美其美，美人之美，美美与共，天下大同”。大同有儒家的大同，释家的大同，道家讲的大同是叫作“玄同”。道家强调，涤除玄览，通过内外的超越，达到一种与道合臻的境界，达到一种道气长存的境界。最后当然希望无量寿福，谢谢大家。也祝今天这两位与我这位小道一起对话的长者寿比南山、无量寿福！

吴根友：时间已经过去两个小时了，我们的对话暂告一个段落。但是，为了让我们的对话保持一个有提问环节的传统，还是让同学们提两个问题。两个啊，大家举手。最好是一男一女，阴阳和合。大家提问的时候不要阐述自己的观点，因为在座的很多大学者都有自己的观点。你就把问题提出来。然后说清楚针对谁提问题就可以了。

提问 1：各位老师好，我向郭老师提一个问题。我的问题是这样子的，因为亚洲它毕竟是一个地理划分上的版图，如果我们强行按照地理上的版图划分来思考文化的话，就是说以物质来反映文化的话，这样的界定是不是合适呢？这是第一个问题。第二个问题就是说亚洲还有一个非常重要的宗教，虽然是在中东，而且东亚和西亚之间隔得比较远。但是伊斯兰教的问题，和我们其他的这样一些儒、释、道三教，他们之间的碰撞和融合，有没有这样一个开展的契机，或者说可能？第三个问题，就是基督教的问题。现在全球化的大趋势下，西方基督教在世界各地的传播如火如荼地开展，但是反观儒、释、道三家的文化，更多的还是在亚洲范围内的传播，相对于全球化的运动，似乎有一点乏力。我想再问一下，我们该如何去应对基督教的文化碰撞问题？谢谢老师们。

木村清孝：你刚才指出的第一个问题是，亚洲是一个物质的概念，不是文化的概念。就是说，文化是不是可以只从物质层面来探讨？刚才，我在开头提到文化和文明这两个词，它们在日语里面有不同的含义。文明往往是与物质相接触，文化主要是指精神层面的。第二个问题是，如何与基督教、伊斯兰教进行对话。我想举个例子，就是在二十年以前，我们日本禅宗的一些僧侣开始展开与基督教的对话，这个对话主要并不是来自禅宗的，而是来自基督教方面的，他们在一起坐禅，在法国和日本，都有一些这样的例子。他们已经展开了这方面的交流、对话。另外，关于伊斯兰教，我也有这方面的经验，我是东大寺一个研究所的所长，大家知道，东大寺虽然是华严宗的，但是它里面的长老是伊斯兰教的一个学者，因为这种关系，经常被邀请到伊斯兰教的那些国家的学者、知识界的人士当中进行交流。这并不是说东大寺人出去，而是伊斯兰教主动走过来，积极地来邀请东大寺的教头去跟他们进行对话。虽然现在刚迈开第一步，还是一个初级阶段的交流形式，也许在今后的一段时间内会消失，不过，已经开始了直接对话的活动，我觉得这是一个很值得我们关注的事情，所以，我在这里向大家介绍一下，这就是我对上位同学的回答。

郭齐勇：你提出的问题都比较难以回答，我接着木村教授的思路讲一下儒释道三教的突出特征，它的一个突出智慧就是和谐性的智慧。刚才盖教授讲到了“和而不同，求同存异”，三教有矛盾，都坚持自己的主体性，同时不具有排他性，所以我讲学习性的文明，就是他们之间互相学习，不要排他，所以我觉得，可以坚持主体性，但不要有太强的排他性，这个是我们文化建设中很重要的一个支点。我觉得基督教和伊斯兰教有很多值得我们学习的地方。特别是在人类这样繁复的各个区域文明中，基督教文明占有很大的份额。要看版图的话，伊斯兰教的文明也占有很大的版图、很大的份额。再就是，犹太教也有很多值得我们学习的地方。比方说，我是儒教学者、儒家学者，我还没有这样一个雄心壮志，如何去到伊斯兰教或者是基督教的地区去播道，向他们学习，我还没有这样的经验，刚才木村教授讲到了，他体验到的日本的经验非常好，反正总是要学习的。有一年有一个事件，最终没有形成一个事件，就是在曲阜，在孔庙之前有一个民间传教的基督教的教堂，本来是民房，他们现在有钱以后想在民房的基础之上建成一个大的教堂，这个教堂的高度要超过孔庙的高度，但又与孔庙近在咫尺。后来曲阜的一些朋友就建议我们签名，与当地政府来说明情况，把这个事情和缓地解决了。后来的情况是这样的，通过当地政协、人大出面来做工作，说曲阜很大，曲阜的地方也很大，曲阜建教堂没有问题，曲阜有很多教堂，但是你别顶在孔庙之前还要比它高一点，是吧？这个没有必要，是吧？这有点挑战性，所以后来就没有同意在那个地方修一个大的教堂。我的意见是，像这样的事情是可以和缓地解决的，是吧？只是说相互的谅解，相互的学习，这就好办，谢谢！

提问2：刚才盖老师提到了“内在超越”的问题，内在超越是区别于西方基督教一神教的外在超越而言的，有学者以内在超越作为中国哲学区别于西方哲学的特质。想先问一下盖老师对“内在超越”的看法，然后再问一下三位老师，儒、释、道对“内在超越”问题的看法是怎样的？

盖建民：这个问题我乐意回答，因为道家是非常强调如何去建构一个神仙的世界，他有一种理想，即人间仙境。道家的特质是一种自律的宗教，不像基督教，不像其他的一些宗教，依靠外力来求得超越，它是靠自身的力量达到解脱。比如说，仙就是人在山上通过一定的手段，餐风饮露，然后就可以成仙了，人与神之间没有绝对的界限，学以成仙，超越的手段有很多，既有外在超越的手段，如借助于一些药物炼丹。开始比较强调金丹，后来发现一些金丹含有化学矿物药物，有毒，就又改成植物类的药物。再后来呢，植物的药物也有限，道教徒就在反思，炼丹在于得到什么？到了宋元以后，他们向儒家学习，它强调忠孝也可以成仙，在家尽孝，我就是个神仙。于是炼丹就开始转向炼心丹，我只要万法归心，我只要把心性调整好了，心丹炼成了，我也就可以成仙。心丹的修炼其实就是一种内在的超越。这种内在的超越，我个人认为道家说得比较圆融，他们把外在与内在结合起来，强调个人自身的自力更生，你看我们讲愚公移山的精神，就出自道家的经典《列子》。所以我说，道家实际上反映了我们中华民族的一种精神特质，我觉得你这个问题很好，我就回答到这里。下面应该是郭老师回应。

郭齐勇：内在超越的意思是这样的。按儒家的看法，就是极高明而道中庸吧。我们不脱离家庭，木村教授刚才讲的在家也是出家。在家出家，我们不脱离世俗的生活，我们在社会为社会服务，在家庭尽家庭的伦理和义务，在社会尽社会的伦理和义务，都有一个职分，但是我们也可以有高远的理想，却不是像上帝那样超越我们，我们是俗人，但也可以有一个高明的理想境界，我们在俗世的生活中，也可以活得不庸俗，有高明的境界，这大概就是内在超越的意思。谢谢你的提问，谢谢！

吴根友：好，下午我们用了将近三个小时的时间，对儒、释、道三教与亚洲文明的关系做了一个非常广博、非常有深度的交流和对话，既有问题的思考，也有一些知识的讲解和教育。因此，我觉得在今天的对话过程中，三位教授给我们贡献了一场思想和学术的大餐，在这个过程中间，何燕生教授说的话最多，所有的话都要经过他的翻译，然后才能在汉语与日语之间达到沟通。我想，他的嗓子肯定累得不得了。最后，希望大家以最热烈的掌声感谢四位教授。

（根据武汉大学同名讲座内容整理，整理人：刘权，校对人：刘旭）

参与学者：

木村清孝教授（东京大学）

盖建民教授（四川大学）

郭齐勇教授（武汉大学）

参与嘉宾：

何燕生教授（郡山大学），作为木村清孝先生的翻译出席

主持人：

吴根友教授（武汉大学）

礼仪制度与亚洲文明对话

罗素在《中国问题》中有一段名论：

> 不同文明的接触，以往常常成为人类进步的里程碑。希腊学习埃及，罗马学习希腊，阿拉伯学习罗马，中世纪的欧洲学习阿拉伯，文艺复兴时期的欧洲学习东罗马帝国。学生胜于老师的先例有不少。至于中国，如果我们视之为学生，可能又是一例。事实上，我们要向他们学习的东西，与他们要向我们学习的东西一样多，但我们的学习机会却少得多。

今天，全世界60%以上的人口生活在亚洲。这个七大洲中面积最大的地区，见证了几千年来人类复杂多变、波澜壮阔的文明史。亚洲文明与其他文明的对话，亚洲文明内部的对话，几乎涵盖了整个人类文明的演进历程。

就亚洲内部的文明对话而言，礼仪制度是非常重要的一环，甚至可以说是对话的基础，在东亚尤其如此。以下从几个方面予以说明。

一、农、牧文明对话："华夷之辨"的包容

所谓"礼仪制度"，广义而言，就是一个文明处理自然、社会和个人关系的一整套规律和法则，它包括典章制度、仪式程序、宫室舆服、等级秩序、风俗习惯、言语格式等，这些分支的任何一部分都可以称为狭义的"礼"。每个民族、每种文明都有自己的礼仪制度。

如吴于廑所言，亚欧大陆在人类文明史上经历了三次游牧文明对农耕文明的大冲击，第一次约从公元前20世纪中叶开始，第二次约为公元1—7世纪，第三次约为公元13世纪。每一次冲击既带来文明破坏，也带来交流、融合和互鉴。在这个历史进程中，中国的情况如何？华夏族团融合苗蛮和海岱等其他族团，演化为汉族，再融合周边其他少数民族成为中华民族。换言之，"中国人"在游牧民族的冲击下不仅没有灭族，族群反而逐渐壮大，文化反而更加丰富了。为什么？因为礼仪制度作为核心凝聚力之一，促进了文化认同。

众所周知，"中国有礼仪之大，故称夏；有服章之美，谓之华"，华夏文明自信自傲的内容，便是其礼仪制度，历代称之为"华夏衣冠"。由之产生了文化中心主义的"华夷之辨"，它甚至成为后代闭关锁国的理论依据，被认为是排斥其他文化的标签。实际上并非如此，华夷之辨所蕴含的开放性也不容否定。戎狄与华夏的区别，并非完全基于血缘和种族，而是基于文化，基于对"礼"的尊崇与否。《论语·八佾》载孔子语："夷狄之有君，不如诸夏之亡也。"意思是说，正因为华夏知礼明义，所以即使偶尔无君，也比夷狄之有君更胜一筹。《春秋》文献对华夏和夷狄采取不同的叙述方式，但这种"微言大义"并不绝对。正如韩愈所说，"进于中国则中国之"，只要他们进入华夏文明体系，遵从华夏礼仪，就不再受到"夷狄"的蔑视。况且，《春秋》《左

传》等文献表明，南蛮、北狄、东夷、西戎，并非都居住在华夏族的边缘或远方，伊洛之戎、陆浑之戎、赤狄、白狄等，都在当时“中国”的内部，与华夏部族混居一处。文化认同和礼义教化，才是区别华、夷的根本标志。

由于北方游牧民族的屡次南下，中国的广土众民多次陷落于北方“胡人”的铁骑之下。然而，每次少数民族政权建立之后，都重新回到中国文化的轨道上来。原因何在？一方面，是由于中国文化的包容和涵化能力；另一方面，是由于这些少数民族认同“华夏衣冠”，即中原的文物制度。辽、金、蒙元、清朝政权建立之初，朝廷中枢都十分倾慕中原文化，并团聚了一大批深通中原文化的汉人大儒。契丹辽朝在建国之初，就祭祀对象展开辩论，众人“皆以佛对”，即主张礼佛，但耶律阿保机采取了耶律倍的建议，主张祭祀孔子，把儒家经义作为国家主导思想，从此“辽家遵汉制，孔教祖宣尼”。元朝初年，汉儒徐世隆向忽必烈建议修祖庙：“陛下帝中国，当行中国事。事之大者，首惟祭祀，祭必有庙。”也是以儒家祭祀礼仪为抓手，实行全面汉化。

翻开历代正史，都有《礼仪志》《礼乐志》《仪卫志》之类，但少数民族当政的朝代，其叙述框架与汉人朝代并无不同，基本采取了儒家的“五礼”体系。其内容当然带有北方游牧民族的旧风遗俗（如北方草原民族的“烧饭”礼俗），但是对前朝汉礼的因袭则远远大于损益。这说明，在农耕文明与游牧文明的对话中，中原的礼仪制度具有普世性和通约性。

游牧民族为什么会认同华夏礼仪制度？华夏礼仪起源于日常生活，而且是沟通祖先百神的工具（即《礼记・礼运》所谓“礼之初，始诸饮食……犹若可以致其敬于鬼神。”），由之衍生出的伦理规范、生活秩序、等级秩序、政治规则，与农业文明高度“自洽”，毫无违碍。而在前现代社会，农业文明的发达程度整体上高于游牧文明，后者认同前者实际上是一种文明的学习和汲取。所以，游牧民族追慕华风，心仪和模仿华夏礼仪制度，亦是情理中事。

二、儒、释、道对话：礼教的冲突与融合

作为儒家文化最核心的要素，礼教最强调等级观念（尊尊亲亲）、性别观念（男女大防）、社会教化等。这些内容与佛教、道教之间既有冲突，也有融合。

梁启超1901年发表《中国史叙论》，将中国历史划分为三大段落。上世史（自黄帝以迄秦之一统），为“中国之中国”；中世史（自秦统一后至清代乾隆之末年），为“亚洲之中国”；近世史（自乾隆末年以至于19世纪末），为“世界之中国”。他说，中世纪阶段中国进入了“亚洲之中国”的时期，这时“中国民族与亚洲各民族交涉最繁赜、竞争最激烈之时代也，……亚洲各种族，渐向于合一之势，为全体一致之运动，以对于外部大别之种族”。这一阶段的主题之一，是佛教进入中国。如果说中国农耕文明在与游牧文明的对话中，基本占据优势，那么在与佛教文化的对话中，则未分轩轾。

来自南亚次大陆的佛教，对于3—9世纪的中国而言，形成压倒性的影响。由张骞开拓的丝绸之路，在中古时期成为商贸和文化传播之路，也是一条“进香之路”。大批高僧从南亚、中亚来到中国东土传教，而大批中国高僧则“西游”学佛，带回教义、经典、仪轨、艺术等佛教文化。六百年间，中国寺庙遍地，僧众如织，香火大盛，人民日常生活佛教化。然而，中国终究没有变成一个佛教国家。为什么？也是因为华夏礼仪制度起到重要作用。

一方面，深受中国传统文化滋养的上层社会，用儒家礼义来抵御和排斥

佛教。君臣、父子、夫妇、兄弟，是中国的基本伦常，沙门兰若生活与之产生巨大冲突，自然被斥为“无君无父”“路断人稀”。有儒士就批判佛教，“使父子之亲隔，君臣之义乖，夫妇之和旷，友朋之信绝”。韩愈的《原道》排佛扬儒，礼也是其思想武器之一。三武一宗“灭佛”，固然有经济和政治的挑战，儒家礼教及其伦理道德的原因也相当关键。

另一方面，佛教本身积极中国化，其仪轨的中国化甚为显明。佛教入华之初，被视为与风角、占星、望气、卜筮等方术迷信同类，安世高等僧人也确曾以“七曜五行，医方异术”“七正盈缩，风气吉凶”之类作为传教营众的手段。后来佛教与中国本土文化从相互抵牾，转向相互吸收，互相融合。最典型的例证，就是“断酒肉”的戒律。南亚佛教主张“不杀生”，并没有主张吃素，南传小乘佛教和藏传密教中均是如此。到南北朝时期，才有了佛教徒“断酒肉”的说法。梁武帝曾著有四篇《断酒肉文》，又下诏“断杀绝宗庙牺牲”。这些规定，不仅引起佛教界的大辩论，而且禁止中国传统的祭祖礼使用牺牲，与中国本土礼制产生巨大冲突。不过，传统的儒家礼制中有斋戒仪式，规定重大祭祀之前要“散斋”七日，“致斋”三日，以便洁身事神。中国僧侣以“断酒肉”相标识，无疑吸收了儒家礼制的斋戒之法和道教断肉去腥荤之法。反过来，此法得以强制推行后，中国的民间宗教基本都转向吃素，谓之“吃斋”。儒家、佛教、道教和民间宗教之间，互鉴互动的形势非常明显。

中国化的佛教丛林仪轨，吸收了儒家、道教的部分内容。例如，佛教也讲求孝道，有所谓“孝僧”。盂兰盆会在中国的流行，就是佛教故事与中国本土孝道传统的结合。北宋高僧契嵩专门著有《孝论》，为儒、佛二教的孝道会通进行辩解。相应地，儒家礼仪也吸收了佛教的成分。例如，行香本是佛教仪式，唐代开始吸收为国家制度，朝廷规定国家忌日行香祭奠。后来，行香成为中国祭祀祖先的常用礼仪，也成为所有宗教的致敬仪轨，根本就无所谓三教之别了。

有一个话题常被大家提起，那就是儒家的道统源流论。一般认为，韩愈在《原道》中建构了儒家道统：

> 尧以是传之舜，舜以是传之禹，禹以是传之汤，汤以是传之文武周公，文武周公传之孔子，孔子传之孟轲；轲之死，不得其传焉。荀与扬也，择焉而不精，语焉而不详。

其时已到中唐，距孟子之世已逾千年。陈寅恪的名文《论韩愈》认为，韩愈显然受了禅宗“传灯录”的启发：“退之自述其道统传授渊源固自孟子卒章所启发，亦从新禅宗所自称者摹袭得来也。”陈寅恪的证据是，韩愈少孤，年幼时随其兄谪居韶州，其所居之地为新禅宗之发祥地，受了新禅宗的影响：

> 退之从其兄会谪居韶州，虽年颇幼小，又历时甚久，然其所居之处为新禅宗之发祥地，复值此这说学说宣传极盛之时，以退之之幼年颖悟，断不能于此新禅宗学说深厚之环境气氛无所接受感发，然则退之道统之说表面上虽由孟子卒章之言所启发，实际上乃因禅宗教外别传之说所造成，禅宗于退之之影响亦大矣哉！

如陈氏所说，中国的新禅宗自南北朝以来，尤其是唐代，为了争立正统，创立教外别传的法脉体系，以压倒中国佛教的旧法脉，是为新禅宗。这固然不错，但是陈氏的论述并没有说清楚韩愈是如何受了这种新禅宗的影响，没有提供任何直接的证据。后来的学者们基本是沿袭此说，也没有提出新证据。近读龚鹏程的高论，认为：

> 宗庙制度的伦理目的性，在这种情况下，即势必延伸至政治社会各层面去展现。例如文人作诗而有江西诗社宗派图、史家论史而谈正统论、理学家论圣门事业而编《伊洛渊源录》、画家论画而有《文湖州竹派》、书家论书而作《法帖谱系》、禅宗仿宗庙制度以建立其传灯谱系、道教全真教也编其《金莲正宗记》、青帮漕运水手或天地会党更要模拟宗族庙祀等等。

此说倒是给人诸多启发。龚文认为，中国文化中讲究法脉正统、建立谱系的这一套做法，是模仿中国上古的宗庙制度而形成的。这确是新论，不仅把中国文化传统中的很多做法（如儒家道统论、中国艺术流派、宗教渊源记等）讲通了，而且可能从根本上厘清了新禅宗建立法脉的思想源泉。原来传灯录不是禅宗自创，而是借用了中国本土的宗庙宗法制度。

虽然历代统治者对儒、释、道三教各有偏好，但中华民族是注重“实用理性”的国度，自魏晋以来，三教合一、三教共弘。儒、释、道的礼仪制度也互相影响、互相鉴取，此种趋势愈晚愈甚，明清时期庙堂仪轨、劝善文书、风俗习惯，无不体现了这一点。

三、东亚文明圈对话：律令和《家礼》的通用

东亚世界的文明对话，几乎是一种内部对话。贞观四年（630 年），“四夷君长诣阙请唐太宗为天可汗”。“天可汗”这一称号标志着唐朝成为雄居东

亚，并覆盖农耕和游牧两种文明世界的天下共主。虽然其后某些朝代的控御力大为减弱，但中国朝廷通过经济、文化等其他方式基本维系了这一态势。直至西方列强凭借坚船利炮侵入之前，整个东亚维持着一个以中华文明体系为主导的共同体，日本学者西嶋定生在《东亚世界的形成》一文中，将这个“东亚世界”称为“东亚文化圈”。他认为维系这个文化圈的四个要素是，汉字、儒教、律令制度和中国化的佛教。

其中，律令就是一种广义的礼。基于皇帝至高无上的权威，律令通过集权的政治体制和完备的法制体系，有效地得到实施，故而中国被称为“律令国家”。此一体制，亦被朝鲜、日本、越南、琉球等地采用，形成“东亚世界”的共通特征。正如西嶋所说，不必过分强调中国王朝通过国家权力而强力向东亚各地推行了这些律令，而应当着重检视东亚各地对于此种律令制度的适用情况。

中国是东亚文化圈内文明程度最高的国家，其他朝贡于中国的国家和地区，自然也会效法中国的律令。例如，一般认为，自七世纪初日本已开始吸收中国的律令，大化改新之后进入继受期。翻开日本学者井上光贞等人所编日本《律令》，其首篇《名例律》之“八虐”（谋反、谋大逆、谋叛、恶逆、不道、大不敬、不孝、不义），与中国《唐律疏议》中的“十恶”（谋反、谋大逆、谋叛、恶逆、不道、大不敬、不孝、不睦、不义、内乱）几乎相同，只不过略有减省。《唐律疏议》有“八议”（八种人可依法减轻处罚的特权制度），日本律令有“六议”。又如，日本的《养老律》可以说基本模仿了母法唐律，只是罪名和用语稍有变化，刑罚比唐律略轻缓一二等而已。

东亚各国输入中国律令，略做修改而适用于本国的情形，于此可见一斑。

有学者将中国礼法在东亚世界的通行，称之为礼治主义、礼治体系或礼义世界。中国的历代王朝，主导并维系了东亚世界的国际社会秩序。这些王朝在东亚世界被称为“天朝”，所以有学者（如黄枝连）称之为“天朝礼治体系”。这是东亚各国认同中国文化的制度性表现。中国的历史河流不断向前演进，东亚各国也随之修正着自己的律令体系。例如，《大明会典》《大清会典释例》等书在东亚各国都不乏刻本。

在国家礼典层面，东亚各国主动接受着中国的律令制度；而在民间层面，流行的则是《朱子家礼》。《朱子家礼》在明代成为官方修礼的蓝本，由于明清时期上层社会的大力推广，民间社会出现了无数据此增删而成的家礼文本。随着朝贡贸易和通商往来的频繁，东亚各国也深受《朱子家礼》影响。

《朱子家礼》对朝鲜半岛影响极大。15 世纪，朝鲜朝廷制定《国朝五礼仪》时参照了《朱子家礼》。李滉（退溪学）、李珥（栗谷学）等士人一直致力于将《家礼》贯彻到全社会。到 17 世纪后半叶，《家礼》在两班贵族中普及化，18 世纪推及中人和平民，19 世纪扩散至整个社会。几百年下来，《朱子家礼》及其所蕴含的礼仪文明已深深扎根到朝鲜半岛，很多人认为，它在彼地的影响甚至超过了中国本土。

在日本，《朱子家礼》的文本自元明王朝和朝鲜王朝两条途径传入，其时间大概在室町时代即 15 世纪中期。而深衣之制在日本首次出现，则是 17 世纪。德川时代以朱子学为支配性的教学内容，知识阶层按照《家礼》进行丧祭活动的记载也不少。研究表明，日本对于儒家礼仪的接受，不仅限于文献解释和思想论述层面，而对于《朱子家礼》也多有实践，而且还出现了不少日本人模仿《朱子家礼》而撰作的丧祭文本，如林鵞峰（1619—1680）的

《泣血余滴》《祭奠私仪》、藤井懒斋（1617—1709）的《本朝孝子传》《二礼童览》、熊泽蕃山（1619—1691）的《葬祭弁论》之类。明治维新以来，传统的家规家训又与日本现代企业发生化学反应，转变为商家家训（如社是、社训），成为现代企业文化的一部分。

以上说明，几千年来亚洲文明的对话，首先是农耕文明与游牧文明的对话，其次是华夏文化（以中央王朝为核心）与东亚其他民族文化（各种藩属、羁縻、朝贡政权）的对话，再次是东亚文化与南亚、西亚文明的对话。无论是国家层面，还是个人层面，礼仪制度曾是近代亚洲文明对话的基础，是相互沟通的一大公约数，曾经充当过重要媒介。这对于今天和未来的文明互鉴，或许不无借鉴意义。

杨　华

（武汉大学中国传统文化研究中心）

从亚洲文明到文明亚洲

何谓亚洲？它仅是一个地理上的区域概念？当然不是。亚洲本身就是一种文明现象。

地理上的亚洲是一个疆域极其辽阔的大陆板块。作为观念上的亚洲，则从来没有统一的认识。布罗代尔在《文明史纲》中曾提出“统一的欧洲”概念。在此，我想阐发一下观念上的亚洲，以及由亚洲文明的描述研究如何上升到对“文明亚洲”的理想追求。

一、寻找观念亚洲的基本内核

试图从观念上理解亚洲的统一性，已经有先贤做过尝试。1991 年，新加坡内阁向国会提交的关于亚洲的“共同价值观”，基本内容是国家至上，社会为先；家庭为根，社会为本；关怀扶持，同舟共济；求同存异，协商共识；种族和谐，宗教宽容。但此一亚洲价值观并未得到广泛认同。这自然与亚洲人民对日本军国主义曾用刺刀打出的“大东亚共荣”口号保持警惕有关，也还有各种政治与文化的原因。政治上，东盟的成立在亚洲内部形成区域性的统一组织，为亚洲精神的统一提供了现实的社会基础。伴随亚洲在当今及未来相当长的一段时间内在国际事务上重要性的增加，以及人类一体化进程的加速，作为观念上统一的亚洲，是世界一体化进程中的重要环节。区域性的精神统一，是逐步形成人类精神的重要历史环节与逻辑环节。从观念上探索、理解统一的亚洲，是从精神上理解人类精神统一的重要步骤。亚洲在精神上的统一、团结与和平，对于当今世界在精神上的统一、团结与和平有着重要意义。

观念上的亚洲是多元文化和平并存的亚洲。多元宗教、文化和平共处，相互尊重、相互包容，并在和平的交流过程中相互促进、共同发展，将是亚洲各民族国家和平相处的思想前提。观念上的亚洲不应是一个纯粹逻辑的建构，而应从亚洲文明历史进程中寻找一些低度的文化共识，应当而且必须从亚洲文明的历史进程中寻找观念亚洲的基本内核。回到“亚洲文明”的概念上来，我们可以从西亚、南亚、东亚几个区域来认识亚洲的文明。西亚文明大体指今日中东地区的文明，古代则是指两河流域的文明。这里是人类文明最早的发祥地，今日世界影响最大的三大宗教犹太教、基督教、伊斯兰教均发源于这一地区。南亚是今日的印度、孟加拉国等国家所在地区，东亚则是今天中国、日本、韩国等国家所在地区。而东南亚则主要是岛屿国家所在地，当然也有泰国、缅甸、老挝、柬埔寨、越南等。

从宗教文化的角度来看，除了西亚、中亚，南亚与东南亚的印度教、佛教、耆那教、道教等，也有很多信众。此外还有具有人文宗教特点的儒家文化。从人类进入现代文明的角度看，亚洲从整体上落后于欧洲与北美洲，而且也因此遭遇了欧洲殖民者长期的侵略与剥削，在经济与文化上，均有很多创伤。日本在亚洲虽然率先进入现代化，但日本在亚洲内部制造了很多罪恶，同时也在二战中遭受了原子弹的袭击。

二、“文明亚洲”的内容与含义

今天的亚洲整体上步入了现代化的进程，但亚洲内部的现代化程度参差不齐。从经济角度看，亚洲在整体上生机活泼，有非常大的发展潜力。但今天的亚洲也是不安宁的亚洲，一些地区仍然战争不断，表面看是不同宗教信仰团体之间的矛盾冲突，实际上是欧洲，尤其是美国的政治、经济势力在背后斗争的结果。亚洲有丰富的文明，但距离文明的亚洲，还有相当遥远的距离。

亚洲文明之间的交流、对话，互鉴、互融应求同存异。求同，是为了寻求文明之间的共识，凝聚力量，便于进一步合作、发展；存异，是为了保存文化的多样性与生动性，并在多样性中保持着文化心态的开放性、思维的开放性，进而激发人们的创造活力。文明之间的对话、交流，互鉴、互融，最终要促成一个“文明亚洲”的到来。

何谓“文明亚洲”？我想至少包含如下几方面的内容。其一，各个民族国家在政治上是独立、自主的，有一个相对稳定的政治局面。人民生活处于温饱与小康状态之中。其二，亚洲各民族国家之间没有战争与敌视状态，存在正常的经济、贸易、文化上的来往，各国人民之间的旅行有一个安全与和平的社会治安环境。其三，亚洲各民族国家有比较开明的政治文明，人民在自己的国家事务中有主人翁的地位与真实的主人翁待遇。其四，亚洲各国有良好的自然生态，对待其他外来国家、地区的公民，有基本的好客态度。其五，文明的亚洲应该非常珍视自己民族的优秀文化传统，对于不同文化传统保持着宽容的态度。

三、以“文明亚洲”推动“文明世界”

为促进“文明亚洲”目标的实现，亚洲地区不同民族国家，不同职业人群可以根据自己的职业特点做自己的事情，而作为人文学者，则可以贡献思想与精神的产品。

今日中国，作为负责任的大国、亚洲的一个重要成员国、亚洲内部一个有着悠久历史文化传统的大国，理应在“文明亚洲”的建构过程中做出自己独特的贡献。中国儒家文化“天下一家”的观念、中国化佛教的形成，为亚洲，甚至为世界其他民族如何接受、消化、吸收外来文化，创造出一种新的文化，做出了有益尝试。当代中国走出一条独特的现代化道路，也可以与亚洲地区其他民族国家分享这一经验。现代中国秉承着中华民族悠久的热爱和平的文化传统，在和平亚洲、和平世界的建设过程中，也将发挥着越来越重要的积极作用。

有些人甚至预言，“21世纪将是亚洲的世纪”。这个即将到来的亚洲世纪，应该是一个“文明亚洲”的世纪，它将为一个“文明世界”的到来做出自己的特殊贡献。而作为一个疆域广阔、人口众多的亚洲，如果变成一个文明的亚洲，对于“文明世界”而言，本身就是一份巨大的正面力量。因此，以“文明亚洲”推动“文明世界”的历史进程，或许将是作为观念上“统一的亚洲”对当今及未来人类文明的贡献。

吴根友

（武汉大学哲学学院教授、文明对话高等研究院院长）

文明探源

Part 4

轴心时代与新轴心时代文明的对话与交流

大河与文明

王夫之“文明史观”探论

轴心时代与新轴心时代文明的对话与交流

一、引言

“轴心时代”是德国哲学家雅斯贝尔斯提出的文明假说。在公元前8世纪到公元前2世纪的五百余年间，人类历史进入最为深刻的转折点时代，古埃及、古巴比伦、古中国与古希腊等四大文明均不约而同地进入了一个“哲学突破”的时代。

轴心时代四大文明有哪些独特性与共通性？轴心时代四大文明之间的对话交流，包括战争与冲突，对于后来世界的积极与消极意义究竟如何？当代人能够从“轴心时代”四大文明里寻找到什么样的精神资源，以应对当今世界的环境、人口、科技，以及人类之间的矛盾冲突？我们能否期待一个“新轴心时代”的来临？

二、轴心时代文明的特征

吴根友：本次文明对话的主题是“轴心时代与新轴心时代文明的对话与交流”。我们今天请三位专家就轴心时代的几大文明的独特性，以及轴心时代中各种文明自身的特性做一些必要的阐述，让我们对轴心时代这一概念的丰富内涵有一个清晰的认识。

首先有请冯天瑜先生对轴心时代中国的文明特征做一些阐发；接下来请安乐哲先生对古希腊文明和希伯来文明做一些介绍；最后请姚新中先生对古希伯来以及印度文明的特征做一些阐述。下面有请冯先生。

冯天瑜：雅斯贝尔斯在20世纪初提出的“轴心时代”这样一个概念，得到了各个文明的认同，我觉得他抓住了人类文明史上一个非常关键和重要的东西。当然，我们中国人对于这样一个时代，以及这个时代的文明也有自己的概括。孔子说过这样一句话，“周监于二代（夏商），郁郁乎文哉！吾从周”，我觉得孔子这一段话恰恰把中国的轴心时代是什么、属于哪一个阶段，以及这个时代的基本构成讲得非常精炼。为什么这样说呢？孔子为什么“从周”呢？关于孔子从周的说法有很多，比如他经常做梦梦到周公。因为周代是中国文明经历了夏代和殷商的大几百年、接近千年的积淀后，达到的一个创发的节点。

轴心时代的文明，不管是中国，还是希腊、印度、希伯来，都是在人类跨入文明门槛以后经历了千年的积淀达到的。所谓跨越文明门槛一般来讲就是三大标志，一是金属工具的发明和使用；二是文字的发明和使用；三是城市的出现，城市的出现就意味着国家的出现。这样人类就从蒙昧时代、野蛮时代跨入了文明时代。跨入文明时代不等于说立即进入我们所说的轴心时代，它还经过了相当长一段时间的积淀：从物质生产水平的提高到国家社会制度进一步的发展和完善，尤其是出现了进行精神文明生产的知识人，而且达到了比较高的水平，如古希腊的群哲、印度的宗教职业者、中国的士人。而且对于前代的文明，有所传承并让它提升到一个新的高度。就中国而言，周代文明，特别是到了晚周春秋战国的时候，对于前面的文明成果有了继承和生发。

和希腊、印度相比，中国轴心时代的文明有几个比较显著的特点，这些特点当中也有相通之处。一个就是中国跨入文明门槛以后，血缘纽带比较长期地、相对稳定地保持下去，在这一点上我们跟希腊文明有明显的差异。由于我们是在一个板块中的大陆和在农业农耕文明的基础上，人员的流动是比较有限的，规模有限，程度也有限。但是希腊是海洋文明、商业文明，所以他的血缘纽带，就是氏族社会的血缘纽带，比较早地崩裂了。关于这一点黑格尔和雅斯贝尔斯都讲到了。而我们中国的血缘纽带比较长期地、相对稳定地保持下去了，这一点就构成了中国轴心文明的一个突出特点，那就是它是在宗法社会下形成的一个宗法文明，它特别注意研究的是跟血缘纽带有关的，包括血缘纽带的放大，跟血缘纽带有关的人伦关系，如何对待它、如何处理它，这是中国先秦儒家，以及其他诸子特别关注和深入研究的，在这方面应该说得到了一个充分的发展。所以中国的轴心文明是一个宗法的、以伦理问题为研究中心的文明。

关于这一点我想略微做一个分析。汉代对这种文明形态做了概括，比如像《白虎通义》把它概括为“三纲五常”，后来这一概括就成为中国文化、中国文明研讨的中心。但是对于三纲五常，我们要做一个分析。我觉得我们轴心时代的文明的辉煌之处在于，它重点是讲五伦的互动，而不是像秦汉以后强调垂直性、威权性的三纲。三纲并不是我们轴心文明的基本特点，中国的轴心文明的重点讲的是五伦的互动，君义臣忠、父慈子孝、夫妇有别、长幼有序、朋友有信，都是双向互动的要求。关于这一点我们看一下先秦诸子的思想，特别是儒家孔孟的思想。这个问题在近代的时候也有过研究，在 1898 年戊戌变法这一年，张之洞在《劝学篇》中反复提出三纲绝对不能乱。他在《劝学篇》中的很多篇章，比如《内篇》《明纲》都在反复强调三纲思想。张之洞确实对中国近代文明的发展是很有贡献的，但是他毕竟是中国纲常的维护者。到了 1899 年，中国的两个生活在香港地区的、有启蒙思想的学者，一个叫何启，一个叫胡礼垣。香港原来的机场叫启德机场，启就是何启。何启和胡礼垣专门写了一本书和张之洞的《劝学篇》辩论，其中重点讲三纲不是中国的原典精神，五伦才是，三纲是秦汉以后法家在我们的认知生活当中占据了实际主导地位的时候确立起来的一个东西。我觉得这一点很重要，但是现在我们往往把三纲五常混合在一起。如果要弘扬我们的原典精神，或者说恢复我们的轴心时代在人伦关系、在政治关系上的影响，恢复和发扬我们的优良传统的话，我觉得要回到五伦互动这个思想上来。这是我想讲的第一个问题。

第二个问题就是轴心时代继承了原始民主，又加以阐发。这就是民本的思想，也即是孟子最辉煌的显著说“民为贵，社稷次之，君为轻”。这种民贵君轻的思想是我国轴心时代非常宝贵的一种思想。

安乐哲：谢谢吴老师。首先谢谢请我来论道。珞珈山恐怕是全国最漂亮的校园之一。我在台湾就曾听说过冯老师，知道 30 年来他在武大教书，冯老师的书我都看过。

首先的问题是“轴心时代”是个什么概念。关于这个问题，各国有不同的说法，有中国的，德国的，有雅斯贝尔斯的。德国的讲法有四点：

（1）德国的“轴心时代”是“axial period”。“axial”的意思是起连接作用的，“period”是一个非常特指的概念。我个人认为讲“Period”要好很多。为什么呢？因为我们知道文明含义最后是要“同而不和”，这就是我们现在为什么来讨论它。有一个很值得说的情况是什么？是16世纪初以来，东亚和日本学者把西方现代流行的“universal”（普世）这个词汇翻成日文、中文、韩文、越南文等，“universal”是带有“唯一的上帝”含义的。20世纪法国最杰出的汉学家Marcel Granet（葛兰言）说得很清楚。他说中国智慧不需要“上帝”这个概念。那个“universal”是上帝的，要是中国也有“universal”这个概念的话，就等于也有上帝。如果中国有那样的universal概念，那中国的智慧也会是一元，而不是阴阳、知行合一、天人合一这样的中国特殊范畴；中国的范畴与上帝为基础的范畴不一样。因此第一个问题应该是“universal”，它的背后有一个终极性的宇宙发生说，它是一种强烈的形而上学目的论思维。这种宇宙论跟中国风马牛不相及。

（2）是轴心时代概念要谈“great man”。古希腊有一个苏格拉底，有个柏拉图，有个亚里士多德，这三个人是师生；在中国有孔子、孟子。西方有的是耶稣、有God，所以现在要谈“great man”。可是我认为“great man”是考古研究人物，我们需要把他们放到他们所在境域中去分析。李泽厚认为“范式”是形而上学认识论的范畴，“this is mind”是一个心灵的形而上学的概念，而他要将它儒学化。对于中国这是同历史分不开的。孔子就说“吾从周”，他要复归周朝，这是中国传统。苏格拉底、柏拉图和亚里士多德当然是哲人，但是他们开启的是传统智慧。他们所做的是个体人的创造力，即“great man”的创造力，他开启的是一个传统，他们是传统的代表。

（3）轴心时代概念谈孔子、老子、柏拉图的思维方法，说他们的思想有明显的关联。其实我们不能这样认为，差异（difference）才是非常重要的。英文有两个词，一个是“variety”，指各种各样不同的东西；另一个是“diversity”，是指同一个本体的上帝创造一个混杂性的未来，是活动性差异（“activate difference”）。“diversity”是交流的意思，而那个“variety”是质的不一样。轴心时代带给我们更大程度的是差异“difference”，而我们现在能做到的是更多地利用这种差异。

（4）不少西方中心主义思想家把轴心时代和“超越”概念连在一起。“超越”是一个有特殊含义的词。汉语“超越”二字含有类似英语“than”的意思。它是儒学非常重要的一个观念。《大学》中阐述的修身齐家治国平天下思想，是一种超越。要从家国超越为天下，要从一个普通人提升为一个有境界的“大人”，这是儒家意义的“超越”。但它跟印欧传统讲的“严格超越”不一样，“严格超越”是一个原理A派生出原理B，是实质原理B，这个相反对立性的原理B对原理A不产生影响。所以，那个“spirit transcendental”（精神超越）是一个自为的、质相性整体的、完美无缺的永恒静止不变的上帝，是这个意义叫作“transcendent”。它是自为的，自我独立的，任何东西都对它不产生什么影响。是这个模式说它是“spirit transcendental”（精神超越）。所以我的理解，按照哲学含义理解，这样的超越与中国儒家的那个“超越”没有什么关系。应当说，如果中国人也讲自己有“普遍主义”，搞自己的思路，他们的那个“普遍主义”是“shared values”（分享的价值），是“common values”（共同价值）。中国人认为这是他们当然有的“普世主义”，不过中国没有“universal”那种单一的思维方法，它与“universal”不是同一个“普世主义”。“universal”的“普遍主义”始终要有同质的普世方法、同样的价值，始终要追求同样一个将来。《论语》讲到“仁”时，孔子并没有提出一个单一的、绝对的、精神概念。弟子们都问老师“仁”的含义是什么，因为不同的人，他们的成长不一样，习惯也不一样，孔子对“仁是什么”的回答，根据不同人而不一样。这说明对儒家最重要的不是单一绝对的概念，而是“和而不同”。

关于轴心时代还有第二个问题。因为轴心时代有不同的文化，有不同的传统发展，我们要问一个问题，古代的希腊跟现在的希腊还有什么关系？关系很淡了。古代的埃及和现在的埃及有什么关系？文化是断裂的，没有太大的一致性了。古代的罗马和现在的意大利有什么关系？也没有什么了。这种情况跟中国不一样，中国的传统是以家庭一脉相承，这一传统一直保持着，所以古代中国和现代中国具有一致性。

冯老师提到文字的重要性。我们现在到安阳去，那里有一个文字博物馆，文字博物馆保留有五千多个商代的甲骨文字。一个受教育的中国人一生能认四千个汉字，一个很高学问的人一生能认四千五百个字，能用三千多字写文章；但是那个时代就已经有五千多个汉字了。现在一般人能认识的字是一千五百个左右。可见商代的词汇已经非常丰富，那个时候语言文字已经很发达了。

文明是各个时代的社会文化的结晶，值得好好分析研究和了解，要承载它，要继承传统，要用现世人的智慧发展它，要以思想的传承来应对当今时代的问题。中国的文化传统、中国的文明是与时俱进的。

姚新中：首先感谢武汉大学文明对话高等研究院邀请我来参加这样一个对话，非常荣幸。

我从 1990 年到英国之后，一直在做的就是文明之间的比较研究，我在哲学系做过，在宗教系做过，也在东亚中国研究系做过，所以我不是非常狭隘的哲学家，也不是排他的宗教者，总之从各个方面来讲，我很有幸能够参加这样一个对话。

刚才冯老师和安老师讲得都挺好，冯老师从中国历史的发展来看，安老师提到了古希腊，还提到了一个词，就是“文明的断裂”，也就是说古代的埃及和今天的埃及没有关系，古希腊文明和今天的希腊关系不大。我的一个看法是文明的内容是传承的，但文明的形式可能会改变。就是说古希腊这个地方的民族可能不再是作为文明的继承者、发展者，但是古代文明的出现还是对于人类整体的发展起到了很好的作用，汇合到了人类文明这个大河里面，成为一个重要组成部分。因此从这个意义上来讲，我认为文明不会断裂，只是文明在形式上可能会消失，可能会改变，但是文明的内容、文明的内涵、文明的价值不会消失，它一定会融合到整个人类文明之中。

因此衍生出我的另外一个看法，人类文明是一个什么概念？我个人的认识是人类文明从始至终都是一体的，就是人类文明的起源具有很多的相似性，比如现在考古发现最早的文明是美索不达米亚平原的苏美尔文明，楔形文字是在公元前4000年，也就是6 000年以前就已经出现了，这是目前我们发现的最早的形成体系的文字信息。而在公元前3500年，在苏美尔文明和埃及文明的时候出现了象形文字。我一直在思考他们的象形文字和中华民族的象形文字之间有没有关联？如果有关联的话是怎么形成的？文明是怎么连接起来的？当时可能需要很多年、很多代的人的跋涉才能从地中海沿岸、中东到达中国，这个关联是怎么形成的？这一点是值得我们考虑的。

我们都知道文明分为物质文明和精神文明。物质文明是很快或者是很有效率的在各个不同的民族、文化之间形成共同性的东西，在此基础上根据各个地区、各个民族发展的不同境遇、不同条件、不同方式，产生出精神性的东西，实际上我们更多强调精神文明的差异。因此，当我们考虑文明的时候，应当考虑中华文明究竟是怎么形成的？最近我们在讨论赵汀阳的“天下”观念，他提出了“漩涡模式”，所谓“漩涡模式”就是中华民族怎么样开始逐渐地通过漩涡这样一种合力而形成一种文明，当然他还提到了苏秉琦的“满天星斗”，“满天星斗”就是在不同的区域里面自然发生的，最后形成整个星光灿烂的天空。然后他还提出了“最早中国”，“最早中国”是什么东西、是什么样子的，这些都是值得我们进一步探讨的。

无论如何，在人类历史发展的进程之中，文明的出现和文明的发展到了公元前800到200年之间形成了对我们后来发展至关重要的阶段，形成了我们所说的四大文明，我们在谈论任何文明特征的时候不能离开整个人类文明发展的特点。

我们今天谈四种文明，古希腊文明、希伯来文明、印度文明和中华文明，我认为它们在轴心时代发明的一个重要点就是对人性的再发现和对人的尊严、人的主体性的重视，这是主要核心。但是我认为他们的出发点不一样。古希腊首先是从人和自然的关系出发来思考的，我们上学的时候都知道古希腊哲学开始于关于世界的始基，关于这个始基，泰勒斯认为是水，赫拉克利特说是火，毕达哥拉斯说是数，这些一开始都是从整个宇宙万物的始基开始，从这之后他们有了第一个转向，就是从对自然的研究转到了对人的研究，正如普罗泰戈拉提出的“人是万物的尺度”，只有从人出发才能理解万物。第二个转向，也是非常关键的一个转向，是苏格拉底提出来的。“人是万物的尺度”提高了人的地位和价值，但是苏格拉底进一步问人究竟是什么，人的德行、人的智慧究竟是什么，这是古希腊文明的第二个转向。第三个转向，不仅仅限于人内在的目光，最后苏格拉底还问谁是最聪明的人，大家都说苏格拉底是最聪明的人，但是最终苏格拉底说自己不是，这就归结到如何看待人的能力和人认识现象的问题。我觉得第三个转向，是从人对个体的认识进入到社会性的认识，苏格拉底与柏拉图的《理想国》都认为，人是群体的一员，群体产生之后就产生了怎样进入群的问题。我觉得希腊文明有这样一个特点，从人与自然的关系入手逐渐加深对于人的自然属性、社会属性、道德属性、理智属性的认识。

关于希伯来文明，我也做过一段时间的研究。我在牛津花了两年时间学习希伯来语，希伯来文明也是我们现在所谓的西方文明的重要来源之一，我们在考虑西方文明的时候不能不考虑希伯来文明。那么希伯来文明是从哪开始出发的？它是从人与神的关系出发，我们看到希伯来《圣经》总共是 24 卷，其中 22 卷都在谈人和神的关系，比如《创世记》《出埃及记》等等。他们一直在纠结人和神是什么关系，耶稣创造了人之后，人不停地在背叛、在反抗，一直到了亚伯拉罕。亚伯拉罕作为所谓的人类与上帝的使者，他是文明的开创者，一直到了亚伯拉罕才和上帝达成了和解。在此之前有诺亚方舟，上帝认为世界上的其他人都是坏人，要用洪水把他们灭掉，只有诺亚是一个好人，于是上帝造一个方舟让诺亚及其家人活下去。亚伯拉罕是好人，是对上帝忠诚的人，这有非常重要的意义。从这之后希伯来文明进入了一个新的阶段，以色列民族是上帝的选民，也就是上帝和选民之间定了一个契约，按照这个契约在进行。当然从后期的摩西的《出埃及记》与《十诫》中我们也可以看到这种契约关系。这是我们理解西方文明一个很重要的特点。

印度文明在轴心时代也是对人的再发现和对人的尊严和责任的提升，但是它的出发点是人和超验之间的关系，它最后是要达到人与万物一体，灵魂与肉体一体的体验，从体验出发来形成全新的看法。

中华文明是没有断的连续文明，中华文明也有自己的特点。我认为精神文明的出现是从神话进入到历史，从言说进入到文字，从原始信仰到宗教，这是文明形成的几个标志性的成果。中华文明比其他文明都要早地从文化进入到历史，从信仰进入到宗教。中华文明的起点一开始就是对人与人关系的思考，天是超验的存在，在孔子和孟子里面强调的都是对天的信仰，这是一个很重要的东西。但是到了轴心时代，中国的圣人实际上已经把天作为一个和人直接相关的存在，比如孟子说“天视自我民视，天听自我民听”，也就是天和人达到了不可分离的程度，这一点我觉得也是中华文明的轴心时代一个非常重要的贡献，对我们今天的影响也非常大。我想这就是中华文明的几个特点。

我认为孔汉思是个非常杰出的宗教学家和伦理学家。他提出一个叫“三大宗教河系”理论，不知道为什么没有引起关注。他提出，如果要谈论文明必定会谈到宗教，谈到宗教必然会对现有的宗教进行分类。他认为现有的宗教可以分成三大类：第一类是亚伯拉罕宗教，以先知为主要内容的宗教，后来延伸出了一神教、犹太教和伊斯兰教，这是第一个文明体系。再往东走，走到印度流域，我们遇到了第二个宗教的河系，这个河系就是以神秘的体验为主要内容，后来发展出了佛教、印度教。再往东到了中国，中国是第三个河系，就是中国宗教，中国宗教提出叫“智慧的宗教”，智慧的宗教是以圣人为核心，主要是儒家和道家，我们不称为宗教，实际上中国宗教的概念是非常广泛的。因此我早期写的《早期儒家和古以色列智慧传统比较》一书就是受他的这种启发而形成的。中国的智慧在今天依然发挥着非常重要的作用，在今天文明对话中也是一个非常有价值、有意义的方面，我们应该发挥、发展。

吴根友：刚才三位教授非常简要地把他们对轴心文明概念的理解，以及中华文明、印度文明、古希腊文明、希伯来文明在轴心时代所形成的文明特色，做了提纲挈领的阐述。

冯先生讲到轴心时代的概念是两种认知关系、两种观念，事实上孔子讲的“郁郁乎文哉，吾从周”已经是中国式的轴心文明的表达方式，而且中国在轴心时代有它自己的特性，除了对“理性”的重视这样一个共通性的特点之外，中国人特别重视“文”的概念，包含人文性等，具体的表现就是伦理精神。冯先生从西周讲到汉代、讲到民国这几个时期，中国人对文明、五伦的看法，甚至认为五伦和三纲不一样，五伦是互动性的，这种精神构成了中华文明的轴心时代所阐发的人文精神，对后世有着深刻的影响，而且受原始民主思想的影响，从孟子构成了中华文明轴心时代的特点。

安先生强调了语言上的分析。“轴心”这个词在英语中有两种翻译，一种是从轴到承，一以贯之的，全部是通的；一种是转折，这种转折是从不同文明开始产生出新的冲突，而且产生出了“world”这样一个唯一世界，以及西方古希腊上帝“1”的概念，由这个概念产生的超越“transcendence”这样一个概念，希腊人讲的超越主要是由 A 这样一个最高原则产生了 B，A 直接对 B 产生影响，但是 B 不会对 A 产生影响，中华文化里没有这样超越的思维。所以西方人所重视的绝对的超越也好，上帝也好，柏拉图的绝对的理念也好，这跟中华文明是非常不一样的。在这样一个比较中心，特别是安先生有一个很有意思的说法，中华文明是“share”，分享很多东西，西方文明是同一，这个“一”

一定是一个绝对的一，所以他用一个非常有意思的汉语成语来表达中华文明是“和而不同”，西方文明是“同而不和”，这个说法非常具有启发性。

姚老师特别强调文明在内容和形式上的差异。从文明的形式上看，今天的希腊和古希腊没有关系，今天的埃及跟古代埃及也没有关系，但是埃及和希腊文明所拥有的精神和文化在今天仍然存在，所以文明在形式上会有变化，但文明的内容上是有继承的。特别是姚老师讲到了轴心时期的文明，从发生的角度来讲各个文明都有自己的特点。古希腊文明特别重视人和自然的关系，产生了一系列新的哲学思想，希伯来人特别重视人和神的关系，印度文明重视人和超验的“大梵天”关系，强调万物一体的联系，而中华文明，特别是在西周以来的中华文明更多的是注重人和人的关系，构成了中华文明非常具有独特性的一个方面。

尽管轴心时代的几大文明有各自的特点，但都有一个共通的特点，就是人的再发现。从对人性的再发现过程中，我们可以看到每个民族的侧重点不一样。后来姚老师特别强调了希伯来民族中间所蕴含的宗教因素，我觉得通过宗教因素对人的深刻影响，对希伯来这个民族，以及与这个民族传统之间的关系的影响，我们能看到以色列精神的深刻性，而精神的深刻性恰恰来自它的宗教性因素。

我们讲轴心时代虽然是雅斯贝尔斯用德语描述的一个大跨度时期（大概是公元前 8 世纪到公元前 2 世纪 600 年左右的时间），但是我们可以有不同的概念，在这样一个大跨度时期，四大文明之间有些文明没有交流，大体上是在独立发展的前提下有这些共同的东西，这是一个非常了不起的人类文明的现象。

接下来继续今天的讨论，轴心时代四大文明之间有的时候有交流、有对话，有的时候有战争，包括希腊文明对印度文明也有征服，印度文明和中国文明有联系，但是没有战争。从今天的角度来看，这四大文明对后来文明发展有哪些积极意义？有哪些消极意义？特别是我们今天这个世界，一方面物质产品很丰富，但另一方面环境的污染、人口的膨胀、科学技术高度的发展；一方面带来便利和进步，另一方面带来异化的问题，人的各个主体之间不断还有很多的冲突，我们通过回忆和回应轴心时代四大文明的优点和缺点，以及它的积极性和消极性，看看能给我们今天带来什么？请三位专家继续发表高见。

三、轴心时代文明与现代人类命运的关系

冯天瑜：现在我们的讨论进入了诸文明之间的交互关系。首先我做一个探讨，四个轴心文明在古代或者说上古的时候，在东地中海文明区，他们互相之间有若干交流、互相影响。因为古希腊的文明直接受到古埃及文明，包括其他几个文明的影响，这是因为东地中海之间是可以互相沟通的。当然，希腊文明和印度文明之间也有比较早的联系，尤其是后来亚历山大东征。但是应该说东地中海文明（主要是希腊文明、希伯来文明）跟中华文明之间，在中古以前应该说是没有什么联系的，所以我还是赞成雅斯贝尔斯的说法，他说这几个文明是独立产生的。那为什么又有若干相同的地方呢？

我记得有一位哲人说过一句话，人类文明有很多相似的地方，是因为他们所住的条件，物质生活的条件和社会结构的内容性，所以他们不约而同地产生一些相同的东西。

所以从考古学上来说，刚才姚老师提到了苏秉琦“满天星斗”的说法，

我大体上同意这一说法。在互相交往很少的情况下，诸文明多数是在独立的发展，后来由于交通、物质条件的变化，逐渐有了交流，这个交流在深度和广度上逐渐扩大，而这个交流对中华文明而言，主要是与四大轴心文明的交流。首先是跟印度文明，从两汉之际，尤其是到晋朝、隋朝，中华文明跟印度文明，尤其是跟印度文明的异端——佛教文明，发生了相当深刻的交互关系。应该说，无论是对中华文明的发展史而言，还是对整个人类文明发展史而言，这个交流意义至关重大。

对于中国而言，佛教文明进来以后中华文明跟它发生了很尖锐的冲突和矛盾，但是在逐渐地走向融汇，走向互相“格义”，中华文化格义佛教文化，佛教文化也格义中华文化。这对于中华文明有战略性意义上的至关重要的两大成果，一个是吸收了佛学，特别是佛学的形而上的一些思想和影响，这是中印文化交流的一个重大成果，应该说对整个中国的进步乃至于近代影响极为深远。另一个就是佛教文明来到了中国，吸收了中华文化，这样又产生了第二个文明，那就是中国化的，或者说中华文化化的佛教诸流派，这对中国乃至整个东亚影响极大。我们到日本去，日本到处都是寺庙，无非是中国消化了以后的这些宗教的流派。所以，可见诸文明之间的交融、交汇，对于后面文明的发展影响极其巨大。

借用梁启超先生的话来说，就是中国的知识界两次跟外来的文明相交汇，第一次是晋唐间的佛教，第二次是明末以来西学进入中国，这样又产生了非常重大的文明成果，一个是西学东渐，一个是东学西渐，对于中国和西方都产生了很大的影响。东学西渐，尤其是对于西方的启蒙运动，比如我们很熟悉的伏尔泰、莱布尼茨等人产生了重要影响，中华文明对于西方文明从中古走向近代起到了促进作用。另外，西学东渐现在还在过程之中，如果不算唐代以前的交流，也已经有一千多年的历史了。以明末明清之际耶稣会士为代表，他们带来西方的早期近代文明，包括两希文明，从利玛窦一直到汤若望。我觉得这一点值得我们今天回顾，就是这些西方的传教士跟中国的士人（现在有人把他称作中国的西学派士人）对话，做了非常了不起的中西文化交流的工作。大家所熟知利玛窦和徐光启合译的《几何原本》，利玛窦和李之藻合译的《同文算指》，还有很多人文社会科学的著作，对中国乃至东亚产生了重大影响，我们现在用的数学术语可以说起码有一半都是从《几何原本》里面提炼出来的，比如直角、锐角、对角线知识，这都是利玛窦和徐光启合译的，这个合译叫作“西书中译”。这个合译很有意思，西方人会说汉语，而且对中国文化也有相当的理解和认识，但是让西方人（比如安先生）把中国漂亮的文言文写出来恐怕有困难。利玛窦讲徐光启这些人是饱学之士，但是他不懂西学，由利玛窦口述，徐光启来翻译，形成了非常典雅也非常精确的《几何原本》，对于那些术语的理解、定义非常精准。不仅仅是讲术语，其他很多理论也都是这样。到了晚清西学东渐进入了一个新的层次，不仅仅是基础科学，技术也深入到了制度文化的层面、观念文化的层面。这当中也发生了很多的冲突、矛盾，有矛盾就有冲突，同时又互相接纳，互相格义，产生了第三种文明，这第三种文明当然还是我们中华文明的延续和发展，我们现在还在这一过程当中。

我最后再说一句，诸文明既然有差异就有矛盾，这种矛盾达到尖锐化的时候也可以发生非常残酷的战争，包括经济上的竞争。但是我始终认为文明之间有冲突，但是文明之间更有相互的交融和互动、推进，不能片面地强调文明冲突。

我写过一篇文章，在香港的刊物上发表的，我承认文明是有冲突的，甚至于会有很尖锐的冲突，但是不能够一味地强调冲突，而且把冲突说成是人类的宿命，这样恐怕是有问题的。我们把时间放长一点，前面提到佛教进来中国排佛搞得很厉害，但是更深刻、更久远的互相交流形成了新的、更有深度的文明。所以这个问题可以专门讨论，就是文明冲突和文明融汇的问题。我简单地表述一下，不能片面地强化冲突这一面，而且把冲突认为是不可避免的人的宿命，这就有一点问题。

安乐哲：谢谢冯老师，我接着两位也谈谈“冲突”。姚老师讲了非常重要的一点，古希腊跟现在希腊国家传统的关系很淡。其实要说古希腊，我们离不开的一个概念是“common sense”，即“常识”，一个被广泛认同的认识。英文“common sense”的“common”是普通，常识作为普通意义是非常被尊崇的概念。正是作为常识，姚老师说那个时候“人”是非常重要的一个核心概念。苏格拉底说“know yourself”，认识你自己，发现你自己，这和孔子看待人不一样；孔子是首先要培养你自己，要塑造你自己。作为第一个问题，如果我们是追求知识的话，传统性的含义是什么？康德的含义就是人。他的第一个问题是，如果我们追求知识的话，那么有追求知识需要的人是什么？“what is a man”，他的这个第一个问题是一个本体论性的问题。知道什么是人，你可以问他在什么地方、他做什么；可以问如此的各种问题。“what is a man”是问本质的本体论的论证。当问了本体论的“subject”（话题）之后，就可以进入道德和政治领域了。冯老师讲到，对“什么是人”的提问和回答，在古希腊这种确定性是非常宝贵的理念追求。正是我们今天流行的个人主义意识形态；“人”是单独个体的、互无联系的一个个人，它对现代西方的影响相当大。

古希腊追求的是真理，而中国追求的是道；而这个思维方法，恰如中国的城市跟古希腊的城邦不一样，中国的思维方法是变通的思维方法，是不离开日常生活的思维方法。冯老师刚才提到了莱布尼茨，他是个普世主义者，政治观点上，莱布尼茨是个联邦主义者；于宗教，他是个大基督教一体主义者。1687 年他写了一本书，他说在技术、工艺、器物等方面，欧洲与中国是处于平等地位、不相上下的。他又说我们欧洲人在概念思维方面远远领先，他还痛惜地说，我们在军事技术方面也占绝对优势。可他还说，我们欧洲在抽象数学、逻辑、形而上学，尤其是神学方面，明显占有优势。他又说，中国的实用哲学毫无疑问凌驾于我们之上；实用哲学就是适用于日常生活与人世间伦理与政治观念的戒律；可与别的民族形成鲜明对比，整个指向是取得社会稳定安宁、建立社会秩序，这样人们之间的关系可尽最大可能避免不和谐。……中国比任何其他民族，都达到了更高水准。

从古希腊哲学和莱布尼茨这两个与中国相关的视角考虑，是很不一样的“人是什么”问题。而这恰是现在非常值得我们重视的问题。首先，我们现在面临的就是个人主义意识形态的问题。个人主义意识形态为什么重要呢？原因是我们似乎没有第二种意识形态的选择。在这种情况之下，儒学对我们最重要的贡献是以家庭为本，是另一种关于“人”的概念。而恰恰我们现在的人类社会冲突需要我们去寻找一个新的方向。人类现在面对的问题是全球变暖、环境破坏、传染病、水和食物短缺，这些人类正面对的困境不是一个个可以单独解决的问题。任何一个国家都不能单独地解决全球变暖，国与国一定要合作；单个国家没有办法解决肆虐全球的传染病问题，必须合作。所以我们现在必须得从个人主义的意识形态转到一个新的方向。人类是相互依赖生存的。如同做一个好的老师，必须得有好的学生。正如学生和老师两者不可缺一，我们人类是相互依存的，而不是单独个体活着的。我们必须从“个体”的模式转到大家共赢的模式。

姚新中：刚才冯老师、安老师都提到很重要的问题，尤其是冯老师以佛教为例子说明不同文明之间的融合是可能而且可以的。同时他强调了灭佛的情况，在当时是非常严峻的，但是后来也促进了佛教和道教、儒家彻底融合，而且形成了宋明理学的东西。我的主要观点是，文明之间的交流、融合是主流，当一个文明生命力出现的时候，就不可能仅限于它自身，肯定要主动地或者被动地传播到其他文明中去，这是一个非常重要的方面。无论是在欧洲还是在亚洲，所有证据都证明了这是一个非常重要的。而且文明之间的交流是文明进一步发展的动力，一个文明一旦停止与其他文明的交流，它的死亡期就到了。有幸的是，我们现在看到的文明都有生命力，要主动地和其他文明进行交流、对话。这是一个非常重要的方面。冯老师刚才举的例子，印度文明和中华文明融合之后就形成了中国佛教。中国佛教和印度佛教还是有很大的区别的，这种区别实质上就是融合了儒学和道家的思想在里面，这是佛教史上一个非常重要的事件。

今天世界上研究佛教的人非常多，但是对于中国的佛教如何能够成为佛教里面一个很重要的方面还有很长的路要走。实际上在这方面，比如说希腊化时期，也是这样通过向外传播形成了希腊文明。

有时候冲突、战争也是文明发展一个不能忽视，或者不能否认的方面。

我们知道文明的发展并不一定是以人的主观意志为转移，它涉及很多因素，尤其是政治因素，这个因素有时候很难避免。这就导致了文明在传播过程中有时候是以非常残酷的形式来进行的。我想冲突和战争是文明关系很重要的一个方面。有两种冲突导致战争：一个是先进文明向落后文明的征服，中华文明向外文明的拓展，希腊文明向其他文明的扩展，罗马文明向其他文明的扩展，这是一种融合，但是带有一定的残酷的、暴力的手段。

但是另外一种形式我们也不能忽略，就是所谓的低层次的文明征服了高层次的文明，这个历史上也是有的，中国有，西方也有。希腊文明被相对落后的罗马文明征服，西罗马帝国被北欧的野蛮人，包括东罗马帝国也是被野蛮人征服的。蒙古族征服汉族，清朝征服中原。就是文明的形式可以被征服，但是如果它真正有生命，就不会被消亡，它一定会同化那些没达到这个层次的民族或者国家。因此，我非常同意冯老师的说法，我们现在不能过分强调冲突，而忽视掉文明交流、融合的作用。

今天我们在考虑文明发展史交流融合和冲突战争两个层面的时候，应该怎样来看待文明史所带给我们的经验和教训，我想提出这样几点看法。

第一，我们一定要坚持对话，坚持融合。这是我们必须要坚持的，刚才说的是文明发展的主流，在今天它依然是主流，依然是我们需要坚持的，不管条件如何艰苦，遇到的情况如何复杂，这是我们必须要坚持的，我们要促进文明的对话。既符合文明发展的逻辑，同时也符合中华文明在文明关系中主流的见解。

第二，对于冲突我们一定要控制，就是要把它控制在可控的范围里面。我们现在不能像野蛮时期一样，任由冲突进一步发展，“扬州十日”这些东西绝对是不允许的，我们自己不能这样做，同时我们也不允许任何一个国家、任何一个民族以任何名义对其他文化和民族进行灭绝。我们要控制冲突，达到可控的局面，同时把冲突转化为一种有见识性的争议、争辩，在文明之间不是要达到完全的相同，我们要允许不同、允许区别、允许差异，这就是中国古老的“和而不同”，或者说“即同又和，即和又同”这样一个观念传统。如果我们过分强调一致、统一，既不符合文明发展的个性，也不符合中华文明基本的价值。这就是当年所说的“求大同、存小异”，这是我们应有的态度。但是在发展过程之中我觉得有两个偏见，第一个是一对话就是要你来同意我，我们说你有好的东西我们可以吸取、可以借鉴，但是我们必须要有自己的特点。第二个是完全的只管我自己，说我的文明非常伟大，你们的文明可能也好，但是跟我没关系。现在在中国学术界有那么一些人，叫所谓的“以中释中”，按照我的理解因为在过去将近200年的时间里是“以西释中”，因此曲解了中华文明，我们现在以中释中来重新理解，这和佛教进入中国的时候遇到的问题相同，一开始就是要格义，就是怎么让对方去了解。经过一两百年的时间以后发现这个方法不对，他们要重新解释佛教。这是一个非常好的方法，但是我们不能由此走向保守、走向复古、走向排外。因此，我们在对话里面首先的原则是自觉而不自卑。有些人说什么用蓝色文明彻底地取代黄色文明，这是完全虚无主义的，肯定是不行的。自觉的对话里面要保持自己的特点。

第三，要自信但不自傲。文化自信、文明自信非常重要，但是由此走向极端，觉得自己了不起、自己什么都好，这是一个非常错误的观念。对话是手段，对话的目的是要创新，文明的创新包括把各种文明优越的成分加以吸收、借鉴，然后进入人类文明。因此我非常赞成人类命运共同体，人类从一开始就是共同体，后来有所分化，形成了不同的文明、不同的体系、不同的文化，到后来形成不同的国家，但是最终它是要成为统一体的。如果人类自我否定，是对人类极其不负责任的态度。因此，在我们今天文明对话的时候，一定要牢记文明对话本身是要为人类文明做出更大的贡献，这是我们的一个基本点。在对话过程中要保留不同文明的特色、文化的特点，不能由此来否定其他文化的价值。

这是今天在讨论文明对话时所必须记住的，也是我们的价值所在，否则文明对话就会变成要么是一方针对另外一方，要么是变得没什么意义，这是我的看法。

吴根友：刚才三位专家各自有侧重点地对四大轴心文明之间的交流、交流中蕴含的冲突和在交流中间所形成、所保留的自己的特色，以及从文明交流对话的历史过程中总结的经验，提出了一些原则性的建议。

冯先生特别强调中国、印度佛教交流融合产生了中国新的伟大的思想，如新儒家、理学等等，在这个过程中产生了中国佛教等，证明文明交融中间有积极的、好的方向；同时又在西学东渐、东学西渐漫长的过程中，中华文化对西方文化，特别是对欧洲早期启蒙思想造成了非常重要的影响，在这个过程中产生积极的、新的文明，我们今天的文明是受益于四大文明的交流，包括交流过程中有冲突、有斗争。冯先生的基本想法是文明中间有冲突，但总体上更强调的是交融、互通，而正是因为有交融互通才产生新的文明，而这个新产生的第三文明对人类整体文明带来新的贡献。

安先生特别强调每一个文明都有“common sense”常识，但是每一个文明的常识都不一样，他特别强调古希腊文明的“common sense”强调本质论，然后形成古希腊整个哲学，形成西方哲学追求真理的思想。中国文化的常识跟西方文化不一样，特别是中国文化重视“道”的精神，以及在这样一个精神下所发展出来的重视人与人之间的关系、重视家庭等等。西方文化的“common sense”更注重抽象本质的东西，像柏拉图讲的“不懂几何学就不要进入哲学乐园”，这种带有经验性的、意识形态东西的个人性，无法解决今天人类社会所面临的环境、科技、人口等一系列问题。所以，中华文化这种重视人与人之间关系的文化会给人类带来价值。

姚老师的思想是在两位先生的基础上强调文明交流的主体应该是融合和交流，虽然过程中也有战争，但战争也是一种交融文化的残酷方式，也起到了一定的作用。姚老师有一个基本的观点，在总结人类文明交流对话过程中特别提出三个坚持的原则，我觉得非常好。坚持对话、控制冲突，特别是要把冲突通过创造性的转化变成有价值的、有争论性的交流，对话过程中，自觉不自卑、自信不自傲，从而形成良好的文明对话基础。

最后请每位学者对于我们可否展望未来，有没有一个新轴心时代的到来发表简短的看法，然后留下几分钟给听众提一两个问题的机会。

四、对新轴心时代的展望

安乐哲：我们在新的时代有新的政治秩序、经济秩序。而新的文化秩序从哪里来？我个人认为，我们现在应是一个新轴心时代，是人类走向智慧道路的时代。我不希望大家误会我，我不是认为儒学可以解决所有的世界问题。我是说世界在交流、对话中，中国可产生的对外国的影响在增大。现在我们需要的是聆听和学习所有的不同的文化传统，再创建一个新的文化秩序。如果就中国而言的话，就是要建立一个新的国与国外交关系的模式，我们要从一个有限输赢模式的游戏走向一个包容共赢的模式。

冯天瑜：刚才根友院长说到对新轴心时代的展望，对这个问题我持比较谨慎的态度，也不是否定这一点。现在人类文明走到了一个新的节点，有很多不同于以往的新的因素出现，包括科技、政治层面都是这样的。所以面对这样一种新的形势，人们要回答，包括像安先生、姚先生这样的思想者都在思考这个问题。但是我还是要讲，新轴心时代即将来临，我目前还看不到一个明显的迹象。我觉得新的轴心时代的来临还有待未来，我们现在争取做一些基础性工作。

我最后谈一点，对于外来文化，我很赞成安先生、姚先生说的，要有一个健康的心态。在这里我们借用鲁迅的一个说法，说中国人从来没有很理性地看待外国人，或者外国文化，把外国人、外国文化看成是妖魔鬼怪，甚至是敌人，要把它赶出去。另一个结论，对于外国人、外国文化，中国人只有磕头拜服而已。这两个极端都是有问题的。应该是把外国人、外国文化看成是我们的朋友，它有很多东西值得我们学习，我们也有很多东西值得他们参考。

我觉得在对待外来的、当时是先进的文化的态度上，日本人的态度值得我们参考。这里我借用王国维先生的一句话，你不要看王国维拖着辫子，他的思想非常先进，他说“西学是今之第二佛学”。现在西学是我们的第二佛教，在这一点上我们要仔细地体会王国维先生的教导。

姚新中：我们今天可以说是遇到了一个新的，不叫转折点，但却是非常关键的时期，俗话说是“百年未有之大变局”。我们现在面临很多挑战，有科学技术的挑战，如AI的挑战，将来人类大部分的工作都可以用AI来代替，我们人活着还有什么意思？我们在考虑这个问题，如何来体现人的价值、人的意义。再就是环境的问题，环境问题非常重要。我非常赞成冯先生的说法，对于提出新轴心时代要持谨慎态度，因为所谓的轴心时代必须要满足这样几点：一是必须有一个突破，对现有的突破，现在大家都在提，但是还没有看到整体突破的可能性，也可能在今后几十年会发展起来，但是到现在还看不到。二是要创新，在过去传承的基础之上必须要有创新，今天的创新是什么？今天我们谈的时候还在谈过去的思想，创新的东西不够，我感到我们的创新方法不够。三是要成为轴心时代必须要有影响后面几代、十几代、甚至几十代人的东西，这一点我也看不到。因此我个人持谨慎的态度，我们急需要突破，急需要创新，但是怎么样突破，怎么样创新，还有待于所有听众的共同努力，争取让新的创新、新的突破能够尽早地到来，谢谢大家！

五、互动提问

提问1：谢谢吴院长。今天很荣幸能够有机会听几位先生的高论，我作为晚辈斗胆向各位提一个小问题。理论层面上对于文化的交流有这样一个共识，像刚才姚先生已经提到的无偏见、自信等。但是我的问题在于现实层面，一个强国和一个小国受限于语言、宗教、文化，如何能够进一步落实这种平等，在现实层面哲学家如何在平等的沟通中提供给我们思考。

安乐哲：我觉得我们是有一个起点的问题。如果在外交关系上看，我们现在仍是德意志帝国19世纪的模式，是“平等国家”关系模式。但是我们是不平等国家；比如加拿大和美国是平等国家吗？国与国都不一样，我们需要用文明来承认我们的不一样，再接受我们的差异，以这种差异为起点往前走。

姚新中：我觉得这个问题提得很好，现实的问题很严峻，我们作为哲学家，作为理论工作者能做什么？可以说在一定意义上能做的事情很少，因为我们不掌握国家机器，也没法让特朗普停止他的威胁，我们能做的是传播我们的思想。我为什么非常重视现在中外的交流、合作，我觉得这是一个非常重要的方面，是我们作为学者所能够做的事情。就是让不同文化、不同民族、不同文明的人能够理解其他民族、其他文化的诉求，理解他们的哲学。在过去几十年我们已经做了很多的努力，也取得了很大的进步，在四十年前，在美国，懂中国哲学、懂中国思想的没有几个人，但是现在基本上中国的哲学、中国的思想、中国的文化、中国的宗教，在很多很多大学，包括美国大学也都在被教授。所以这就是一个非常无形的力量，正在改变人类历史。

第二点，我觉得任何一个民族、一个文化、一个文明都不是僵化的一种声音，而是有很多种声音，要让不同的声音发声，让他们能够有互相的制约、互相的协调，这是能够减少、削弱对抗和冲突的很重要的方面，也是我们今天对话所想要取得的成果，要让更多的人了解我们、理解我们，认同我们提出的思想的一部分，这样就达到交流的目的。

冯天瑜：我觉得这个问题提得非常好，道理前面两位老师说了，我还是回到中国的轴心时代，我们要学习一个人的精神和他的做法，这就是墨子。你刚才讲到了强国和弱国，强国要欺负弱国怎么办？墨子是一个和平主义者，兼爱非攻，同时他绝不是一个投降主义者，和一个恃强凌弱的人，他是教学的教授，同时还有发明创造。我不是哲学家，我是一个史学工作者，我们文化工作者，正像刚才姚老师说的，我们没有掌握权力，我们能够起多大的作用？但是我们要学习墨子的精神，学习墨子既兼爱非攻，同时也要抵御强邦。在这个时候我们还是有先哲榜样可以学习的。

提问2：我们今天讨论文明对话，既然是对话肯定是有两个或两个以上的文明。作为中国人，我比较好奇的一个问题是，我们如何界定中国当前的文化形态？或者是什么决定了中国当前的文化形态？为什么会有这样一个问题，因为我觉得就中国当前的情况来讲，既有几千年传统导致的传统文明，也有现代化的工业文明，还有和西方交流带来的后现代文明。三种文明带来三种思潮，就个人体验而言，这三种思潮造成了思想上的混乱。对中国当前的文明来讲，三种思潮或者三种文明是怎么界定当前中国的文明形态的？下一个问题是不同的文明之间可以交融，应该交融，融合之后带来的到底是混乱，还是说能够找到一种兼收并蓄的方法，我觉得这是我们现在缺失的情况，所以我想请教各位老师。

姚新中：近十几年我一直在讲一门课，就是《传统现代化和全球化》，我为什么始终坚持讲这门课，我认为现在无论是中国还是西方，都会面临这样一个前现代化、现代化、后现代化的关系的处理。怎么样处理？我认为让历史来验证哪些传统是优秀的东西。我们在强调传统的时候不能把传统的东西全部照搬到现代来，这样肯定是不合适的；但是现在也有现代性的问题，大家做了很多批判，最后的落脚点是全球化。刚才你讲的当我们强调文明的交融、交流之后会得到什么东西？会不会得到一个混乱的东西？我个人持积极的态度，文明本身的生命力决定它最终不会怎么样，它可能会乱了阵脚，但是最终会采取一些协调，进行文明的同化，形成新的状态。这就是我说的文明对话本身不是目的，它是一个工具，而对话的目的是要达到一种创新的形态。新的文明形态不是通过几次对话就能够形成的，这是不可能的，只是说我们每个人都在往这个方向工作，最后促成新轴心时代的形成。

安乐哲：我们今天讲新轴心时代，是正当我们面临危机的时代。我们需要的是创新思想。创新思想从哪里来？现在有一个情况，就是所有的思想创新资源，不是来自中国，不是来自西方，而是来自东西方文化的会通方向。所以我们无须西方化，也无须东方化，我们需要东西方化。

冯天瑜：安乐哲先生刚才说的是千古不变的真理，肯定是要交流。我再接着他的话稍微补充一下。他刚才也提到了，中国文化曾经在世界上居于比较高的地位，但是我不同意这种说法，即500年以前中国是世界上最先进的文明，应该说那个时候中国文明在世界上是不错的。近500年以来，摆在世界文明总体格局里来看，中华文明应该说是处在一个比较低谷的状态，这是一个既定事实。就像刚才安乐哲先生说的，中国人对西方文化的了解远远多于西方人对中国文化的了解，恐怕西方人当中像安乐哲先生这样对中国文化有比较深入了解的人极少，所以要东西方文化的融合。但这就给我们中国人，包括中国的学术工作者一个使命，要把我们文化的精华在结合西方文化进行改造和提高以后，把它很好地传播出去，这是很重要的一点。这种传播对于我们接收外来文化也有极大的好处，我觉得我们现在所做的工作，包括办孔子学院，我在日本和欧洲访问了很多孔子学院，水平极低，基本上是教几句汉语，我们派出去的人对自己文化的了解深度有限，又怎么能把我们的文化精华传播出去呢？

所以我觉得我们要好好地反思这个问题，好好地总结这个问题，就是我们在做中外文化交流、沟通的时候，其中包括把我们优秀的文化精华传播出去。现在应该说还远远不成功，这有待于我们特别是在座的青年才俊们好好思考，做出努力。

六、结语

吴根友：我非常不舍得结束这场讨论，但已经超过预定的时间了。冯先生身体不是很好，还坚持了这么长时间，非常不容易。

雅斯贝尔斯在写书的时候提了一个非常好的问题，他说四大轴心文明在开始发展的时候，大家互相并不了解，但一旦走到一起，我们互相之间可以交流，这里面蕴含着什么样的道理呢？轴心时代让人类从此在精神上有了一个统一的历史，我们从统一的历史走过来的中间，有腥风血雨，有各种各样的战争，但毕竟走到了人类的一体化。今天的一体化是在1848年马克思、恩格斯合写的《共产党宣言》里面就已经有所描述了，今天我们世界的各个民族不仅在享受其他民族的物质产品，我们也在消费、享受其他民族的精神产品，所以莎士比亚的著作也成为我们的精神产品之一。从统一的历史走过来，我们向更加统一和交融的“世界历史”走去，这个过程中间各个文明之间有矛盾、有冲突、有误解、有猜疑，在这样一个矛盾、冲突、猜疑和互相矛盾的过程中间，恰恰构成了彼此的理解、对话和不断地深入了解。

今天的中国用了40多年的时间压缩了欧美文明用200年的时间走过的工业化的进程，给中华文明重新走向世界提供了物质性的动力。我们把时间退回到1840年，我们是不可能有今天这样的对话的，而今天的中国为文明对话既提供了物质的保证，也提供了制度的保证。所以我相信，今天的中国敞开胸怀，让世界各国文明进入中国，在中国的大地上对话，而世界上很多国家、很多高等学校也在接纳中国的学者。正因为在矛盾冲突中我们产生对话，通过对话消除矛盾和冲突，增加互相理解。但是绝对不是达到统一，更不是同质的文化或文明，正因为文明的多样化、丰富性、差异性才构成了人类文明的生机和活力，物种要保持差异性，文化、文明也要保持差异性。所以我们希望通过文明的交流对话，不是消除差异，而是丰富差异，就是“各美其美，美人之美，美美与共”，不能走向文化的同质化。这是我们在文明对话过程中切记要保持的一种文化生态多样性的态度，通过多样性保持丰富性。

武汉大学文明对话高等研究院刚刚成立，今天是第一场对话，我相信后面会有很多次大型、小型的对话，希望大家积极参与，多多支持，把我们的对话带到更高领域，让我们的工作和生活在对话中变得更加丰富、更加美好。

今天下午的对话到此结束，谢谢大家！

（根据武汉大学同名讲座整理，整理人：赵立）

主持人：

吴根友教授（武汉大学）

对谈人：

冯天瑜教授（武汉大学）

安乐哲教授（北京大学）

姚新中教授（中国人民大学）

大河与文明

一

水是有机生命的源泉，而文化是由人这一高级有机体所创造的，因此，水（尤其是人类饮用、农作物灌溉需要的淡水）是文化生成的必备条件。人类有了稳定的淡水供应，方可经营定居农业，进而跨入文明门槛（以城市出现、文字发明及金属工具使用为标志）。而能够为人类生存及文明发展源源不绝地提供淡水的，主要是河流。

河流，指陆地表面经常或间歇流动的天然水体。汉字的河流拟名甚多，大者如“江、河、川”，小者如“沟、涧、溪”，统称“水”（《水经注》称黄河为“河”或“河水”，称长江为“江”或“江水”）。江河纵横奔腾的流域，因有充沛的淡水供应和便利的水运条件，成为文明的发祥地。四大文明古国，皆仰赖大河的恩惠，如幼发拉底河、底格里斯河之于美索不达米亚文明，尼罗河之于埃及文明，印度河、恒河之于印度文明，黄河、长江之于中华文明。古希腊“历史学之父”希罗多德称：“埃及是尼罗河的赠礼”，此语适用于诸大河文明（river civilization），巴比伦、印度、中国等文明古国，也都是江河的赠礼。

二

近人梁启超（1873—1929）说，中国何以能占世界文明五祖之一？则以黄河、扬子江之两大川横于温带，灌于平原故也。黄河纵横于北温带80万平方公里的黄土高原和冲积平原，曾经是林茂草盛、自然生态良好的地域，先民在黄河诸支流（如洛水、渭水、汾河等）流经的台地采集、狩猎，进而发展农耕业，奠定文明根基。20世纪初现代意义的考古学展开于中国，首批田野考古用力于黄河中下游，仰韶、龙山、大汶口等新石器文化遗址，以及安阳殷墟等商周故城的发掘，与《尚书》《左传》《史记》等传世史典对先夏及夏商周三代文化在黄河流域繁衍的记述相映照，学界据此确认“黄河流域是中华文化发祥地”。

长江流域广及180万平方公里，恰在北纬30度线这一“人类文明发生线”两侧。20世纪70年代，浙江余姚发现河姆渡文化，其人工驯育稻谷推定距今7000年到8000年左右，随后又发现长江下游的良渚、马家浜，中游的屈家岭、石家河，上游的大溪等“稻作文化”，湖南道县更发现距今万余年的人工驯育稻谷。故长江流域“稻作文化”历史之久远，绝不让于黄河流域“粟作文化”。“黄河流域和长江流域是中华文化的两大发祥地”成为学界新共识。

三

黄河流域和长江流域同为中华民族的摇篮。

就古人类栖息和农业发明的时间而言，长江流域似早于黄河流域。然而，黄河流域的黄土层结构均匀、松散，具有良好的保水与供水性能，蕴含较高的自然肥力，为木石——铜石农具时期的垦殖提供便利。虽然年降水量较少，但雨水集中在夏季，有利于粟、稷、菽、麻等旱作物生长，黄河流域率先成为定居农业文化发达地区，古史所载之五帝（黄帝、颛顼、帝喾、唐尧、虞舜），以及海岱地区的太昊、少昊所代表之族群，多活动于黄河上中下游，夏、商、周，秦、汉、唐的都城及经济、文化繁盛地带，皆在黄河流域。以《诗经》为代表的商周文学，儒、墨、法等学术流派，主要展开于黄河流域，形成齐鲁、三晋、三秦等繁复的文化区。

古时长江流域瘴气弥漫，土壤黏结，以木石器及初级金属器开垦不易，故先夏及夏商周时期农耕经济落后于黄河流域。当金属器（尤其是铁器）普及为农具后，长江流域优越的水热条件渐次得以发挥。春秋战国时巴蜀、荆楚、吴越等文化区在长江上游、中游、下游竞起，以屈骚代表的楚文学及道家等学术流派，主要在长江流域滋衍。

自东周以降，黄河—长江双峰并峙，“风—骚”竞辉，“儒—道”相济，构造了中华文化“和而不同”的多元一体格局。

自汉武帝经营南方，尤其是东晋、晚唐、两宋之际中原士女南渡，铁制农具与牛耕的普及，在黄河流域继续发展的同时，长江流域得以开辟和熟化，演进为物产丰富、人文兴盛地区。隋唐以迄宋元明清，先是长江下游，继而扩及长江中游，成为粮米、布帛的主要供应地。唐代有“赋出天下，江南居什九”之说，南宋有“苏湖熟，天下足”之谣，明清更流行“湖广熟，天下足”之谚。总之，自秦汉起，在黄河流域以政治经济中心雄踞中华之际，长江流域的开发也取得长足进展，后来居上。以户口论，西汉北方与南方呈三比一的优势，到东汉则变为六比五，已大体持平，至北宋则为四弱比六强，南方呈反超之势。

明清之际，王夫之《读通鉴论》议及文化南移："三代以上，淑气聚于北，而南为蛮夷。汉高祖起于丰沛，因楚以定天下，而天气移于南。"黄宗羲更具体述评中古至近古文化的南北变迁："秦汉之时，关中风气会聚，田野开辟，人物殷盛；吴、楚方脱蛮夷之号，风气朴略，故金陵不能与之争胜，今关中人物不及吴会久矣……而东南粟帛，灌输天下，天下有吴会，犹富室之有仓库匮箧也。"然而，经济重心的南移，并不意味着政治军事重心也随之南移，因为军政重心的确立除经济因素外，还有别种缘故，如地理位置居中以驭四方、择都的习惯性标准、抗御北方胡人的战略考虑等，使得经济重心已经南移的诸王朝，大多仍将首都设置北方。不过，位于黄河流域的军政中心，须依凭"东南财赋"的支撑。为调适这种"政北—经南"的格局，便启动了隋唐至宋元南北运河的开掘，以繁庶的长江经济支撑地处北方的政治军事中心。"西北甲兵"与"东南财赋"共同构成唐宋元明清各朝赖以立国的两大支柱，而两大支柱所依托的正是黄河与长江。

四

轴心时代形成的世界诸古文明，多已消弭在历史长河之中，如尼罗河文明被罗马化、阿拉伯化，美索不达米亚文明被波斯征服，印度河文明先后亚利安化、穆斯林化，唯有中华文明于起伏跌宕间传承不辍，其重要原因之一，是中国领域广阔、地理形势错综，存在平行互补且有自然屏障相间的两个大河文化：雄浑的黄河文化、清奇的长江文化，所谓"北峻南孅，北肃南舒，北强南秀，北塞南华。”当黄河流域因垦殖过度、气候转向干冷、胡马南征等缘故而导致文明渐趋衰落之际，长江流域后来居上，焕发其优越的自然禀赋，成为粮食、衣被、财赋的主要供应区和人文胜地。又因黄河流域邻近游牧区，一旦长城突破，就可能被游牧人占据，而“长江天堑”便成为一道防卫线，拥有巨大经济、文化潜力的长江流域为华夏文明提供退守、复兴的基地（东晋、南宋为显例）。经由长江文化对黄河文化的承接与创造性发挥，自强不息、厚德载物的中华精义得以保持与光大。

得两条大河的滋养与呵护，是中华文明于数千年间延绵伸展、从未中绝的原因之一。

五

中国广土众民，历史悠久，其文化的时代性演进和地域性展开均呈现婀娜多姿状貌，切忌做简单化的描述与概括。历史地理学家谭其骧指出：“把中国文化看成一种亘古不变且广被于全国的以儒学为核心的文化，而忽视了中国文化既有时代差异，又有其地域差异，这对于深刻理解中国文化当然极为不利。”要获得对中国文化完整而深刻的理解，需多做具体的分区考察，包括对大河流域文化做专题研究，以为综合与抽象提供坚实的基础。而我国文化史在这方面有着深厚的积淀。西汉史家司马迁在《史记·货殖列传》中对当时南北东西各地的物产和人文特色有传神的描绘。西汉末年学者刘向则将汉朝全境划分为若干区域，丞相张禹又令僚属朱赣按区城介绍风俗。东汉史家班固所撰《汉书·地理志》集上述之大成，对当时的中国做出“域分”，记录各地风俗，绘制出文化地域特征的生动画卷。以《汉书》为端绪，历代正史皆设地理志，以各朝疆域为范围，以政区建制为纲目，分区记述山川、物产、风俗，形成文化区研究传统。近人梁启超《中国地理大势论》以诗化语言描述南北文化的特色：长城饮马，河梁携手，北人之气概也；江南草长，洞庭始波，南人之情怀也。散文之长江大河，多一泻千里者，北人为优；骈文之镂云刻月，善移我情者，南人为优。至于流域考察，战国成篇的《管子·水地》已开其端，而自《史记·河渠书》始，诸正史及地方志多有记述河流及其整治的专篇，还出现北魏郦道元《水经注》那样的考析江河的专著，详述以黄河、长江为重点的一千余条河流，以及相关的郡县、城市、物产、风俗、传说、历史等。这些篇什奠定了流域研究的坚实基础。

六

黄河流域分为甘青、三秦、三晋、燕赵、中原、齐鲁等文化区，长江流域分为青藏、滇黔、巴蜀、荆楚、皖赣、吴越等文化区。

作为文化的空间分类，文化区由自然、社会、人文三重因素所决定，三者在历史进程中综合成地域文化特色。文化区并非静态、凝固的存在，而是因时演变的。一般而言，构成文化区的自然因素变化缓慢，社会、人文因素迁衍较快，正所谓“江山依旧，人面全非”。王夫之常用“天气南移”“地气南徙”表述文化重心的区间移动，而他所谓的“天气”“地气”，并非专指自然之气，而是自然、社会、人文的综合，更多地包蕴社会、人文因素。

自从具有理性的人类介入，造成文化世界，我们这个星球上的变化往往不再是单纯的自然运动。即以各地土壤肥瘠的变迁而论，便深深打上人类活动印记。曾被《禹贡》（反映周秦之际状况）列为中、下之地的长江流域，至近古已成上上之地，如宋人王应麟所说：“今之沃壤，莫如吴越闽蜀。”至于各地风俗、学术的异动，更是古今起伏，时有更迭，“江山代有才人出，各领风骚数百年”。这是在做流域及文化区研究时应予注意的。

附：大河文明骄子之一 武汉的古与今

20世纪初叶，从18年湖广总督任上擢升内阁大学士、入参军机的晚清名臣张之洞（1837—1909），得悉门生故吏要在面临长江的黄鹄山（即蛇山）建“风度楼”，以纪念其在鄂勋业。张氏以为“万万不可”。他函复曰：“此楼关系全省形势，不可一人专之，务宜改换匾额”。而该处形胜，正合《晋书·刘弘传》“恢弘奥略，镇绥南海”语意。张氏建议改称“奥略楼”，后来还为该楼题写楹联：

昔贤整顿乾坤，缔造多从江汉起。

今日交通文轨，登临不觉亚欧遥。

黄鹤楼及周边诸楼楹联无数，写景抒怀、纵横八极，精彩者不少。然将江汉交汇的武汉在全国的枢纽地位从历史纵深感和全球广阔度加以界定则莫过此联。比照武汉山川形势、人文历史，此联坐实而不虚。

湖北省会武汉为华中第一重镇，“武汉”包括长江之东的武昌与长江之西的汉阳。

武昌原指今鄂州，三国时吴王孙权迁都于斯，取“因武而昌”之意，改鄂县为武昌。而今武昌原名“夏口”，因与夏水（汉水下游古称）入长江口相对而得名。由于这里地处冲要成为军政驻节地。南朝刘宋设郢州，治所在夏口；唐代设武昌军节度使，治所在夏口；元代设武昌路，治所在夏口，改称“江夏”；明代设武昌府，治所亦在江夏。这样，作为府城的江夏称“上武昌”，作为县城的今鄂州称“下武昌”，而“上武昌”名声更著，“武昌”之名渐为其专之。

长江之西的城垣曾称“却月城”。明代成化年间汉水改道以前，这里在汉水之北，遵循“水之北称阳”的传统，自隋代起即称“汉阳”（汉水之阳）。明代成化年间汉水改道，原汉阳离析为二：汉水东北称“汉口”，取义“汉水入长江之口”；汉水西南仍袭称“汉阳”（其实这里已是“汉阴”）。武汉遂由“双城”演为“三镇”。

武汉“地当天下之中”。中国的自然地理中心约在甘肃中东部，而经济地理、人口地理中心则在湖北。以武汉为圆心，以 1 000 公里为半径，北京、天津、沈阳、青岛、上海、台北、广州、香港、澳门、南宁、昆明、重庆、成都、西安、兰州、呼和浩特等大都会，皆在圆圈近侧。这雄辩地显示武汉恰处中华之“中”。武汉发生的种种历史壮举（如辛亥武昌首义、保卫大武汉等）皆与此相关，也证明张之洞“整顿乾坤”“多从江汉起”之议，绝非虚语。战略眼光宏远的孙中山、章太炎曾经倡议在武汉建都，正是出于此处地望优势的考虑。

武汉的另一个鲜明特色是巨龙般的长江横贯全境。中国最大的水系长江，干流总长 6 300 公里，流经湖北 1 061 公里（全线通航），最长支流汉水在武汉注入长江，故武汉北接汉中豫南，南纳洞庭潇湘，上衔巴、蜀、滇，下贯皖、苏、沪，成为中国内河航运枢纽，所谓“江汉西来于此会，朝宗东去不须分”。充沛而又广延的长江水系，使这里“占水道之便，擅舟楫之利”。清初思想家熊伯龙称汉口为“九省通衢之地”。《大清一统志》说：“汉镇适当五达之衢。”《汉口丛谈》则谓“七省要道”“九省通衢”。后人沿用武汉“通衢”说不辍，反映了近古至近代交通地理的实情。当代交通走势、物资聚散情形发生变化，武汉也在新格局中再造其水、陆、空“通衢”地位。

长江、汉水穿行武汉，诗仙李白赞之曰“江城”；东湖、汤逊湖、南湖、月湖、马沧湖等湖泊星罗棋布，人称“湖中城，城中湖”；而跨越江汉的多座桥梁，又为武汉赢得“桥城”之名。武汉这种种佳号，皆由水之所赐。淡水是人类生存发展的首要资源，重要性只有空气可与比拟，连石油都不能比肩。而武汉是中国富水区集结点，水域率、湖泊率居全国城市首位，人均淡水拥有量居世界各大城市前列，这为武汉提供了巨大的发展潜力。至于江河行地之雄阔，湖光山色之隽秀，更使楚风汉韵兼具壮丽与柔美。

具有优越地理条件的武汉，是一座古老而又年轻的城市，其进程如同长江奔腾，不舍昼夜。早在 8 000 至 6 000 年前新石器时代早中期，就有先民在此繁衍生息。3 500 年前，商朝在今武汉市黄陂区府河北岸筑城（今称盘龙城），揭开城史帷幕。经城堡时期到镇邑时期的发展，江夏（今武昌）、汉阳自三国以降，既是兵家必争的四战之地，又是商贾往来、市民聚居的通都大邑；汉口在明中叶崛起，清初即跻身全国“四大镇”“四大聚”之列。19 世纪 60 年代汉口开埠，清末张之洞治鄂，武汉进入近代都会时期，工商业发展规模直追上海。正由于近代文明的积淀、蕴蓄，这里成为辛亥革命首义之区。

民国初年，孙中山著《建国方略》，勾勒中国现代化建设蓝图，对武汉有“世界最大的都市之一”“中国最重要之商业中心”“中国本部铁路系统之中心”、中国内地开放之“顶水点”、规划“略如纽约、伦敦之大”的殷殷期待，并有“一都四京”构想，而“一都”即指武昌，东、西、南、北“四京”分指南京、重庆、广州、北京。20世纪50年代，这里是全国有数的工业建设基地之一，武钢、武重、武锅、武船等一批大型企业巍然屹立，进一步确立了武汉中国内陆首屈一指的经济强势地位。20世纪80年代以来，改革开放使武汉驶入现代化建设快车道，沌口汽车城、东湖高新技术开发区、中国光谷崛起，水道、铁路、公路、航空线纵横交织，展示武汉作为华中重要发展极、中国中部地区开放型、多功能中心城市的宏伟前景。

武汉是文化底蕴深厚的城市，优雅、丰赡的楚文化是其深广根系。近代以来，文教科技获长足进展，今日的科教综合实力，居全国各大城市第三位，拥有各类科研机构687家，专业技术人员45万人，武汉大学、华中科技大学等82所高等院校，在校大学生104万人，居全国乃至全世界诸城市大学生数量之首位。武汉东湖周边是中国有数的智力密集区之一，通信、生物工程、激光、微电子技术和新材料技术走在全国前列，人文社会科学实力雄厚，富有特色。

国家于20世纪80年代实施沿海沿江发展战略，1992年武汉成为沿江对外开放城市，其江海枢纽功能凸显；1999年开始实施西部发展战略，武汉上衔横空出世之昆仑，下联明月生辉之碧海，其承东启西战略支点的地位日渐彰显。作为正在兴起的五大产业基地（钢材及新材料基地、光电子信息产业基地、现代制造业基地、生物技术及新医药产业基地、环保产业基地）、五大功能中心（华中科技教育中心、华中商贸金融中心、华中物流中心、华中旅游目的地和集散中心、华中信息中心），武汉充满活力。21世纪初叶提出“长江经济带”，武汉与上海、重庆共为三大枢纽。放眼未来，武汉因其区位优势明显、淡水资源丰富、交通发达、腹地市场广阔、科教实力雄厚，更被海内外有识之士称作21世纪世界最有发展前途的城市之一。

武汉，白云黄鹤的故乡，梅花绽放的江城，从幽远的历史走出，正迈向辉煌的未来。

冯天瑜

（武汉大学中国传统文化研究中心）

王夫之“文明史观”探论

何谓“文明”，中西学术界并没有一个绝对统一的说法，就汉语学术界而言，文明是从整体上对文化的一种描述与规定，它在本质上与野蛮相对立。现代研究文明史的学者大体上有这样一些观点，如布罗代尔认为，将“文明”作为人文社会科学的研究对象，是一件比较晚近的事情，大体上说起源于 19 世纪中后期，到今天 160 多年的历史①。福泽谕吉则将“文明”看作是讨论人类精神发展的问题，不是讨论个人的精神发展问题。他说：“‘文明论’是探讨人类精神发展的理论。其目的不在于讨论个人的精神发展，而是讨论广大群众的总的精神发展的。所以，文明论也可称为群众精神发展论。”② 概览汉语学术界（包含汉译著作）有关“文明”研究的类型，大体上可以分为文明形态的类型学，如考古学界、历史学界多采用这种分类方式，有青铜文明、玛雅文明等说法。文明形态学又可以分为纵向的与横向的，纵向的主要表

① 费尔南·布罗代尔著，肖昶、冯棠、张文英、王明毅译：《文明史纲》，广西师范大学出版社，2003 年，第 23−28 页。

② 福泽谕吉著，北京编译社译：《文明论概略》，商务印书馆，1959 年，正文第 1 页。

现为经验时间的分类法，有古代文明与现代文明之分。横向的则以民族、国别、地域文明为特征，可分多种的文明，如中华文明、埃及文明、古希腊文明等。另外，还可以从文明的性质如科技文明与精神文明的角度分类，连续性的文明与破裂性的文明（张光直的观点）——资本主义文明与社会主义文明，农业文明与工业文明等。因此，“文明”的分类问题，也影响着我们将采取什么样的方法去研究“文明”。[①] 本文所取的“文明”一词，大体上与现代中西学者所言的“文明”概念意思相同，但在具体论述的过程中，由于受研究对象王夫之本人论述的内容所限制，主要侧重于制度文明与精神文明中的道德伦理这些方面的具体内容。而“文明”一词的义涵主要与“野蛮”相对立，代表着进步的意义。

就王夫之本人的历史观而言，他已经明确地使用了“文明”一词。在《宋论》一书中，王夫之针对宋太祖减省州县官员人数而增加他们的俸禄一事，做了很长的评论，其中有一段涉及政治行为如何趋向“文明”的论述。前于王夫之的史评家们认为，宋太祖之所以减省州县官员人数，是因为他担心吏多扰民。从解释学的角度看，这些史评家的解释属于善意的解释。王夫之对此事的看法则不同于前人，他认为，官吏能扰民者不过三件事：赋税、狱讼、工役。如果从《周官·六典》来看，在所有能督民、扰民的事情中，这三件事不及诸事的十分之二三。如果是“兴学校、典礼乐、治宾旅、涖祀事、候灾祥、庀器服者，事各一司，司各数吏，咸以上赞邦治、下修邦事，

① 费尔南·布罗代尔将文明的研究分为四个面向：作为地理区域的文明，作为社会的文明，作为经济的文明，作为集体心态的文明。见费尔南·布罗代尔著《文明史纲》第二章第29–43页。

劝相之以驯雅之业，而使向于文明。”① 则何必担心官员人数过多的问题呢？

上述引文中出现的“文明”一词，显然是指合乎人道要求的文雅而灿烂的文化状态，与今日“文明”一词的基本内涵相同。因此，我们讨论王夫之的文明史观，并不是现代学人出于某种现实需要对其思想的一种外在的诠释，而是在其思想内部发现了某种契合现代人的观念与概念的依据。

实际上，前辈学者从历史哲学的角度，对于王夫之“文明史观”已经给予了相当多的关注与研究。嵇文甫在《王船山学术论丛》一书下篇“历史哲学”部分，触及了船山的文明史观，肯定了王夫之的历史因革论中的理势说，以及华夷文野论中的“粒食为一切文明的基础”的观点。② 侯外庐在《中国思想通史》（第五卷）中讨论王夫之的人类社会史论时，从其“性日生日成”的人性论角度揭示了王夫之进化的文明史观：“他（夫之）敢于断定三代是野蛮的，后是文明的，而且认为越到后代，人类比前代越文明。”③ 又从王夫之的“历史叙述”的次第角度，肯定了其关于中华文明在远古时代“和禽兽差不多的”的天才猜测，以及以“城市和农村分裂为文明，反之为野蛮社会”④ 的文明判别的标准。萧萐父先生在《浅论船山历史哲学》一文中，从历史进化论的角度肯定了王夫之“依人建极”的人本主义思想⑤及其文明史观，并将王夫之今胜于古的历史观与其“道器一贯”“气化日新”的自然史

① 《宋论》卷一，《船山全书》第十一册，岳麓书社，2011 年，第 40 页。

② 嵇文甫：《王船山学术论丛》，三联书店，1962 年，第 154 页。

③ 侯外庐：《中国思想通史》第五卷，人民出版社，1956 年，第 127 页。

④ 侯外庐：《中国思想通史》第五卷，人民出版社，1956 年，第 136 页。

⑤ 萧萐父：《船山哲学引论》，江西人民出版社，1993 年，第 117 页。

观结合起来，认为王夫之的这些议论冲击了"三代盛世"的传统教条，"直接驳斥了朱熹等所谓三代以上天理流行，以后一千五百年间全是人欲支配的复古谬论，指出了：古代是野蛮的，后世是日趋文明的，历史是沿着由野蛮到文明的方向不断前进的。"① 萧先生还从经济、政治、民族国家独立发展等多个层面，剖析了王夫之文明论的具体内涵，高度肯定了王夫之"由深厚的历史教养培植起来的爱国热情"，以及他"对民族复兴的前途始终充满着信心"。② 冯天瑜先生较早从"文明演进"而非文明进化的角度，研究了王夫之的文明史观，揭示并肯定了王夫之阐述的"文明演进"思想，以及他对文明演进道路的描述。③

在前贤有关论述的基础上，本文则集中阐述王夫之"文明史观"的基本思想内容及其结构，并在具体的行文过程中对其文明史观中的某些自相矛盾之处，不合乎文明史发展进程的某些观点进行剖析与辩正。本文也尝试从文明史观的角度来拓展王夫之的思想研究视域，在文明交流与文明互鉴的时代要求下推进王夫之的思想研究。

一、人之所以异于禽兽者的"三大伦"与文明的基准

"人禽之别"是儒家最为重要的少数思想原则之一，孔子大体上从维护华夏文明与周代的人伦秩序角度肯定人禽之别，坚决不与鸟兽同居而要在人世活动，并与人为伍，决不当隐士。孟子则更多地从人性具有先验善端的角度，

① 萧萐父：《船山哲学引论》，江西人民出版社，1993 年，第 118-119 页。

② 萧萐父：《船山哲学引论》，江西人民出版社，1993 年，第 120-121 页。

③ 冯天瑜：《王夫之的文明演进思想》，《船山学刊》1985 年第 1 期。

肯定人禽之间的“几希”之别，提倡扩充“善端”，使人最终成为人。荀子高度肯定礼制对人性中的自然野蛮倾向进行驯化的意义，亦即肯定儒家的人伦秩序与王制所代表的文明状态。相比较而言，在明末清初的特殊历史情境下，王夫之提出的“人禽之别”主要是指儒家的父子之亲，君臣之义，华夷之别，并将此三者称之为“人之大伦”。而在此“三大伦”之中，他特别重视“华夷之别”的价值与意义，认为，人若丧失了此一人伦原则，有利不如无利，活着不如死去。他说：

> 人之所以异于禽兽者，非其利病生死之知择也。则君子之为天下君以别人于禽兽者，亦非但恤其病而使之利，全其生而使无死也。原于天之仁，则不可无父子；原于天之义，则不可无君臣。均是人而戴之为君，尊亲于父，则旦易一主，夕易一主，稽首匍匐，以势为从违而不知耻，生人之道蔑矣。以是而利，不如其病之；以是而生，不如其死之也。①

上述引文的意思是说，父子之亲，君臣之义，华夷之别这一文明秩序的重要性，高于现实的利害、生死等功利性的东西。为了维护此种文明秩序，人在现实生活中的暂时利益与生死抉择，都属于次要的、可以舍弃的对象。这一思想似乎可以称之为“文明至上论”。

而在“三大伦”之中，“父子之亲，君臣之义”又是文明的底线。此一文明底线恰恰是区分华夷之不同的根本原则。从这一文明底线的立场出发，王夫之对庶民、流俗又给予了猛烈批判。其言辞之激烈，立场之鲜明，要求之

① 《读通鉴论》卷十一，《船山全书》第10册，第416页。

严格，实际反映了他的“文明论”中存在着传统士大夫作为社会精英阶层的思想偏颇。在《俟解》一书中，他用大段的文字批评庶民、流俗，认为小人不足惧，而庶民诚堪忧。理由是，小人人数少，可以很容易地加以处置，庶民人数太多，没有办法诛杀殆尽。这些庶民，其行为与禽兽相异的人，一百人之中难得找到一个。他甚至非常偏激地说，“庶民之祸烈于小人”。① 理由是，这些庶民“营营终日，生与死俱者何事？一人倡之，千百人和之，若将不及者何心？芳春昼永，燕飞莺语，见为佳丽。清秋之夕，猿啼蛩吟，见为孤清。乃其所以然者，求食、求匹偶、求安居，不则相斗已耳，不则畏死而震慑已耳。庶民之终日营营，有不如此者乎？”②

更为令人感到担心的是，其“文明论”之中，由于过分强调了儒家的“人禽之别”的界限，导致了其思想具有走向反对普通大众，脱离广大民众，并有成为人民之敌人的危险。他说：“庶民者，流俗也。流俗者，禽兽也。明伦、察物、居仁、由义，四者禽兽之所不得与。壁立万仞，止争一线，可弗惧哉！”③

他甚至将我们一贯称之为美德的“勤劳”二字也否定了：“鸡鸣而起，孳孳为利，谓之勤俭传家。庶民之所以为庶民者此也，此之谓禽兽。”④

与对庶民的批评相类似，王夫之对于“邱民”也持有极不信任的态度。认为他们除了基本的物质利益与需求之外，并不关心什么道德伦理原则、民

① 《俟解》，《船山全书》第12册，第480页。
② 《俟解》，《船山全书》第12册，第478页。
③ 《俟解》，《船山全书》第12册，第478—479页。
④ 《俟解》，《船山全书》第12册，第479页。

族大义等属于文明层次的东西，对孟子“得乎邱民而为天子”的说法，进行了比较主观化的解释，认为“三代之余，风教尚存，人心犹朴，而直道不枉之世”，可以相信邱民。“若后世教衰行薄，私利乘权，无不可爵饵之士，无不可利囮之民，邱民亦恶足恃哉！”①

接下来，王夫之以非常激愤的心情写道：

> 盗贼可君，君之矣；妇人可君，君之矣；夷狄可君，君之矣……旦与之食，而旦讴歌之；夕夺之衣，而夕诅咒之；恩不必深，怨不在大，激之则以兴，尽迷其故。利在目前而祸在信宿，则见利而忘祸；阳制其欲阴图其安，则奔欲而弃安。赘壻得妻，而谓他人为父母；猾民受贿，而讼污吏之廉平。上无与惩之，益进而听之，不肖者利其易惑而蛊之，邱民之违天常、拂至性也，无所不至，而可云得之为天子哉？②

上述几段中“庶民禽兽论”“邱民不可信论”的观点，学界有不同的评价③。我们没有必要为古人的观念辩护，但有必要从王夫之的整体思想倾向来考察这些观点的真正意旨。我们发现，王夫之讨论天人关系问题时，说了与上述问题相关的一段：

> 可以行之千年而不易，人也，即天也，天视即我民视者也。民有流俗之淫与偷而相沿者矣，人也，非天也，其相沿也，不可卒革，然而未

---

① 《读通鉴论》卷二十一，《船山全书》第10册，第809页。

② 《读通鉴论》卷二十一，《船山全书》第10册，第809—810页。

③ 钱穆在《中国近三百年学术史》中认为这是正确的观点，萧萐父等人认为这是王夫之思想中死的拖住活的渣滓。

有能行之千年而不易者也。天不可知，知之以理，流俗相沿，必至于乱，拂于理则违于天，必革之而后安，即数革之，而非以立异也。若夫无必然之理，非治乱之司，人之所习而安焉，则民视即天视矣，虽圣人弗与易矣。①

上述引文的意思是说，普通人的日常生活所构成的流俗社会习惯或风俗，如果能经过千年的长时间段的考验而不变，则就是合乎天道要求的东西，因而一定包含着历史的合理性在其中。如果不是这样一些带有历史合理性的，合乎天道要求的“流俗”，则必须在“理”的指导下加以改革，一次不成功，再来一次，直到改革之后被人们接受——“必革之而后安”为止。因此，天道的法则虽然从普通大众的生活中去考察——天视自我民视。但普通大众的生活现象，尤其是较短时期的生活现象并不能直接、当然地反映天道的要求，需要有合乎天道要求的历史理性介入其中，加以引领、加以改革，使之达到大体与天道的要求相符合而后保存下来，并继承下去。因此，其文明论的思想根基在于其所坚持的儒家道德理性与历史理性，即只有合乎天道要求的民俗才是可以接受的民视、民听，一时的淫偷恶俗并不足以作为民视、民听而受到尊重与维护。这可以看作是王夫之严厉批评庶民、流俗的思想理由之所在。在今天看来，王夫之这一思想理由是否能够成立，特别是在后现代反本质主义、反理性主义的前提下，是一个非常值得讨论的问题。②

① 《读通鉴论》卷十九，《船山全书》第10册，第697页。

② 可以参考的是，海德格尔在《存在与时间》一书中，也严厉地批评了“常人”。并将“常人”的生活状态看作是人的沉沦状态。刘旭君认为，这二者之间似可以做一点比较研究。

在尊重民族大义的前提下，王夫之有限度地接受政治上的篡逆。他说："天下之大防，人禽之大辨，五帝、三王之大统，即令桓温功成而篡，犹贤于戴异类以为中国主，况仅王导之与庾亮争权势而分水火哉！"①

对于刘宋时期名不显于当时的夏侯详，由于他劝止殷琰降拓跋氏而成功，王夫之对其给予了高度的肯定与赞扬，甚至将他比之于管仲。理由是"中国之义，人禽之界，天下古今之公义也。"② 出于同样的理由，崔浩因为仔细地叙述了夷人拓跋氏之由来而被杀，亦被王夫之予以高度的表彰。他认为，崔浩"存直笔于天壤"，详细描述了拓跋氏"不可为君师之实，与其乘间以入主中华之祸始，俾后之王者鉴而知惧，以制之于早"，③ 因而"浩之为功于人极者亦伟矣。"④ 与此相对应，王夫之对宋濂修蒙古史的行为，给予了极其尖锐的批评，说道："宋濂中华之士，与闻君子之教，佐兴王以复中华者也，非有崔浩族诛之恐。而修蒙古之史，隐其恶，扬其美，其兴也，若列之汉、唐、宋开国之君而有余休；其亡也，则若无罪于天下而不幸以亡也。濂史成，而天下之直道永绝于人心矣。"⑤

在区分文明与野蛮的意义上，王夫之认为，"华夷之别"比"君臣之义"是更为基本的人禽之别的界限。如在讨论华夏民族内部政治权力的更迭问题时，他以百姓的生命为根本价值，不再以朝廷的王权为至尊了。此时，他提

① 《读通鉴论》卷十三，《船山全书》第 10 册，第 487 页。
② 《读通鉴论》卷十五，《船山全书》第 10 册，第 589 页。
③ 《读通鉴论》卷十五，《船山全书》第 10 册，第 575 页。
④ 《读通鉴论》卷十五，《船山全书》第 10 册，第 575 页。类似的例子还有，对于唐初封德彝策突厥之良言，夫之亦有肯定：言有不可以人废者，封德彝之策突厥是已"（见是书第 741 页。）
⑤ 《读通鉴论》卷十五，《船山全书》第 10 册，第 575—576 页。

倡“公天下”的政治理想：

> 天下者，非一姓之私也，兴亡之修短有恒数，苟易姓而无原野流血之惨，则轻授他人而民不病。魏之授晋，上虽逆而下固安，无乃不可乎！①

王夫之的意思是说，只要王权不被夷狄所窃取，特定情境下的朝廷篡权行为是可以容忍的。因此，其文明论中的“人之大伦”之一——君臣之义，在民生利益、华夷之别的权重面前，反而变成了次要的问题。由此可见，“华夷之别”似乎是王夫之文明论中比“君臣之义”更为根本的分界线。

不过，我们不能简单地将王夫之的“华夷之别”理解为一种种族意义的民族沙文主义思想。他所坚持的华夷分界线，其背后的根本精神还是文明与野蛮，儒家世俗理性与非理性生活方式之区别，因而不是生理意义上的人种之别。换句话说，“文野之分”是华夷之别的最本质的区别。因此，我们不能简单地套用现代的民族主义理论，将王夫之的“华夷之别”看作汉民族的沙文主义或大汉族主义，华夏民族文化中心论。举例言之，从华夷之别的角度看，王夫之非常严厉地批评了拓跋氏的种种政治、军事侵略与占领行为，但对于拓跋氏严禁谶纬一事，却给予了高度的肯定，说道：“拓跋氏之禁谶纬凡再矣，至太和九年诏焚之，留者以大辟论。盖邪说乘一时之淫气，泛滥既极，必且消亡，此其时也。于是并委巷卜筮非经典所载而禁之，卓哉！”② 又说：

---

① 《读通鉴论》卷十一，《船山全书》第10册，第416页。

② 《读通鉴论》卷十六，《船山全书》第10册，第605页。

“拓跋氏夷也，而知禁之，为君子儒者，文之以淫辞，而尊之为天人之至教，不谓之异端也，奚可哉?”① 可见，王夫之“华夷之别”论的精神实质还是文明与野蛮的区别。他对于拓跋氏在日常生活中对谶纬卜筮等非理性的祭祀行为的禁止，还是给予了高度的肯定。因为，拓跋氏的这一政治行为合乎儒家提倡的日常生活的理性原则与伦理原则要求。但是，由于他本人身处明清易代之际，而且亲自参与反清复明的实际政治与军事斗争，有着强烈的民族情感，因此，他的文明观中，比较固化地看待了“华文夷野”的区分，而忽视了夷狄通过文明交流、互鉴，可以进于文明的变化、发展的道理。

二、郡县制与制度文明

在抗清斗争的活动中，王夫之深入到少数民族的生活地区，因而对少数民族的生活有了一定了解的机会，进而使得他对中国上古历史有了新的认识。他不再将中国的远古时代设想为黄金时代，而是大胆地认定华夏族的祖先在远古时代无非是“植立之兽”而已。基于这一新的中华文明历史起源的认识，他对中华民族的未来抱有乐观的态度。通过对晚明以来来华传教士的认识，以及对西来著作的少量接触，也使得他对人类的文明形态有了新的认识，不再将中华文明看作唯一的文明形态。这些新思想均体现了王夫之文明史观的深邃与新颖之处。

对于中华文明的起源问题，王夫之深感缺乏必要的文献（传世与出土文献）加以证明，仅以他当时亲身的所知而大胆地做了如下的推测：

① 《读通鉴论》卷十六，《船山全书》第10册，第606页。

考古者，以可闻之实而已。知来者，以先见之几而已。故吾所知者，中国之天下，轩辕以前，其犹夷狄乎！太昊以上，其犹禽兽乎！禽兽不能全其质，夷狄不能备其文。文之不备，渐至于无文，则前无与识，后无与传，是非无恒，取舍无据，所谓饥则响响，饱则弃余者，亦植立之兽而已矣。①

唐、虞以前，无得而详考也，然衣裳未正，五品未清，婚姻未别，丧祭未修，狉狉獉獉，人之异于禽兽无几也。故孟子曰：“庶民去之，君子存之。”舜之明伦察物，存唐、虞之民所去也，同气之中而有象，况天下乎？“若夫三代之季，尤历历可征焉。当纣之世，朝歌之沈酗，南国之淫奔，亦孔丑矣。”数纣之罪曰“为捕逃萃渊薮”，皆臣叛其君、子叛其父之枭与豺也。至于春秋之世，弑君者三十三，弑父者三，卿大夫之父子相夷、兄弟相杀、姻党相灭，无国无岁而无之，蒸报无忌，黩货无厌，日盛于朝野，孔子成《春秋》而乱贼始惧，删《诗》《书》定《礼》《乐》，而道述始明。然则治唐、虞、三代之民难，而治后世之民易，亦较然矣。②

三代沿上古之封建，国小而君多，聘享征伐一取之田，盖积数千年之困敝，而暴君横取，无异于今川、广之土司，吸龁其部民，使鹄面鸠形，衣百结而食草木；三代圣王，无能疾出其民于水火，为撙节焉以渐苏其生命，十一者，先王不得已之为也。③

① 《思问录·外篇》，《船山全书》第12册，第467页。
② 《读通鉴论》卷二十，《船山全书》第10册，第763页。
③ 《读通鉴论》卷二十，《船山全书》第10册，第746页。

上述三则典型材料表明，王夫之在历史观的问题上超越了中国传统儒、道、墨各家有关上古“黄金时代”的历史假想，断然认定中华民族的祖先在其文明的源头处，大体上“人之异于禽兽无几也”“亦植立之兽而已矣”。这一论断从原则上说是正确的。但王夫之文明史观的着眼点不在于历史的考古，而是关注现实的中华文明是否会夷灭这一重大的现实问题。故他在此一番议论之后，紧接着说道：

> 魏、晋之降，刘、石之滥觞，中国之文，乍明乍灭，他日者必且陵蔑以之于无文，而人之返乎轩辕以前，蔑不夷矣。文去而质不足以留，且将食非其食，衣非其衣，食异而血气改，衣异而形仪殊，又返乎太昊以前，而蔑不兽矣。至是而文字不行，闻见不征，虽有亿万年之耳目，亦无与征之矣，此为混沌而已矣。①

因此，在明清易代之际，晚年的王夫之已经超越了一般意义上王朝更迭的历史观，而是在中华文明是否消灭的意义上来思考华夷巨变所引发出的现实问题。《读通鉴论》一书借古讽今，讨论他之前朝代中一系列政治行为是否合乎文明要求的问题，并给予深入的阐发。他的这种担忧，实际上与顾炎武“亡天下”“率兽食人”的担忧颇为一致。在《读通鉴论》中，王夫之否定了传统儒家有关中国上古圣王时代的神话，反复说道，中国古代文明并不像有些儒者所说的那样是黄金时代，而极可能像当时川、广一带的土司统治的社会。从文明发展史的角度看，郡县制的确立，在政治制度上是一种巨大进步，

① 《思问录·外篇》，《船山全书》第12册，第467页。

改变了地方势力擅自兴兵与专权杀人的局面。他说：

> 郡县之天下有利乎？曰：“有，莫利乎州郡之不得擅兴军也。”郡县之天下有善乎？曰：“有，莫善乎长吏之不敢专杀也。”①

正凭借上述两点，王夫之认为，郡县制优于古代的封建制。在封建制下，那些诸侯其实就是当地的土霸王，他们“各君其土，各役其民，若今化外土夷之长，名为天子之守臣，而实自据为部落，三王不能革，以待后王者也。”② 而到了唐、宋时期，“非叛贼不敢称兵；有司之酷者，惟以鞭笞杀人，而不敢用刀锯；然后生人之害息，而立人之道存。不然，金、元之世，中国遗黎，其能胜千虎万狼之搏噬乎？”③

这表明，王夫之从整体上肯定了人类政治文明是处在动态的发展过程之中的，即使在金、元等少数民族统治中原大地的时候，文教也没有完全丧失，否则的话，那些生活在少数民族统治地区的汉民族如何能面对金、元统治者的虎狼军队呢？从制度文明的高度，肯定了郡县制更加合乎人道，更有利于保护人的生命的文明面向。

不过，王夫之有关郡县制的论述，需要综合起来看，一方面，我们要看到他对郡县制的辩证观点；另一方面，透过其对郡县制的肯定，可以发现他对视之为夷狄的蒙古人统治的贬抑、否定的矛盾性。就其对郡县制的辩证态度来看，王夫之既肯定郡县制在抑制地方官员专权杀人方面的积极作用，但

① 《读通鉴论》卷十五，《船山全书》第10册，第585页。
② 《读通鉴论》卷十五，《船山全书》第10册，第585—586页。
③ 《读通鉴论》卷十五，《船山全书》第10册，第586页。

他又反对郡县制在治民理财方面所形成的皇权专制形式，认为郡县制在这一方面应该向封建制学习。他认为，“天下之治，统于天子者也，以天子下统乎天下，则天下乱。”① 特别是在治人理财的具体治权方面，郡县制应该向封建制学习，分其治权于州县。他说道：

> 故封建之天下，分其统于国；郡县之天下，分其统于州。②

为什么郡县制的社会治理要分权于州县呢？王夫之提出了两条理由。一是民智低下，需要最接近他们的县官治理。二是“知情”。而最能知情的是亲知。他说：“民至卑矣，其识知事力情伪至不齐矣。居尊者下与治之，亵而无威，则民益亢而偷；以威临之，则民恇惧而靡所骋……唯县令之卑也而近于民，可以达民之甘苦而悉其情伪。”③

就“知情”的理由而言，王夫之认为，只有郡守了解县令的贪廉敏拙的实际情况，只有刺史知道太守的情况。因此，在郡县制的制度框架下，理想的状况应该是逐级“分权”而治：

> 故天子之令不行于郡，州牧刺史之令不行于县，郡守之令不行于民，此之谓一统。④

① 《读通鉴论》卷十六，《船山全书》第 10 册，第 599 页。
② 《读通鉴论》卷十六，《船山全书》第 10 册，第 599 页。
③ 《读通鉴论》卷十六，《船山全书》第 10 册，第 599 页。
④ 《读通鉴论》卷十六，《船山全书》第 10 册，第 600 页。（坚持明清之际有早期启蒙思想的学者认为，这一段话反映了王夫之的早期民主思想，与顾炎武的分权思想属于一类。参见萧、许著《王夫之评传》，第 408—410 页。）

在理想的逐级分权观念支配下，王夫之对政治上的“一统”做了别出心裁的解释，认为，政治上的“一统”并不是所有治权从上到下都死板地统一于上级，尤其是帝王一人，在具体的治人理财的问题上，恰恰只有逐级分权，才能知情而治。他虽然没有像顾炎武明确地提出“寓封建之意于郡县之中”的经典性命题，但其有关郡县制的制度框架下，“治权”应当采取逐级分权的论述，在精神实质上，与顾炎武的相关论述若出一辙。这可以视之为明清之际政治思想中在关乎治权问题上的共识——分权而治之。至于这种分权而治之的思想是否合乎现代西方的民主政治，那是另外一个问题。

上文曾经提到，从“尊华攘夷”的立场出发，王夫之严厉地批评了宋濂的“蒙古史”叙事方式，认为宋濂将蒙古人统治中国时期视为中华民族的一个阶段，这在政治上是错误的，混淆了华夷之间的区别。但是，他自己也肯定了郡县制下的蒙古人统治时期的中国，也还保留了一定的政治文明的基本要素，否则中华民族就不可以延存。可见，当王夫之不在“华夷之别”的叙事框架下思考问题时，他是承认华夷、文野之间有相互学习，进而实际上发生了文野之间的转化。这就表明，王夫之在“华夷之辨”的问题上，“尊华攘夷”的价值立场限制了他的文明史观以更合乎历史实际的眼光来对待少数民族统治中原的真实社会情况。而在制度文明的论述脉络里，他出于尊重历史进步的事实，反而获得了一些比较正确的认识与结论。

正是从“文明演进”的特殊历史视角，王夫之十分敏锐地捕捉到政治制度中一些具有明显文明化的制度、法律条文的改变，并对那些促进政治文明的做法给予高度的肯定。如他对隋文帝时裴政定律事件就给予了高度的评价，说道：

> 今之律，其大略皆隋裴政之所定也。政之泽远矣。千余年间，非无暴君酷吏，而不能逞其淫虐，法定故也。古肉刑之不复用，汉文之仁也。然汉之刑，多为之制，故五胡以来，兽之食人也得恣其忿惨……政为隋定律，制死刑以二：曰绞、曰斩，改鞭为杖，改杖为笞，非谋反大逆无族刑。垂至于今，所承用者，皆政之制也。若绞、斩之外，加以凌迟，则政之所除，女直、蒙古之所设也。①

由对裴政定律之事的肯定，王夫之进一步阐述了简化死刑方式，减轻死刑的恐怖程度的理由，非常具有现代意义，亦可以帮助我们进一步讨论死刑的存废问题，抄录如下：

> 夫刑极于死而止矣，其不得不有死刑者，以止恶，以惩恶，不得已而用也。大恶者，不杀而不止，故杀之以绝其恶；大恶者，相袭而无所惩，故杀此以戒其余；先王之于此也，以生道杀人也，非以恶恶之甚而欲快其怒也。极于死而止矣，枭之，磔之、轘之，于死者又何恤焉，徒以逞其扼腕啮龈之忿而怖人已耳。司刑者快之，其仇雠快之，于死者何加焉，徒使罪人之子孙，或有能知仁孝者，无以自容于天地之间。一怒之伸，惨至于斯，无裨于风化，而祇令腥闻上彻于天，裴政之泽斩，而后世之怒淫，不亦憯乎？隋一天下，蠲索虏鲜卑之虐，以启唐二百余年承平之运，非苟而已也；盖有人焉，足以与于先王之德政，而惜其不能大用也。②

① 《读通鉴论》卷十九，《船山全书》第10册，第698页。
② 《读通鉴论》卷十九，《船山全书》第10册，第699页。

应该说，王夫之超越了传统政治史论中的正统论、经学传统中维护绝对王权的忠君论等思想苑囿，在一个政治文明演进的宏阔历史视野里，品评历史人物、事件，以及历史上的一切意识形态。也正是从政治文明演进的角度，他对隋王朝"无德而有政"的历史贡献，给出了独特的历史评价："隋无德而有政，故不能守天下而固可一天下。以立法而施及唐、宋，盖隋亡而法不亡也，若置仓递运之类是已。"① 这是夫之对隋朝"沿河置仓递运胜于漕輓"的具体制度的肯定。但是，他对于隋朝度支尚书长孙平请立"义仓"这种"有美名而非政之善者"② 的伪文明的政治行为，却给予了猛烈的批评。其理由是："义仓"在实际上行不通，而且还会衍生出诸多恶果。真正要防止灾荒年岁对于人民生活造成破坏性影响，不是通过"义仓"，而是要通过其他形式的政治手段，以使人民免于天灾的困苦。王夫之的观点是：

> 夫王者之爱养天下，如天而可以止矣。宽其役，薄其赋，不幸而罹乎水旱，则蠲征以苏之，开粜以济之。而防之平日者，抑商贾，禁赁庸，惩游惰，修陂池，治堤防，虽有水旱，而民之死者亦仅矣。赋轻役简，务农重谷，而且犹有流离道殣者，此其人自绝于天，天亦无如之何。而何事损勤苦之民，使不轨之徒悬望以增其敖慢哉？故文王发政施仁，所先者鳏、寡、孤、独，所发者公家之廪，非取之于民而以饱不勤不节之惰农也。③

① 《读通鉴论》卷十九，《船山全书》第10册，第701—702页。

② 《读通鉴论》卷十九，《船山全书》第10册，第702页。

③ 《读通鉴论》卷十九，《船山全书》第10册，第703页。

上述王夫之关于文明的政治如何向天道学习以保护人民的思想，虽然没有现代政治自由主义者的一套说辞，但却包含着自由主义经济与政治的一些基本原则与精神，即一个良善的制度应当具有良好的防灾救灾政策，让人民具备自己养活自己的能力，在必要的时候将国家的储备粮拿出来救荒，而绝不能让勤劳的那部分农民平白无故地拿出一份粮食来养着一部分懒惰的人。与此观点相似，王夫之还有更加明晰地带有现代自由主义思想色彩的文字，他说：

> 人则未有不自谋其生者也，上之谋之，不如其自谋；上为谋之，且弛其自谋之心，而后生计愈蹙。故勿忧人之无以自给也，藉其终不可给，抑必将改图而求所以生，其依恋先畴而不舍，则固无自毙之理矣。上唯无以夺其治生之力，宽之于公，而天地之大，山泽之富，有余力以营之，而无不可以养人。①

王夫之的意思是，从人性所具有的特点来看，一个文明的制度不在于执政者代替人民自谋生计，让人民丧失自我生存的能力，而是放开人民自谋生计的手脚，让他们在天地、山泽之中，自谋生路。这一思想颇与近代以来西方自由主义的经济学、政治学的某些思想主张，有暗合之处。而与我们今天政府提倡的，在资源配置的问题上，坚持市场经济的原则，亦有某种可以沟通的地方。

① 《读通鉴论》卷十九，《船山全书》第10册，第710页。

三、“地气天情”与“文野互变”——自然环境与文明形态之关系

王夫之虽然不像欧洲十八世纪的自然环境决定论者那样讨论地理与文明形态的关系，但也有类似的思想观念。他反复申说的“地气天情”说，可以视之为自然环境论的萌芽状态。王夫之认为，中华大地的江、淮地区，雨水很多，北方少数民族入主中原后不习惯这样的生活，这就是为“地气”“天情”所困。

> 三代以上，淑气聚于北，而南为蛮夷。汉高帝起于丰、沛，因楚以定天下，而天气移于南。郡县封建易于人，而南北移于天，天人合符之几也。天气南徙，而匈奴始强，渐与幽、并、冀、雍之地气相得。故三代以上，华夷之分在燕山，三代以后在大河（即黄河，引者注）。非其地而阑入之，地之所不宜，天之所不佑，人之所不服也。①

对于这一“地气天情”的道理，在《读通鉴论》中，王夫之表彰石勒等夷狄之君知道这一道理，批评中华民族的一些执政败类不知这个道理，以至于不知自保其类。他感叹道：“然则天固珍惜此土以延衣冠礼乐之慧命，明矣。天固惜之，夷且知之，而人弗能自保也，悲夫！中华之败类，罪通于天矣。”②

王夫之反复强调地理差异之于不同文明形态下实际生活的影响，以此来论证中原地理环境只适宜于华夏民族生活，而不应当被异族所统治的道理。他说：

---

① 《读通鉴论》卷十二，《船山全书》第10册，第454页。

② 《读通鉴论》卷十二，《船山全书》第10册，第455页。

天以洪钧一气生长万族，而地限之以其域，天气亦随之而变，天命亦随之而殊。中国之形如箕，坤维其膺也。山两分而两迤，北自贺兰，东垂于碣石，南自岷山，东垂于五岭，而中为奥区、为神皋焉。故裔夷者，如衣之裔垂于边幅，而因山阻漠以自立，地形之异，即天气之分；为其性情之所便，即其生理之所存。滥而进宅乎神皋焉，非不歆其美利也，地之所不宜，天之所不佑，性之所不顺，命之所不安。①

王夫之认为，正因为地气不同的缘故，所以历史上的那些以游牧为生的少数民族入主中原之后，其政权先后都灭亡了。可以这样说，王夫之看到了这一现象，但在实际上，他还不懂得文明变迁这样的道理，即落后的、野蛮的民族以武力征服了文化上先进的民族，不得不接受先进民族的生产——生活方式。北方少数民族以强大的武力可以一时摧毁汉民族的王朝政权，但他们不懂使用新的政治方式管理他们自己通过武力获得的政权，故而一个个像走马灯似的失败了。而清王朝之所以能稳定自己的政治统治，是因为他们的统治集团在入关之前就认真地学习了汉民族的先进文化。但清政权的上层统治者没有能够及时地睁眼看世界，使得中华民族在现代化的进程中落后于西欧社会，让中华民族在近百年遭受了重创与奇耻大辱。

从"地气天情"的环境论立场出发，王夫之不适当地将中华之文明与夷狄之野蛮做了一个绝对的区分，说道：

天下之大防二：中国，夷狄也；君子，小人也。非本未有别，而先

① 《读通鉴论》卷十三，《船山全书》第10册，第485页。

王强为之防也。中国之与夷狄，所生异地，其地异，其气异矣；气异而习异，习异而所知所行蔑不异焉。乃于其中亦自有其贵贱焉，特地界分，天气殊，而不可乱；乱则人极毁，中国之生民亦受其吞噬而憔悴。防之于早，所以定人极而保人之生，因乎天也。①

更进一步，由于华夏的文明与夷狄的野蛮有本质的区分，王夫之又将重农的思想与华夷之别的思想联系起来，进而将农业文明与商业文明严格地区分开来了，不无偏见地认为，商业的文明与夷狄的野蛮在本质上是一致的，说道：

商贾者，于小人之类为巧，而蔑人之性、贼人之生为已亟者也。乃其气恒与夷狄而相取，其质恒与夷狄而相得，故夷狄兴而商贾贵。②

最后，王夫之将两类的“天下大防”归结为一类，即道德上的义利之分，小人、夷狄属于逐利之类的人物，而君子、华夏文明则是重视道德之义的人物，而商贾与夷狄则在本质上是一类人：

以要言之，天下之大防二，而其归一也。一者，何也？义、利之分也。生于利之乡，长于利之涂，父兄之所熏，肌肤筋骸之所便，心旌所指，志动气随，魂交神往，沉没于利之中，终不可移而之于中国君子之津涘。故均是人也，而夷、夏分以其疆，君子、小人殊以其类，防之不

① 《读通鉴论》卷十四，《船山全书》第10册，第502页。
② 《读通鉴论》卷十四，《船山全书》第10册，第503页。

可不严也。夫夷之乱华久矣，狎而召之、利而安之者，嗜利之小人也，而商贾为其最。夷狄资商贾而利，商贾恃夷狄而骄，而人道几于永灭。①

王夫之将“文野之分”归结为“义利之辨”，认为中华文明代表了道德上的正当与恰当——重义，而夷狄之野蛮代表了逐利之浅薄与低俗——逐利。这一观点与20世纪中西文明比较时，一些文化保守的人士高唱中华道德优越论，西洋文明重物质，重利益的论调，十分类似。这让我们不能不惊叹于历史事件的某种相似性。

王夫之在“文明史观”的视野下，将历史事件的道德合理性分成三个层次，即“一人之正义”“一时之大义”“古今之通义”。② 而“夷夏之大防”就是王夫之所说的“古今之通义”。由此三重的道德合理性出发，他认为当年的刘裕抗表北伐南燕（鲜卑族）这些少数民族国家，合乎“古今之通义”，值得肯定。至于他后来篡位，申之以君臣大义而诛讨之，也是对的。但不因此而否定他提出的伐南燕主张的正确性。从“古今之通义”的角度，王夫之甚至很激愤地说：“汉之后，唐之前，唯宋氏犹可以为中国主也。”③ 因为刘裕所建立的刘宋政权曾经北伐少数民族政权，维护了华夏民族的文明。因此，刘氏从司马氏手上夺取王权，从民族大义的角度，没有什么不对。王夫之批评司马氏集团道：“中原丧于司马氏之手，且爱其如线之绪以存之；徒不念中华冠带之区，而忍割南北为华、夷之界，半以委匪类而使为君，顾抑挞伐有

① 《读通鉴论》卷十四，《船山全书》第10册，第503页。

② 《读通鉴论》卷十四，《船山全书》第10册，第535—536页。

③ 《读通鉴论》卷十五，《船山全书》第10册，第549页。

功之主以不与唐、宋等伦哉?”① 而对于刘宋王朝权臣桓温伐燕的失败结果，王夫之亦从夷夏之大防的角度，给予了某种同情性的评价，认为刘宋王朝中的庸主具臣“舍夷夏之大防，置君父之大怨，……以沮丧成功”的心态为“古今之通憾”。②

在清朝贵族入主中原之初，激起了汉民族的强烈反抗。在反抗满族贵族政权对于汉民族血腥屠杀的民族斗争过程中，王夫之特别突出地强调了华夷之别、文野之分。但在晚年，他对“文野”问题的思考似乎有所变化。在《思问录·外篇》，他曾这样说道：

> 天地之气衰旺，彼此迭相易也。太昊以前，中国之人若麇聚鸟集，非必日照月临之下而皆然也，必有一方焉如唐、虞、三代之中国也。既人力所不通，而方彼之盛，此之衰而不能征之，迨此之盛，则彼又衰而弗能述以授人，故亦蔑从知之也。③

王夫之对文明发展的不平衡性的遐思，在理论上极富想象力，不再将中国文明看作是人类最高文明形态的表现。这一文明发展不平衡的遐思，也不是空穴来风，它既与晚明社会耶稣会传教士带来的西方文明成果有关，也与他对现实社会中区域文化的变化观察密切相关。他认为，吴、楚、闽、越地区，汉以前属于夷，而现在为文教之渊薮。齐、晋、燕、赵，唐、隋以前为

---

① 《读通鉴论》卷十五，《船山全书》第10册，第549页。
② 《读通鉴论》卷十四，《船山全书》第10册，第505页。
③ 《思问录·外篇》，《船山全书》第12册，第467—468页。

中夏，现在那些“椎钝骍戾者，十九而抱禽之心矣。”由此，他得出结论说：“地气南徙，在近小间有如此者，推之荒远，此混沌而彼文明，又何怪乎！”①

王夫之的“地气南徙”说，虽然仅是对文明变化的一种现象描述，不足以揭示文明变化的根本原因，但他晚年不再执着于华夏文明优越论的一贯之思，而有一种更加深沉的历史忧患意识，即华夏地区的人民如果不加倍努力，很有可能退化为野蛮的民族。这种对中华民族未来命运的担忧，才是这一“文明假说”的精蕴之所在。在全球化的工商业文明的发展过程中，中华文明以及东方文明不是曾经被早先工业化的欧美民族斥之为野蛮民族或半野蛮的民族吗？直到今天，我们不还是处在重返世界文明民族之林的历程征程之中吗？而三百多年前的哲人王夫之有关文明退化可能性的忧思，在今天不也还是具有哲学上的启迪意义吗？

四、结语

从“文明史观”的角度来考察王夫之的思想，有什么必要之处呢？或者说得难听一些，这种视角，是不是一种学术研究的噱头呢？就我本人写作的初心来看，绝对不是要博人眼球。笔者认为，从文明史宏阔的视野来考察王夫之的思想与相关的论述，可以更好地理解他的思想创新的特殊历史情境。

其一，在民族矛盾上升为主要矛盾的特殊历史条件下，王夫之对儒家传统中的君臣之大伦的重要性有所贬抑，至少是将其放到第二序的价值序列之上。应该说，这只是王夫之政治伦理思想中的“权教”，而非“经论”（常

① 《思问录·外篇》，《船山全书》第12册，第468页。

论，一贯之思）。他认为，从天下苍生福祉的角度看，只要不影响天下苍生的和平安宁生活，汉民族王朝内部的擅权与篡位是小事，问题的关键在于不能让政权落入异族的夷狄手中。所以他敢于说：“权臣，国之蠹也，而非天下之害也，小则擅而大则篡，圣人岂不虑焉，而《五经》之文无防制权臣之道。”① 他还更进一步地阐述道：

以在下之义而言之，则寇贼之扰为小，而篡弑之逆为大；以在上之仁而言之，则一姓之兴亡，私也，而生民之生死，公也。故明王之涖臣民也，定尊卑之秩，敦忠礼之教，不失君臣之义，而未尝斤斤然畏专擅以削将相之权。子孙贤，何畏于彼哉？其不肖也，则宁丧天下于庙堂，而不忍使无知赤子窥窃弄兵以相吞啮也。②

从今天的角度看，当民族矛盾上升为主要矛盾之时，维护民族国家的主权就成为特定时段的主要历史任务，任何与此主要历史原则相违背的做法，都必须受到严厉的批评，坚决的否定。当然，在维护民族主权的过程中，具体的做法亦必须遵循人道的基本原则，像“张巡杀妾”这种毁坏基本人道原则的做法仍然不可取。

其二，对于礼教文明的价值，王夫之深信不疑，而且非常义正词严地辩护道：

夫礼之为教，至矣大矣，天地之所自位也，鬼神之所自绥也，仁义

① 《读通鉴论》卷十七，《船山全书》第10册，第668页。

② 《读通鉴论》卷十七，《船山全书》第10册，第669页。

之以为体，孝弟之以为用者也；五伦之所经纬，人禽之所分辨，治乱之所司，贤不肖之所裁者也；舍此而道无所丽矣。故夷狄蔑之，盗贼恶之，佛、老弃之，共绝可惧也。有能为功于此者，褒其功，略其疵可也。①

他将博文约礼、以礼治国看作是“谋国者”固本的行为，看作是普通人抵御自然之不测的根本之道。他说：

博文约礼，复礼之实功也。以礼治非礼，犹谋国者固本自强而外患自辑，治病者调养元气而客邪自散。②

而就学者个人的学术研究而言，博文约礼的价值是：

若学者始下手做切实事，则博文约礼，如饥之食，寒之衣，更不须觅严冬不寒、辟谷不饥之术。③

因此，从文明史观的角度看，维护他理想中的“礼教”所代表的文明类型及其所包含的普遍而永恒的价值，是王夫之思想中的“经论”。而正是从这一“经论”的角度出发，王夫之提出了儒者之统与帝王之统并行于天下的“二统说”。他甚至认为，“儒统”可以独立于帝王之统而且永远不坠其统绪，永存于天地之间。因此，王夫之的“文明观”，就其精神实质与内涵而言，即是儒家所提供的核心价值原则与人道秩序。他说：

---

① 《读通鉴论》卷十七，《船山全书》第 10 册，第 635 页。

② 《俟解》，《船山全书》第 12 册，第 477 页。

③ 《俟解》，《船山全书》第 12 册，第 477 页。

儒者之统，与帝王之统并行于天下，而互为兴替。其合也，天下以道而治，道以天子而明；及其衰，而帝王之统绝，儒者犹保其道以孤行而无所待，以人存道，而道可不亡。①

他甚至认为，即使在魏晋以后，儒者之统与帝王之统处在继绝之际，儒者之统仍然不绝如缕，那些少数民族的酋长杀人、生人、荣人、辱人，唯其意，但对于儒者不敢加害，不仅不敢加害，而且还加以尊重，这并不是那些“窃于一隅之夷能尊道也”，而是因为“儒者自立其纲维而莫能乱也。”② 由此来看，“儒者之统”可以“孤行而无待者也；天下自无统，而儒者有统。道存乎人，而人不可以多得，有心者所重悲也。虽然，斯道亘天垂地而不可亡者也，勿忧也。”③ 这是处于国破家亡之际的王夫之，对于以理想型的儒家（而非他反复批评的申韩之儒）礼教文明为核心的中华文明所持有坚定的信心。这种信心实际上可以视之为一种与宗教信仰具有同等精神高度的人文信仰。

另外，王夫之的“文明史观”中，还包含着极富现代意义的历史智慧，即对中华上古文明，不能“泥古过高”；对战国以后的中化文明，不能贬抑过低。他认为，从后世礼教昌明，文明发达的角度看，“春秋之民，无以异于三代之始。帝王经理之余，孔子垂训之后，民固不乏败类，而视唐、虞、三代帝王初兴、政教未孚之日，其愈也多矣。”④ 虽然战国以后，秦政暴虐，民性浇薄，五胡之后，混乱的政治又导民于浇薄，但并不是说这时候的人民本性

① 《读通鉴论》卷十五，《船山全书》第10册，第568页。
② 《读通鉴论》卷十五，《船山全书》第10册，第568页。
③ 《读通鉴论》卷十五，《船山全书》第10册，第569页。
④ 《读通鉴论》卷二十，《船山全书》第10册，第764页。

还是如上古时代一样的野蛮。他甚至认为，经过文明化的历史之后，少数民族地区的人民，虽然受混乱的政治现实的影响，让人性变得浇薄，但已经不再是“唐、虞以前茹毛饮血、茫然于人道者比也”，因此，从文明发展史的角度看，我们不能“泥古过高，而菲薄方今以蔑生人之性”。如果让这种菲薄方今人性的学说流行，则“刑名威力之术”将会大行其道，而会导致“腥风扇，民气伤”的悲惨政治局面。因此，考察王夫之的文明史观，也可以让我们从中汲取富有洞见的历史智慧。

吴根友

（武汉大学哲学学院教授、文明对话高等研究院院长）